철학적 인문학의 길

경이로운 철학과의 만남

철학적 인문학의 길

경이로운 철학과의 만남

윤병렬 지음

철학과현실사

머리말

철학이 밥 먹여주느냐고?

인문학의 전 분야와 논리학 및 윤리학마저 땅에 떨어진 시대에 무슨 철학이 밥 먹여주느냐고? 글쎄다. 철학이 망각되어가고 외면당하는 시대에 "철학이 밥 먹여준다"라고 하면 너무 도발적인 발언이 아니냐고 반문할 수 있다. 이런 도발적 발언이 어쩌면 사막에서 무모하게 외치는 설교는 아닌지 의아하게 들릴 수도 있을 것이다. 더욱이 "배부른 돼지보다 배고픈 소크라테스"(J. S. 밀)라는 구호를 음미하면 오히려 배가 고파야 정상이 아니냐고 되물을 수도 있을 것이다. 물론 철학자가 배가 불러야 한다거나 소크라테스처럼 배가 고파야 하는 것은 전혀 아니다. 그러나 "철학이 밥 먹여준다"라는 저 명제는 결코 빈말이 아니다.

필자는 오히려 철학의 필연성을 깨닫지 못하거나 외면하는 대학 당국과 국가가 큰 과오를 범하고 있다고 생각한다. 물론 거기에 철학자들의 책임이 없는 것은 결코 아니다. 그들이 오히려 더 책임이 많다. 그들 중에 많은 사람들은 시대적 현상에 깨어 있지 못하고, 정신의 동공(洞空) 현상에 맞서 이렇다 할 힘도 쓰지 못한 채 직업에만 안주하고 있었기 때문이다. 그들 중엔 세상을 향해 아무런 소리를 내지 못하고 연구실과 강의실을 오가며 시간만 탕진하는 사람들이 많기 때문이다.

게다가 오늘날의 상황에서 교수가 기업의 종업원 수준에 머물러 있고(뿌리 깊은 유교적 구조에서 직장 상사에게 이렇다 할 말도 못하는 상황), 교수협의회라는 것이 책임 있는 역할을 수행하지 못하는 것도 주요 원인이 된다. 더 큰 교수협의회의 연대를 통해 순수하게(정치적 색깔을 배제하고) 대학의 문제를 고민하고 해결책을 마련한다면, 한두 사람의 권력을 쥔 자들과는 다른 참신한 아이디어들이 많을 것임에 틀림없는 것이다.

그러나 철학자들 개인에 비해 힘과 조직을 가진 대학 당국과 국가가 사태의 심각성을 인식하고서 수습에 나서는 것이 마땅한 것이다. 대학 당국과 국가는 철학 분야(논리학과 윤리학을 포함한)의 중요성을 인식하지 못하고 외면하는 편이며, 과학기술이나 법, 정치, 상경, 공학 등 여러 분야에 비해 극단적으로 저조한 정책지원을 하고, 대학사회 또한 취업률과 연계된 학과라든가 상품가치가 나가는 학과, 각종 고시와 연계된 학과, 교육부의 대학종합평가에 성과가 있는 과목에만 치중하기에, 철학을 비롯한 수다한 인문 과목은 '교양선택'에 몰려 있고, 전임교수 확보율도 아주 저조한(거의 배정되지 않는), 상식이 통하지 않는 불구 상태로 전락되었다.

취업준비과정으로 전락한 오늘날 대학의 현주소가 통탄할 지경이라면, 적어도 국가만큼은 이런 현상을 목격하고서 적절한 정책을 마련해야 하는데도 방관하고 있으며, "강 건너 불구경"하는 식으로 일관하고 있다. 철학이 없는 사람들이 국가의 요직을 맡기 때문인지도 모른다. 하기야 우리에겐 아직도 고시를 패스하여 출세하는 구태의 방식이 먹혀들어가는 사회이기에, 그런 사람들이 정치의 요직을 맡고 있는 이상 개선의 가능성이 희박할 수밖에 없다.

입신출세를 위한 암기식 공부 시스템은 많이 수정되어야 하며, 합리성과 정당성을 추구하는 논리와 인간의 격을 결코 떨어뜨려서는 안 된다는 윤리학 및 철학의 성찰하고 창의하는 방식도 각종 고시에서 분명한 과목으로서의 위치를 점해야 하는 것이다. 오늘날 국격을 떨어뜨리는, 국가적 재난에 해당될 정도의 사회 지도층 인사들(정계, 재계, 법조계, 교육계, 심지어 종교계에 이르기까지)에 의한 각종 비리며 부도덕한 행위는 국가의 미래를 어둡게 하는 요인들이다. (2016-2017년에는 소위 '최순실 국정농단사건'으로 수없이 많은 정계와 재계의 인물들이 비리에 휩싸이고 대통령이 탄핵되었다.) 대형 비리들이 언론을 장악하는 일이 수시로 터지는 것이 오늘날 우리 사회의 현주소이다. 이 모든 사람들에게 지식은 아주 잘 구비되어 있을 것이나 지혜와 덕은 극히 빈약하며, 합리성과 정당성을 추구하는 논리도, 또 선을 추구하고 인간의 격을 떨어뜨려서는 안 된다는 윤리도 결핍되어 있는 것이다.

정치든 종교든 교육이든 법이나 과학이든 결국 인간을 위해 존재하는 것들이다. 인간을 위하지 않는다면, 존재할 정당성에 의문이 생기는 것이다. 그럼에도 왜 오늘날 철학을 비롯한 각종 인문학의 강의실은 냉랭한가? 취업과 관계가 없거나 자신의 입신출세와 직접적인 관련이 없는 것으로 보이는 과목에 강력한 동기부여가 되기는 만무하다. 각종 고시와 입사시험에 철학과 윤리학 및 논리학의 과목이 필수선택 중의 하나가 되어야 하며, 나아가 인문학 과목을 전공한 사람들에게 각종 고시와 입사시험에서 최소한 선택과목으로 선택할 수 있는 기회를 주어야 한다. 그래야만 최소한의 인문학 공부에 대한 동기부여가 될 수 있을 것이다. 물론 스스로 인문학에 대한 동기부여를 한 사람들도 있을 것이다. 그러나 다급한 각종 고시나 취업시험에 대비하느라 그 공부의 기회를 놓치는 것이 현 실정일 것이다. 인문학에 대한 동기부여가 전혀 안 되어 있는 학생들에게 인문학의 중요성을 외친다 한들 결과적으로 허공에 개 짖는 소리에 그치고 만다.

왜 철학이 밥 먹여주느냐고? 그것은 그리 어렵지도 않고, 또 지혜나 순리 및 선을 추구하라는 철학의 전형적인 테마들에 청종할 것을 권하지 않아도 된다. 그것은 몇 가지만 예로 들어도 충분한 근거가 될 것이다. 첫째로 철학은 문과와 이과를 불문하고 모든 학문과 예술의 영역에까지도 연루되어 있고 그 기반을 이루고 있다는 것이다. 자신의 전공 영역의 깊이로 들어가면 반드시 철학을 만나게 된다. 둘째는 더욱 필수불가결한 이유인데, 위에서 언급한 모든 학문과 예술의 분야들도 결국 창조적 사유 및 비판적 사유를 전제로 하지 않을 수 없는 것이다. 이것 없이는 학문과 예술의 발전이나 진전을 이루기 어렵기 때문이다. 오늘날 고위관료들이나 학교의 교장선생님이 훈시하는 격으로 '창조교육'을 들먹이지만, 훈시에 그치는 그 말에 무슨 실효성이 있단 말인가.

이 둘째 이유만으로도 "철학이 밥 먹여준다"에 상응한 근거가 된다. 독일과 프랑스와 같은 나라에서, 요슈타인 가아더의 『소피의 세계』의 소피처럼, 고등학교 때부터 철학을 정규과목으로 하고 있는 것은 좋은 시사점이 된다. 셋째로 우리 인생의 업그레이드도 철학과 깊이 연루되어 있다. 인간은 근본적으로 인간성을 함양해야 하고 인간의 격에 맞게 살아야 하는 것이다. 인간은 짐승처럼 살아서도 안 되고 '경제적 동물'이나 '욕망의 주체'로만 살아서도 안 되는 것이다. 넷째로 철학은 인생살이를 위한 기초적 관점과 처세에 대응토록 한다. 철학은 인생살이에서 불쑥 내미는 사건들이나 고통에 대해 적절하게 대응토록 하며, 이들을 극복하게 하거나 지혜로운 대응을 하도록 한다. 다섯째로 세계 지성의 흐름도 철학과 연루되어 있다. 이를테면 오늘날 현대철학의 흐름에는 현상학이나 하이데거의 존재론, 해석학과 포스트모더니즘과 같은 사조는 철학자들만의 관심거리가 아닌 것이다. 세계화 시대에는 세계적 지성도 겸비해야 하는 것이다.

그런데 주지하다시피 '철학의 빈곤'은 우리가 살고 있는 시대의 메아리이다. 인간성이 상실될 위기에 처하고, '정신적인 것'은 눈에 안 보인다고 혹은 돈이 안 된다고 외면당하는 시대인 것이다. 어찌된 셈인지, 혹은 어디에 홀렸는지 철학을 내동댕이치고 사유의 빈곤과 정신의 동공 상태로 추락하고 있다. 그러나 역사가 증언하듯 철학이 궁핍하거나 철학이 외면당하는 시대는 위기나 암흑기의 증세를 드러낸다. 중세는 철학을 "신학의 시녀"로 삼아 억압함으로써 '암흑기'로 추락했고, 현대는 또 철학을 "과학의 노비"로 삼아 이를 비꼬고 멸시하며 외면함으로써 '인간성 상실의 시대'로 곤두박질하고 있는 것이다. 그런가 하면 현대인은 산업과 경제가 일구어놓은 물질적 풍요잔치에 홀려 철학을 거들떠보지도 않는 실정이다. 이러한 현상은 인류의 미래를 슬프고 암담하게 하지만, 그러나 동시에 더 큰 파국과 몰락에 대한 신호의 경고음이라고 받아들일 수도 있는 것이다.

과연 인간은 안락과 욕구만 채우고 살면 되는가. 그토록 허둥대며 살지만 과연 우리는 무엇을 위해 그렇게 하는가. 하기야 안락과 욕구 앞에서 철학은 오로지 방해물밖에 되지 않을 것이다. 단지 "상품이 안 된다"는 이유로 혹은 "출세하는 데에는 무관하다"는 식으로 현대인들은 철학을 냉대하지만, 그러나 철학은 그럴수록 더 험상궂은 모습으로 그들을 찾을 것이다. 그것은 인간이 어떠한 추구를 하든, 이를테면 행복을 추구하든 혹은 '삶의 질'을 운운하든, 철학을 외면하고선 무언가 뒤틀리기 때문이다. 즉, 말하자면 철학이 없이는 진정한 행복이나 '삶의 질'이 있을 수 없기 때문이다.

오늘날 인류가 꽃피워온 물질문명과 물질만능주의는 반성을 요하고 있다. 사람들은 스스로 묻는다, "과연 우리는 이 물질만으로 행복한가?" 어쨌든 현대는 물질문명에 중독된 시대이다. 그래서 물질만이 사회의 가치체계를 휩쓸고 있다. 한때는 "배를 굶지 않으면 정신적인 것을 추구하게 된다"라는 명제를 내세웠는데, 그러나 기실 먹고살 만하니까 철학은커녕 물신주의와 향락주의로 곤두박질하고 만다. 현대인에게 삶의 의미를 제공하는 것은 이제 물질적 풍요와 지극히 지상적인 것뿐이다. 물질과 지상적인 풍요는 이제 신(神)보다 더 숭배를 받는다. 우리는 물질문명에 홀린 채 끌려가다가 정신적인 것의 고귀함을 상실하고 말았다. 이런 물질문명의 세계관에 정신의 도야나 인간성의 승화와 같은 것은 그저 취미나 장식품 정도로 값 매김을 당하는 것이 우리의 시대상이 아닌가.

실증주의와 기계문명이 인류를 유토피아로 이끈다는 역사적인 약속은 거의 사기극이 되어버린 이때, 그리고 이러한 유토피아의 망상이 인류정신사적 존재의미의 상실 및 존재망각과 연루되어 소위 '서구의 니힐리즘'으로 결과를 초래한 이때, 이제 우리는 이 내막을 직시하고서 이때껏 외면해온 철학적 사유에 귀를 기울여야 하고 본래성에로의 귀환을 철학적 과제로 끌어안아야 할 것으로 보인다. 특히 하이데거와 같은 철학자는 기술공학과 실증학문으로 만개된 형이상학이 사물과 존재자의 세계에 그의 절대적 지배를 감행함으로써 인류정신사를 극단적인 "존재망각(Seinsvergessen-heit)"의 세계로 굴러 떨어뜨리고 말았다고 경고하기를 주저하지 않는다.

본래성의 회복이나 원초적 상태에로의 귀환은 이제 인류의 과제로 보인다. 너무나 인위조작적이고 작위(作爲)적인 것, 비본래적이고 인간 주체 중심적인 것에 쏠린 나머지 우리는 삶의 이정표를 잃고 한없이 떠돌고 있다. 오늘날 기계문명과 물질문명으로 인류의 정신문화가 황폐화되고 인간의 거처인 자연이 파괴되었으며, 인간이 자신의 존재의미를 상실해버린 데다가 진정 가야 할 길을 잃어버린 데서 그 위기는 너무나 크다. 그래서 '인간성 위기의 시대'니 '인간성 상실의 시대'라는 말은 어제와 오늘의 얘기가 아니다. 이제 우리는 우리가 물질문명과 기술문명의 세계에 처박혀 뒹굴다가 망가뜨리고 상실해버린 본래성을 직시하고서, 또한 시류와 세파 속에서 찌그러진 우리 자신의 모습을 비추어보면서, 이런 세

11

계가 외면해온 철학적 사유와 삶의 의미의 세계에로, 또한 이런 세계가 빚어지기 이전의 근원으로 발길을 돌리는 것이다.

그러면 과연 우리는 어떻게 저 본래성에로 방향을 돌리고서 철학의 산책로로 들어설 수 있을까. 어떻게 그러한 용단을 내리고 철학에로 시선을 돌릴 수 있을 것인가. 이는 마치 갈증이 없으면 물을 찾지 않듯이, 철학에로의 방향 전환에도 저런 갈증과 준비된 마음, 열린 태도가 필수적인 것이다. 철학은 결코 아무렇게나 혹은 다짜고짜로 시작되지 않는다. 그것은 자극과 충동이 전제되고, 귀를 기울이면서 철학의 산책로를 따라가겠다는 의지가 필요한 것이다. 그래서 철학을 하겠다는 자극과 충동으로서의 "경이의 체험"을 철학자들은 자주 언급한다.

바로 이 "경이의 체험"이 철학을 할 수 있도록 충동하는 사실을 이미 플라톤과 아리스토텔레스는 지적했다. 삶 가운데서 경이의 체험을 한다는 것은, 그래서 이것이 실마리로 되어 철학에로 승화되는 사건이 일어난다면, 이 체험이야말로 우리 자신을 철학적 구원에로 이끄는 동기를 부여했다고 할 수 있을 것이다. 어떠한 동기 유발로든, 어떠한 경로를 통하든 철학에로 방향을 돌리는 것은 '철학적 에로스'가 전제되었음엔 틀림없기에, 이를 플라톤적으로 말하면 이미 "자기 자신에 대한 구원"이 시작된 것이다. 만약 누군가 삶의 여로에서 인생이 아무렇게나 사는 것이 아니라 의미 있는 삶이어야 한다는 것을 체득한다면, 그는 진정 철학의 산책로를 걸으며 삶을 전개할 것이다. 참으로 인간은 그가 인간이라는 이유 하나만으로도 예사로 살 수 없다.

우리는 철학에서 도피하려는 별별 꾀를 피우지 말고 정직하게 그 앞에 서야 하고, 또 그렇게 자신을 철학의 거울에 비추면서 삶을 영위해야 할 것이다. 인간으로 태어난 자는 누구나 철학적 문제와 마주친다. 인생의 문제는 영락없이 철학적 문제이다. 따라서 우리는 '인생의 문제'를 덮어버리거나 폐기처분할 수 없듯이 철학적 문제에서 도피할 수 없다.

『철학적 인문학의 길』은 사유의 빈곤과 정신의 동공 현상에 내던져진 우리의 시대적 삶을 가로질러 비본래적인 것에 유린된 우리 스스로를 추스르고서 철학에로 귀향할 것을 종용함과 동시에 철학적 성찰의 조그마한 길동무가 되기를 원한다.

차 례

1 장
철학의 탄생

1. 거대한 사건으로서의 '철학의 탄생'

철학은 어떻게 탄생될까? 철학의 탄생은 니체의 "비극의 탄생"
처럼 혹은 미(美)의 여신 아프로디테(Aphrodite)의 탄생처럼 혹은
대양에서 태양의 떠오름처럼 굉장할까? 그렇게 생각된다면, 야! 그
러나 일상적인 판단으론 도무지 철학의 탄생쯤은 다른 탄생들과
비교가 안 될 것이고 아예 철학에 무슨 탄생이 있느냐고 되묻는
사람도 있을 것이다. 철학의 탄생엔 니체의 "비극의 탄생"이 보여
주듯이 영웅적인 비극도 없고, 매혹적인 미소와 요염한 자태로 풍
만한 젖가슴을 드러낸 채 좌우의 도우미에 부축되어 바다로부터
들어 올려지는 미의 여신 아프로디테의 흔적도 없으며, 대양에서
의 태양과 같이 이글거리며 붉게 타오르는 둥근 대상도 주어지지

않는다. 그러나 그럼에도 불구하고 저러한 탄생들이 굉장하고 거대한 사건으로 보인다면, 아무 소리 없이 솟아오르는 '철학의 탄생'도 굉장한 사건일 것이리라.

니체는 음악의 정신으로부터 "비극의 탄생"을, 나아가 이 "비극의 탄생"으로부터 새로운 혹은 아직 학문적이지 않은 철학의 탄생을 꿈꾸었다. (니체는 B.C. 400년경 소크라테스를 기점으로 위의 비극이 종말로 치달았다고 보았다.) 그는 고대 그리스의 신화적인 토양에서 디오니소스적인 것과 아폴론적인 것의 이중성으로부터 끊임없는 대립과 화해 속에서 실제성의 과정을 찾는 미학적이고 존재론적인 윤곽을 찾고, 또 아티카적인 비극에서 최고조로 디오니소스적인 것과 아폴론적인 것이 종합을 이룬다고 보았다.

우리의 '철학의 탄생'은 그러나 저같이 요란한 외부세계를 바라보고서 그것을 빌미로 철학의 탄생을 말하려 하지 않는다. 또한 이 철학의 탄생을 우리는 철학사적인 입장에서 역사에 일어났던 어떤 연대기적인 것을 포착하려는 것도 아니며, 콜리(Giorgio Colli)에게서처럼 신화적이고 문학적인 지반에서 '철학의 탄생'을 규명하려는 것도 아니다.[1] 콜리는, 니체가 "비극의 탄생"에서 주관적이고 협소하게 디오니소스적이고 아폴론적인 것을 파악한 차원을 넘어, 신화며 수수께끼며 미스터리 등을 포괄한 세계를 '철학의 탄생' 영역으로 포착한다.

철학은 그러나 하늘에서 떨어지지 않는다. 철학은 철두철미하게 철학적 사유를 하는 인간의 마음속에서 탄생된다. 그러나 이 탄생

---

1) Giorgio Colli, *Die Geburt der Philosophie*, Athenäum, Anton Hain, 1990.

이야말로 결코 가소로울 수 없다. 그것은 생각하기에 따라 어둠을 뚫고 동트는 태양과도 같이 장엄할 수도 있고 또 그와 같이 황홀할 수도 있다. 그것은 흑암을 찢고 천지를 놀라게 하는 번갯불 같을 수도 있고 혹은 오로라같이 어둠 속에 고운 빛의 커튼을 장식하는 것과 같을 수도 있다. 만약 철학이 여전히 가소로운 상태에 있다면, 그것은 아직 확실한 탄생이 아니기 때문이다. 그렇지만 철학의 탄생은 오히려 침묵 속에서 진행되고 눈에 안 보이는 수수한 혁명이기에 그리 쉽게 포착되지는 않는다. 안달을 부릴 필요는 없다.

2. 철학의 탄생으로서의 '왜-질문'과 이 질문을 던지게 하는 경이의 체험

철학은 철두철미하게 나 자신에서 발원되는 문제의식에서 출발한다. 바로 "왜?"라는 질문이다. 그런데 이러한 '왜-질문'은 우리가 일상에서 흔히 던지는 그런 질문이 아니라, 철학이 탄생하게끔 유도하는 깊고 심각한 경이(Thaumazein)의 체험에서 우러나오는 것이다. 이 '왜-질문(Warum-frage)'이 철학의 시발점이 되는 것은 철학사적으로도 분명하다. 사람들은 고대 그리스의 초기 철인들을 단순히 '자연철학자'로 일컫는데, 이는 천만의 말씀! 그들은 그들의 학문과 성찰이 자연철학이기에 앞서 "왜?"라는 질문을 던졌는데, 이러한 질문은 오히려 존재론과 형이상학에 속하는 것이다. 그들은 물었다. "이 코스모스는 어디서 왔는가?", "왜 하늘엔 별이 빛나는가?", "우리 인간은 어디서 왔고 또 어디로 가는가?" 기타 등등.

그들은 만물의 아르케(arche: 최초의 그리고 최고의 원리와 원인)에 대해 물었다. "왜 사물들은 이렇게 혹은 저렇게 존재하는가?", "왜 인간은 죽는가?", "만물은 도대체 어디로부터 왔는가?" 등등 수없이 많은 '왜-질문'은 꼬리에 꼬리를 물고 이어진다. 물론 이러한 물음에는 뚜렷한 정답도 없다. 그런데 이렇게 정답이 없는데도 철학은 예나 지금이나 끊임없이 그러한 질문을 던진다. 정답이야 없지만, 이러한 '왜-질문'을 던지지 않는 곳에는 그러나 철학이 죽은 것이나 다름없다. 만약 삶의 주변에 펼쳐지는 모든 것이 지극히 정상으로만 보인다면 거긴 안타깝게도 철학이 거처할 곳이 없다.

철학에는 해답보다 물음이 더욱 본질적이다. 그것은 무엇보다도 물음 속에 이미 찾고자 하는 답의 '의미'가 담겨 있기 때문이고 찾는 사람의 마음속에 이미 철학이 둥지를 틀었기 때문이다. 또한 만약 우리가 얻고자 하는 답을 알고 있다면 물음을 던질 필요가 없을 것이고, 더욱이 찾는 답의 내용에 대해서 전혀 모른다면 아예 물음조차 제기할 수 없을 것이다. 이러한 면이 철학으로 하여금 다른 학문들과 구분하게 하는 특징이다. 사물에 관한 여타 학문들의 물음은 항상 예상되는 답변이 전제로 되고 또 정답이 요구된다. 그러나 철학엔 물음 자체에 중량이 더 쏠려 있다. 그렇기에 철학에서 얻은 문제해결의 성과는 동시에 새로운 물음으로 제기되는 것이다.

3. 미스터리와 스캔들로서의 철학적 물음

곰곰이 생각하면 나와 네가 살고 있는 것도, 세계가 존재하는 것도, 태양과 달이 낮과 밤을 비추는 것도, 우리가 호흡을 하고 대지 위로 걷는 것도 모두 미스터리요 스캔들이며, 정답 없는 '왜-질문'에 둘러싸여 있다. 조금만 예리하게 숙고해보면 태어나는 것도 사는 것과 죽는 것도 이루 말할 수 없는 인생의 끔찍한 스캔들이다. 왜 인간은 태어나고 죽는가? 그것은 그저 왔다 가는 밀물과 썰물의 한 과정에 불과한 것인가, 아니면 그저 일장춘몽인가, 잠시 빛났다가 사라지는 아침 이슬인가, 아니면 그저 떠올랐다가 사라지는 구름에 불과한가? 왜 그는 세상에 왔다가 사라지는가? 그가 세상에 왔다가 사라지는 것은 우연인가 필연인가? 그러나 우연이기 이전에, 필연이기 이전에, 하나의 스캔들이다. 그의 찰나적 삶은 영원과 무슨 함수관계를 가지며 또한 영원으로 미끄러져버리거나 또는 영원으로부터 작별해버리는 그의 죽음은 도대체 무슨 의미를 갖고 있는가? 모든 것이 수수께끼이고 미스터리이며 스캔들이다. 생로병사는 우리가 이것을 고통으로 생각하기 이전에, 또한 섭리로 생각하기 이전에, 하나의 스캔들이다. 우리는 이 엄청난 스캔들에 대해 질문하기는커녕 보통 묵살하고 산다. 그 언제 묻겠다고 미루다가 삶은 종착역으로 치닫는다. 그래, 답변은커녕 질문이라도 던지며 우리는 사는가?

우주는 신비로, 미스터리로 가득 차 있다. 그 광대무변함을 누가 측정하겠는가? 우주는 동시에 자신 내에 초우주를 내포하고 있다. 과학자들이 하늘의 높이를 잴 수 있다고 생각하는가? 하늘이 동시에 초하늘을 내포하고 있기 때문에 그 높이를 잴 수 없는 것이다. 우리는 그 크기를 측정할 수 없는 우주 앞에 때론 경탄하고, 때론 미스터리의 체험을 하며, 때론 무기력해지기도 한다. 그러나 이와 비교도 안 되는 지극히 작은 시공을 가진 우리 인간에 대해서도 같은 미스터리의 체험을 하지 않을 수 없다.

이를테면, 왜 인간은 이렇고 저런 모습을 하고 있고 호흡을 하면서 대지 위로 걷고 있을까? 왜 인간은 이렇고 저런 속성을 갖고 있을까? 왜 인간은 지상으로 들어와서는 일정한 기간 동안 살다가 또 홀연히 사라지는가? 삶의 의미란 도대체 무엇인가? 또한 죽음의 의미는 무엇이며 왜 죽는가? 사후엔 어떤 일이 벌어지는가? 나와 동시대인들이면서 나와 인간관계를 선천적으로 혹은 후천적으로 맺은 이 인간관계의 의미는 무엇인가? 왜 우리는 하필 이렇고 저런 시간과 공간에 머무는가? 기타 등등. 그러나 "인간이란 무엇인가?"에 대한 정답은 없고, 또 그가 어디로부터 와서 어디로 가는지, 왜 세상에 와서 살다가 세상 밖으로 사라지는지 정답은 없다.

우리는 그러나 그럼에도 불구하고 이런 미스터리에 대해 겁먹을 필요가 전혀 없다. 아니, 오히려 정답이 없기에, 더 나아가 미스터리와 스캔들이 우리를 사로잡기에, 우리는 철학적 싸움의 장(場)으로 나갈 수 있는 것이다. 이러한 미스터리와 스캔들은 철학의 세계에서 우리를 끊임없이 미궁 속으로 끌고 갈 것이다. 그러나 반면에 우리가 만약 이런 스캔들과 미스터리 같은 미궁에서 벗어나고 싶으면 정답이야 없다지만 어떤 답을 찾을 수 있고, 또 시간이 지나고 우리의 성숙에 따라 또 다른 답을 구할 수도 있을 것이다. 중요한 것은 그러나 철학적인 문제의식을 갖고 '철학함'이라는 구체적인 철학의 길 위로 나서는 것이다.

4. 소피처럼 철학하다

철학에 관계되지 않는 것이 없다고 한다면, 이미 철학은 여타의 학문과는 다른 성격을 갖는다고 할 수 있다. 모든 학문을 포괄하면서 이들 학문의 근거이고 전제이면서 이들 학문보다 먼저 일어나는 사건을 다루는 철학은 물론 예사로운 학문이 아닐 것이다. 철학은 분명한 논리적 일관성과 근거 있는 이론과 주장으로 논의를 전개하는 경우 일종의 학문적 성격을 갖추었다고 할 수 있다. 그러나 철학은 어떤 객관적이고 이론적인 사실에 대한 지식추구로서 결코 만족하지 않는다는 점에서 다른 여타의 학문들과 본질적인 차이를 드러낸다. 철학은 결코 이론적 탐구활동이나 지식습득의 차원에 머무르지 않고 또 거기에 머물러서도 안 되며 그 이상이어야 한다. 철학이 극도의 논리적 엄밀성을 추구하는 것은 (물론 이것 자체도 의미가 없는 바가 아니지만) 그 논리적 엄밀성을 바탕으로 초논리적인 것과 경우에 따라서는 비논리적인 것이며 논리적인 것 이상을 말하려고 하기 때문이다. 그렇다면 철학의 학문적인 영역에서 펼쳐지는 이론적이고 논리적인 작업은 바로 이러한 학문적인 철학의 영역 밖에서 본래적인 의미를 획득하게 되는 것이다.

따라서 엄밀하게 고찰하면 그러나 철학은 학문의 차원을 넘을 뿐만 아니라 소위 '보편학(Universalwissenschaft)'(후설이 철학을 지칭한 것)의 차원도 넘는, 이보다 더 포괄적인 그 무엇이다. 학문

뿐만 아니라 인생과 우주, 신(神)과 사물 전반을 사유하고 사유 자체도 사유하는 철학은, 또한 그 탐구대상이 여타의 학문들처럼 확정되어 있지 않은 학문으로서의 철학은, 더 나아가 그 영역이 결코 다 퍼내어질 수 없는 무궁무진한 심연을 가진 철학은 물론 그리 쉽고 만만한 과목이 아님에 틀림없다. 그러나 철학은 그 바닥이 다 드러나야 할 당위를 가진 학문도 아니고(그럴 수도 없거니와), 또 결코 정복되어야 하는 학문도 아니다. 아무도 철학의 정복자가 될 수 없다. 물론 정복당해야 하는 것도 더더욱 아니다. 우리는 아무런 부담 없이 철학의 오솔길로 들어서면 된다.

이러한 맥락에서 철학은 결코 어려운 과목이 아니다. 『소피의 세계』의 저자 요슈타인 가아더가 누누이 강조하듯 철학을 별난 것으로 볼 것이 아니라 하나의 놀이로 볼 수 있는 것이다. 『소피의 세계』는 다름 아닌 10대 소녀 소피의 철학산책이다. 우편함에서 발견한 편지에서부터 그녀는 심오하고 신비스러운 철학의 오솔길에 들어선다. 이 편지는 우리가 위에서 문제 삼았던 그런 얘기에서 시작한다. "너는 누구니?", "이 세계는 어디서 왔을까?" 이러한 질문이 도화선이 되고 화두가 되어 꼬리에 꼬리를 물고 철학사의 산책을 하게 된 것이다. 맞다! 철학은 쉽다. 철학은 '놀이'이고 산책이다. 그렇기에 무턱대고 어렵다고 잡아떼는 것은 고정관념이고 편견이며 경우에 따라선 자신의 게으름에 대한 변명일 수도 있다.

우리는 『소피의 세계』에서 많은 시사점을 찾는다. 이 책은 1991년 노르웨이에서 출간된 이래 약 50개 국어로 번역되었고 2천만부 이상이 팔려 나간 베스트셀러이다. 물론 우리로서는 이런 판매부수보다도 사람들이 철학에 귀를 기울였다는 데에 주목한다. 유럽인들은 오랜 물질문명에 찌든 생활방식을 반성하고, 외면했던 인간성에로 시선을 돌리는 계기를 마련한 것으로 보인다. 이것은 하나의 센세이션이 되어 그 여파가 유럽에서 시작되어 세계의 각지로 파급된 것이다. 그뿐인가? 소위 '철학에 문외한'도 이 책을 서로 선물로 주고받으며, 이 책에 대해 그리고 소피에 대해 얘기한다. 그 이후 철학 대화방이나 철학 상담소며 철학 카페가 생기고, 사람들이 모여 철학의 담론으로 즐거움을 찾는 현상이 일어났다. 이 『소피의 세계』를 통하여 우리가 분명히 목격할 수 있는 것은 철학이 재미있는 수수께끼이고 놀이라는 것이다. 그래서 우리는 철학의 산책로를 따라가며 잃었던 '철학의 즐거움'을 되찾는 것이다.

물론 철학사에는 어려운 개념들을 골라 써서 골 때리게 하는 장황한 관념론의 이론들이 있긴 하다. 게다가 철학교육을 시키지 않고 천시하는 우리의 풍조(개탄스럽다!) 또한 철학이해에 장애물이다. 그러나 우리는 저런 골 때리게 하는 복잡한 길을 따라갈 필요가 없다. 가아더의 모범에서 드러나듯 철학은 소설로도 수필로도 또 카페에서 즐기는 대화로도 가능한 것이다.

5. 해산의 고통과 철학적 에로스

우리는 어떤 방식으로든 철학의 즐거움을 되찾아야 한다. 철학은 쉽다. 그러나 우리가 꼭 갖춰야 할 것이 있다. 그것은 다름 아닌 철학적 사유를 하겠다는 마음의 준비다. 그런데 이런 마음의 준비와 각오는 그리 단순하지 않다. 그것은 오히려 모든 탄생들에 전제되어 있는 해산의 고통과도 같다. 철학은 굴러 들어오는 떡일 수 없고 내 입으로 떨어져 들어오는 단감이 아니다. 철학의 탄생에도 마찬가지로 소크라테스의 산파술(Maieutik)이 지적하듯 이런 해산의 고통이 따르는 것이다.

산파는 우리가 잘 알고 있듯이 해산을 도와주는 일을 하는 사람이다. 철학의 탄생에도 이런 지적(知的) 도움이 필요하다는 것이다. 소크라테스의 대화의 상대자(특히 소피스트들)는 가끔 궁지에 몰린다. 그런데 대화를 하는 중에 이 대화의 파트너는 자신이 원래 했던 주장을 자기 스스로 거부하는 상황으로 치닫게 된다. 이런 난처한 상황을 알아채도록 소크라테스는 자각시킨다. 그런데 이 대화의 상대자가 당황하게 되어 어쩔 수 없는 난처한 지경에 빠지고 난 후 그 사실을 솔직히 시인하고 올바른 길을 찾고자 하는 열망을 표명할 때 소크라테스는 도와준다. 즉, 새로운 통찰을 낳게 해주는 것이다. 이것이 소크라테스의 산파술인 것이다.

'철학의 탄생'에 일어나는 황당한 고통엔 그러나 황홀한 기쁨도 배태되어 있다. 철학의 열정은 탄생에 수반되었던 고통을 덮어버리기 때문이다. 이러한 열정은 철학을 탄생하게 하고 또 철학함의 길 위로 가게 하는 원동력인 것이다. 이것이 바로 플라톤의 에로스 (erōs)다! 이러한 원동력으로서의 에로스가 철학에로 눈을 돌리게 하는 것으로, 플라톤은 이를 "신적인 선물(theia moira)"이라고 일 컫는다. 현상과 감각의 세계에, 일상과 안목의 세계에 매몰되어버린 내 영혼의 눈이 고개를 들어 불멸하는 실재의 세계로 방향을 돌리게 하는 것이 플라톤의 에로스인 것이다.

철학함의 길 위엔 시행착오도 더러 있고 환희와 실패도 더러 있

28

으며, 심지어는 모욕과 좌절도 있을 것이다. (탈레스가 별을 관찰하다가 시궁창에 빠졌을 때의 조소를 생각해보자. "자기 발등 앞도 못 보면서 별의 세계를 보겠다고…") 그러나 이 모든 토양 위에 철학의 나무는 자란다.

2 장

철학이란 무엇인가?: 중간자와 중매자로서의 철학

1. 철학의 개념

오늘날 철학의 명성은 다 박탈당하고 무장해제되다시피 헐뜯겼지만, 일찍이 아리스토텔레스는 철학을 "만학의 여왕"이자 "학문 중의 학문"으로 규명했다. 고대의 사람들은 "지혜를 사랑한다"는 이 학문(철학)을 사랑했던 것이다. 철학이 인생에 부여했던 의미가 이루 말할 수 없이 컸던 것이다. 고대에 있어서 철학은 "학문 중의 학문"인 만큼 그 역할을 했던 것으로 보인다. 우주와 인간이며 자연과 존재에 대해서, 삶과 죽음에 대해서, 그리고 삶의 의미에 대해서 해석을 하고 방향을 안내하면서 삶의 이정표가 되기도 했던 것이다. 물론 그동안 많은 역사가 흐르고 난 지금의 철학에 대한 견해도 많이 달라진 것이다. 그렇지만 '철학'의 개념을 우선 파악해보자. 참고로 동양에서는 오래전부터 도학(道學), 기학(氣學), 음양학, 유학, 이기학(理氣學), 양명학, 경학, 실학 등의 이름으로 불려왔는데 '철학'이라는 용어는 일본인이 'Philosophie'를 그렇게 번역한 데서 유래한 것이다. 우리말로는 '슬기학'이나 '애지학'으로 불러도 무방할 것으로 보인다.

그러면 이 필로조피(Philosophie)의 유래를 살펴보자. philosophia라는 라틴어와 또 이 라틴어를 뿌리로 둔 프랑스어, 이탈리아어, 스페인어, 포르투갈어도, 나아가 독일어의 Philosophie와 영어의 philosophy도 모두 '필로조피아(φιλοσοφία, philosophia)'라는 그리스어에 뿌리를 두고 있다. 따라서 우리가 쓰는 용어 '철학'은 고대 그리스의 필로조피아에서 유래한 것이다.

그런데 이 필로조피아는 다시 두 단어인 필리아(philia)와 조피아(sophia)가 합쳐진 용어로서 '지혜를 사랑함(愛智)'이란 뜻을 갖고 있다. 또한 '철학자(philosophos)'란 '지혜를 사랑하는 사람', 즉 '지혜의 친구'인 것이다. 지혜를 사랑한다거나 '지혜의 친구'라는 말은 지혜를 갖고 있다거나 '지혜의 선생'이라는 말과는 상당히 다른 것이다. 그렇기에 '지혜의 선생'이라는 소피스트들과의 싸움이 이미 예고되어 있는 것이다. 그래서 아티카의 철인들(소크라테스, 플라톤, 아리스토텔레스)은 거의 일생 동안 소피스트들과 논쟁을 했고, 또 논쟁을 하면서 철학을 전개했다. 소크라테스와 플라톤이 소피스트들과의 대화에서 알게 된 것은, 이들이 '지혜의 선생'이라기보다는 통념(doxa) 내지는 통념 사랑(philodoxie)에 사로잡혀 있는 사람이었다는 것이다.

2. 철학적인 에로스

'애지'라는 뜻을 가진 철학은 이미 '지혜'나 '지(知)'를 갖고 있다는 뜻이 아니며 '지' 자체도 아니고, 또 '무지'는 더욱 아니다. '애지'란 그렇다면 '무지'에서 '지'에 이르는 과정으로서의 노력인 바 '중간자'로 볼 수 있다. 이러한 맥락에서 야스퍼스(K. Jaspers)는 "철학함(philosophieren)이란 언제나 도상(途上)에 있는 것이다"라고 정의했다. 이 '철학함'의 도상에 있어서는 어떤 완결된 답변보다도 물음이 더욱 본질적인 것이다. 아니, 철학에서는 종말적인 형태의 답변은 없다. 어떤 형태로 얻어진 답변이나 성과는 동시에 새로운 물음으로 제기되는 것이다.

'철학'의 개념에는 지혜와 진리와 참된 앎(epistēmē)을 얻고자 정열에 불타는 탐구정신(필리아)이 들어 있는 것이다. 그렇기에 '애지의 정신', 즉 플라톤의 용어로 '에로스(erōs)'에서 출발하는 정신이 철학의 본질을 이루는 것이다. 따라서 우리가 결론을 내릴 수 있는 것은, 철학이란 진리에로(지혜에로, 참된 앎에로) 향하는 지향성 자체에 이미 큰 의미가 들어 있는 것이다! "알 듯 모를 듯한 진리에의 사랑"이야말로 플라톤의 삶 전체와도 바꿀 수 있는 말이다. 진리는 특히 플라톤에게서 신적인 에이도스(eidos)로서 누구의 소유물이 된다거나 조작될 수 없기에, 누군가가 진리를 가졌노라고 혹은 지혜를 가졌노라고 까불거린다면 — 소피스트들이 그랬던 것처럼 — 오히려 꼴불견이 되는 것이다.

에로스는 진리와 지혜, 참된 앎을 지향하는 지속적인 노력과 자신의 무지에 대한 반성을 겸하고 있다. 그래서 소크라테스의 '무지의 지'는 앎을 얻기 위한 단초인데, 이는 지(知)를 수용할 능력이 구비되어 있다는 뜻이기도 하다. 우리가 사회에서 엉터리로 쓰고 있는 '플라토닉 러브' 내지는 '아카데믹 러브'를 수정하고 올바로 쓰기 위해 두 가지의 에로스를 이야기해보자. 첫째, 에로스(eros)란 말은 원래 '생산의 신'이란 뜻에서부터 유래하여 '이성 간의 사랑', '성적인 사랑', 즉 자기중심적이며 소유적인 의미를 내포하고 있어서 '이타적인 사랑'인 아가페(agapē)와 대조를 이룬다. 이에 반해 둘째로, 에로스(erōs)는 곧 원래의 '플라토닉 러브'로서 "감각과 현상의 세계에서 이데아의 세계로 나아가도록 하는 충동 내지는 원동력"을 말한다. 다시 말하면 안목의 세계에 펼쳐지는 사물에 사로잡힌 시야로부터 벗어나 불멸하는 실재의 세계(이데아의 세계)로 방향을 돌리게 하는 충동인 것이다. 이런 상태는 어떤 통념과 까막눈의 삶에서 해방을 뜻하기도 하고, 자기 자신에 대한 구원이기도 한 것이다. 또 어쩌면 동물적인 삶에서 신적인 삶에로의 승화이기도 한 것이다. 이것이야말로 철학의 센세이션(!)인 것이다.

3. 중매자로서의 철학

철학이 중매를 한다고? 도대체 그게 무슨 말인가? 그리스의 신화가 들려주는 중매자로서의 철학은 곧 "철학이란 무엇인가?"를 밝혀주는 결정적인 동기가 되는 것이다. 그리스 신화에는 하늘 우라노스(Uranus)와 땅 가이아(Gaia) 사이에서 태어난 거인족인 타이탄들이 있다. 이들 중에는 '경이'(혹은 '놀람')라는 뜻을 가진 타우마스(Thaumas)가 있는데, 그에겐 딸 이리스(Iris)[1]가 있었다. 타우마스의 딸 이리스는 제우스와 헤라의 사신으로서 신과 인간 사이를 오가는 심부름을 했으며 하늘과 땅을 잇는 역할을 했다. 그래서 그녀는 무지개로 상징되었다. (무지개는 한쪽의 뿌리를 하늘에 두고 또 다른 한쪽의 뿌리를 땅에 두고 있다.) 이리스는 말하자면 인간과 신을 중매하고 하늘과 땅을 중매하는 것이다. '경이'에서 출발하는 철학은 곧 타우마스의 딸 이리스와 같은 것이다. 철학은 인간과 신을 중매하고, 시간과 영원을, 죽음과 불멸을, 현상과 초월을, 땅과 하늘을 중매하는 이리스인 것이다. 이것이야말로 철학의 센세이션(!)인 것이다.

물론 철학의 개념은 중세와 근대를 지나 현대에 이르는 과정에서 많이 달라졌다. 우리가 앞에서 언급했듯이 중세 때에는 "신학의 시녀"의 멍에를 짊어졌고, 현대에는 "과학의 노비"로 일컬어져 각각 암흑기와 인간성 상실의 주원인이 되었다. 우선 '철학'이 하나의 독립되고 분화된 과목으로 되었고, 또 근대부터는 합리성 내지는 논리성이 많이 강조되었다. 즉, 철학은 논리적 체계 위에 세워져야 하고 앎과 진리인식이 가능해야 한다는(특히 칸트의 철학에서) 것이고, 단순한 주관적 신념이나 옹졸하고 편협한 사견이어서는 안 된다는 것이다. 황당한 이야기나 잠꼬대 같은 소리를 어찌 철학이라고 할 것인가!

이러한 철학의 개념에 대한 변화에도 불구하고, '애지'의 요소는 고대에서 현대의 철학에 이르기까지 남아 있다. 철학은 이성의 반성적 원리와 비판적 사유기능 및 창조적인 구상능력을 근원적으로

---

1) 아이리스(Iris)는 서양 여성의 이름으로 더러 사용된다.

갖고 있기 때문에 어떤 도그마(교조주의, 절대주의, 교의)나 독단을 인정하지 않는다. 이런 반성적 원리와 비판적 사유기능 및 창조적인 능력이 이루어지지 않거나 억압당하는 곳은 철학이 죽은 곳이다(중세 암흑기!).

철학은 다른 학문들과는 달리 현상과 사물의 세계 전역에 걸쳐서 또한 초월의 세계와 불멸하는 실재의 세계에까지도 무제약적으로 "왜?"라는 질문을 던지는데, 이러한 태도는 철학하는 사람에게 맡겨진 권리이자 임무이기도 하다.

4. 철학함의 시작으로서의 '경이'의 체험

'철학함(philosophieren)'이란 명사인 '철학(Philosophie)'의 동사형으로서 구체적이고 실제적인 철학활동을 의미한다. 물론 철학을 한다는 것은 무슨 특별한 방식의 비범한 생활이 있다거나 거창하고 현저하게 밖으로 드러나는 현상이 따로 있는 것은 아니다. 또한 철학을 전공하라거나 철학에 전념하라는 것은 더더욱 아니다. 그것은 자신의 삶 가운데서 조용한 변화가 일어나 철학적인 사유를 하게 되는 것을 말한다. 즉, 철학적 사유와 반성을 하는 것이고, 철학적 의미를 부여하고 느끼며 생활하는 삶의 형태인 것이다.

그런데 지극히 일상적이고 예사로운 삶의 소용돌이에 휩싸여서 무자각과 무의미로 일관된 생활형태로부터, 또한 거대한 몰개성적이고 떼거지 형태의 대중적 삶의 마력에 덜미를 잡혀서 자기의 고유한 실존을 우러러보지 못하는 삶으로부터 우리는 철학을 기대할 수 없다. 이러한 생활방식에서 우리는 탈출해야 한다. 그런데 이것은 결코 쉬운 일이 아니라 거의 기적에 가까운 사건이라고 할 수 있다. 어떻게 하면 우리가 일상적인 삶 가운데서도 의미 있는 철학적인 삶을 영위할 수 있을까?

그런데 도대체 우리는 어떠한 동기 유발로 인해서 철학적 사유를 하게 될까? 우리로 하여금 철학을 하도록 자극하고 촉발하는 것은 어떤 특별한 동기부여가 주어지고 거기에 대한 각별한 체험이 전제되었을 때 가능할 것이다.

플라톤과 아리스토텔레스는 철학함의 근원으로서 인간 속에 충동질하는 것이 무엇인지 관찰했다. 그리고 그것을 곧 "경이(Thaumazein)"라고 규명했다. "경이보다 다른 철학의 근원(시작)은 없다"라고 플라톤은 그의 대화록 『테아이테토스』(155d)에서 밝혔다. 경이의 체험이란 뭔가 예사롭고 일상적인 사유로 종잡을 수 없는 끔찍한 사건을 전제로 한다. 그래서 그런 예사로운 사고방식으로는 어찌 알 바도 또 어찌 해야 할 바도 없어 당황하게 되는 상태를 말한다. 그래서 사고의 막다른 골목에서 어떤 출구도 없이 이상야릇한 상태에 놓이게 되고 당혹스럽게 되는 것이다. 이러한 상태를 철학적 용어로 '아포리아(Aporie)'라고 한다. 그러나 이러한 상태는 우리로 하여금 계속 생각하게 하는 위력을 갖고 있는 것이다. 우리는 그로 말미암아 사유의 나래를 펴고 여행을 시작한다. 예를 들어 탈레스가 별의 신비에 경탄하며 걷다가 시궁창에 빠지는 경우에, 소크라테스의 죽음을 목격해야 했던 플라톤의 경우에, 또 (『나무꾼과 선녀』에서) 선녀가 목욕하는 것을 목격한 나무꾼의 경우에 우리는 경이의 체험을 짐작할 수 있다. 우리가 만약 UFO를 진짜 그리고 생생하게 본다면(뭐 이를테면 오징어 다리나 문어발과 비슷한 모습에 닭의 볏 같은 것을 달고 거인족 키클롭스와 같은 외눈에다 속이 다 들여다보이는 유리 몸체를 가진 것을 본다면), 우리는 결코 이를 단순히 웃고 넘기지 못할 뿐만 아니라 오래오래 우리의 의식세계가 뒤흔들리고 뒤틀리는 상태에 놓일 것이다. 우리는 고심하면서 사유의 여행을 하지 않을 수 없을 것이다.

물론 우리는 위와 같은 거창한 체험을 할 수 없을 것이다. 그러나 우리는 삶의 공간에서 일상을 깨는 그런 체험에서 사유활동을 하게 되고 철학에의 길로 들어설 것이다. 그래서 철학적인 사유의 훈련엔 비일상적인 체험과 경험, 낯선 곳에의 여행과 같은 것이 많은 도움이 된다.

사실 고대 그리스 철학의 발생이라고 하는 신화적 사유의 굴레에서 철학적 사유에로의 전환은 자유여행과 자유왕래, 자유무역에 의해 가능해진 것이다. 그리스인들은 자유여행을 통해 이웃나라에 대한 상식을 얻고, 자신들의 신화적 규범과 원시적 사고 패턴에서 탈피할 것을 깨달은 것이다. 그들은 제우스 중심의 가부장적 세계관과 권위주의에서 탈피하고 새로운 정신적인 오리엔테이션을 찾았던 것이다.

경이의 체험은 — 플라톤적으로 말하면 — 하늘과 땅을, 인간적인 것과 신적인 것을 잇게 하는 것이다. 다시 말해서 철학을 하게 하는 것이다. 그래서 철학은 경이(타우마스)의 딸 이리스이다. 경이를 통해 인간은 지상적인 것에서 천상적인 것으로 방향을 돌린다. 플라톤과 같이 아리스토텔레스도 "사람들은 경이로 말미암아 시원적으로 철학하기를 시작했다"라고 하였다(『형이상학』, I, 2, 982b). 아리스토텔레스에 의하면 사람들이 어떤 무엇에 대해 경이의 체험을 할 때는 우선 모른다는 (종잡을 수 없는) 느낌에 사로잡힌다는 것이다. 그래서 이 무지의 상태에서 나오려는 데서 철학을 하게 된다고 아리스토텔레스는 밝힌다.

"내 머리 위에 별빛 총총한 하늘과 내 마음속에 있는 도덕률" (『실천이성비판』)은 칸트로 하여금 항상 두려움과 경이로서 철학적 사유를 하게 한 두 가지의 사실이었다.

파스칼도 지극히 소박한 삶의 현장에서 경이의 체험을 했다. "나는 내가 여기에 있고 저기에 있지 않는 것에 대해 두려움과 놀라움을 느낀다. 어찌하여 나는 저기에 있지 않고 여기에 있는가? 왜 나는 저때에 있지 않고 이때에 있는가? 도대체 그 이유가 어디 있을까? 누가 나를 여기에 두었을까? 누구의 명령과 조치로 나에게 이곳과 이때가 정해졌단 말인가?"(『명상록』) 이러한 파스칼의 경이 체험을 염두에 둘 때 우리가 생활주변과 삶의 현장에서 할 수 있는 그러한 체험은 이루 말할 수 없이 많을 것이다. 단지 일상적이고 예사로운 삶 속에 떠밀려 그러한 질문을 포기하고 또 망각하여 의미부여를 전혀 못하고 있을 따름이다.

경이야말로 철학적 물음의 발단이다. 근원에 대한 물음에서 철학은 시작하는 것이다. "왜?"라는 물음이 없는 곳에 철학은 죽은 것이다. 여기서도 답변보다 '물음'이 철학에서 더욱 중요함을 알 수 있다. 바로 이러한 물음이 끊이지 않으므로 철학에는 종착점이 없다. 아니, 그런 종착점을 필요로 하지 않는다. 또 그러니 만큼 철학에는 왕도(王道)도 없다.

'경이' 외에도 철학을 하도록 충동질하는 내외부적 요인은 이를테면 '계몽의지', '본능을 제한하는 당위', (우리에게 잘 알려진)

'회의', '의미질문', 특히 '죽음의식'과 같은 것에서 찾을 수 있다. 뭔가 더 낫게, 좋게, 온당하게, 바람직하게 해야겠다는 계몽의지에는 이미 철학적 성찰이 들어 있다. 또 인간이기에 동물처럼 본능을 다 드러낼 것이 아니라, 오히려 이를 제한하는 데에도 철학적 태도가 깃들어 있다. 회의는 — 비록 회의할 때는 답답하지만 — 진리를 찾는 전체 과정에서 보면 필수적이다. 진리는 지천으로 아무 데나 널려 있는 것이 아니라, 깊고 높은 곳에 자리하고 있다. '의미질문' 또한 우리로 하여금 철학적인 삶을 살도록 하는 중요한 요인이다. 인간은 아무 의미 없이 살 수 없다. '의미'는 인간으로 하여금 그가 다른 피조물이나 사물과는 다르다는 것을 인지케 하는 본질적 요인이다.

그런데 죽음의식은 모든 인간으로 하여금(모든 인간이 언젠가는 다 죽기에) 철학을 하도록 강요한다. 만약 우리가 우리 자신이 이 지상에서 사라지고 무화(無化)되는 것을 의식한다면, 우리는 결코 일상적인 태도로 일관하지 않을 것이다. 우리는 아마도 불안과 초조 속으로, 불확실의 미궁 속으로 떠밀릴 것이다. 그리고 묻게 될 것이다. 과연 나는 죽는 순간에, 그리고 죽고 나면 어떻게 될 것인가? 한 줌의 흙으로, 아니면 공기 중에 분해되어, 아니면 절대적인 무(無)로, 아니면 어떤 피안에, 아니면 …? 그리고 이렇게 죽어야 하는 인간은 왜 지상에 왔을까? 이 모든 의혹과 질문은 그 자체가 피하지 못할 철학적 물음인 것이다.

실존철학에서는 죽음이 곧 "한계상황"(칼 야스퍼스)을 체험하게 한다고 한다. 인간은 그 누구도 이 죽음에서 도피할 수 없다. 때론 죽음을 면하기 위해 별난 방법을 동원하기도 한다. 이를테면 사신을 시켜 불로초를 구하러 다니게 한(한국의 제주도에까지 그 사신이 왔다는 얘기가 있다) 진시황이나 젊은이의 피를 수혈한 이노센트 법왕과 같은 경우는 잘 알려져 있다. 천하를 정복하고 호령한 그 어떤 영웅도 죽음만큼은 정복하지 못했다. 죽음은 인생의 종말적 사건이다. 그렇다면 아마도 죽음 의식만큼 인간을 뒤흔드는 것은 없을 것이다. 자신이 세상에서 사라지고 무화(無化)되는 사실을 중대한 사건으로 생각하는 사람이라면, 그는 극단적인 진지함으로 또 불안함으로 죽음을 대할 것이다. 인간은 이러한 죽음 앞에서 실존적 사유를 하지 않을 수 없을 것이다.

3 장
현대의 정신적 상황

1. 철학의 부재(不在)와 인간성 위기

현대를 일컬어 '인간성 상실의 시대' 혹은 '인간성 위기의 시대'라고 한다. 인간을 겉도는 것에 넋을 잃어 정작 인간 자신이 소외되고 상실된 것을 말하는 것이다. 이러한 현상은 철두철미하게 철학의 부재와 직결된다. '사상의 빈곤'에 허덕이고 '정신문화의 고갈'에 내던져진 것이 분명한 우리 시대의 상황이다. '인문학의 위기'라는 말이 어제오늘의 테마가 아니다. 상품가치로 바뀌지지 않고 돈 안 되는 과목은 사정없이 도태되고 또 도태시키는 것이 교육현장에서도 이미 굳어졌다. 그러나 인류정신사가 증명하듯 철학이 외면당하고 배척당하는 곳엔 항상 인간성의 위기가 수면 위로 떠올랐던 것이다.

우리는 중세를 흔히 '암흑기'라고 일컫는다. 여러 가지 요인과 원인이 있었겠지만, 무엇보다도 철학이 억압당했기 때문이다. 그때는 철학을 "신학의 시녀(ancila theologiae)"라고 불렀다. 철학이 자율권을 갖고서 고유한 기능을 수행하는 것이 아니라 "신학의 시녀" 역할을 해야 했던 것이다. 종교와 신학의 정당성이나 위대성, 그리고 그것이 이성적임을 설파하는 것이 철학의 과제였고, 여타의 '비판적 기능'이라든가 '보편학'으로서의 자격을 박탈당했던 것이다. 비판적 기능을 상실했다는 것은 곧 철학이 죽은 것이라 해도 과언이 아니다. 철학이 본연의 위치를 찾아 르네상스 운동을 일으킬 때까지 중세는 깊고 오랜 암흑기를 보내야 했다. 종교와 교회가 세상을 휘어잡고, 인간은 교권의 노예였으며, 툭하면 종교재판과 마녀사냥 같은 것을 통해 인간을 암울한 구렁텅이로 밀어 넣었던 것이다.

　이와 같이 신학과 종교 및 교회가 인간성을 유린한 것이 한계에 치달아 (마치 극단으로 기운 진자의 추가 이젠 다른 방향으로 향하듯) 르네상스 운동이 일어나고, 또 이 르네상스와 이어지는 근대 철학이 깊어지자, 이제는 철학이 저 중세의 신(神)을 외면하고 배척하기 시작하였다. 그리하여 인간의 주체성이 극대화되어 코스모스에서 신을 몰아내는 화를 불러일으키고서, 자신이 이제 우주에서 최상위에 올라앉은 것이다.

　그런데 우리가 살고 있는 현대는 어떤가? 우리가 살고 있는 현대는 과학기술이 저 중세의 사제가 가졌던 권력을 탈취하여 세상을 휘어잡고 있는 것이다. 그래서 사람들은 현대에서의 철학을 곧 "과학의 노비"라고 한다. 과학은 기술과, 기술은 산업과, 산업은 상품과, 상품은 수출과, 수출은 국가의 부와 연결고리에 꿰어 있으므로 국가의 정치도 여기에 가세하여 거대한 세력권을 형성하고 있는 것이다. 새로운 컴퓨터 칩이 발명된다거나 신형 자동차나 고성능 무기, 새로운 유전자 조작기술이 발명되면 얼마나 세상이 호들갑을 떨며 시끌벅적한가. 더욱이 이러한 것들을 수출과 무역으로 연결시키고 국력과도 연결시키기에, 정치가든 학자든 경제인이든 다 넋을 잃는 실정이다. 이러한 와중에 정작 인간 자신의 가치는 매몰되어가는 것이다. 불의의 사고로 인간이 죽는 곳에서도 적당하게 보험 처리로 해치운다거나, 간혹 뉴스거리로 오르락내리락하다가 (아무 일도 일어나지 않은 것인 양) 끝장을 낸다.

2. 정신문화의 빈곤과 물질문명의 만개

여러 각도에서 현대는 물질문명의 꽃을 피우고 있다. 물질문명은 첨단으로 치닫고, 온 세상을 평정해버린 것처럼 그 위력이 대단하다. 그러나 정신문화는 여기에 따라가지도 못하고 맞서지도 못할 뿐만 아니라 철저하게 외면당하고 있다.

사람들은 "우선 고픈 배를 채워야겠다"고 물질문명에 혼신을 쏟았는데, 물질에 대한 욕심은 한이 없어서인지, 아니면 사람들이 브레이크를 걸지 못하는지, 정신문화에 귀를 기울이지 않는다. 오히려 '문화'라는 것도 상업문화나 자본주의 문화의 형태로 발전하고 번지레하게 퍼져서 물질문명을 가속화하고 있다. 그래서 도처에 이러한 것들과 잘 맞물린 거대한 대중문화와 대중예술 및 소비향락문화가 사회를 휩쓸고 있다. 이러한 대중문화의 형태는 그러나 인간을 숭고하게도, 깊고 높게도 하지 않으며, 고매하고 가치 있는 것을 추구하는 것도 없다. 그저 '재미'가 주가 되고 인기, 유행, 판매량과 같은 것들만 이슈로 등장한다.

물질문명의 메커니즘은 거대한 바퀴가 되어온 세상에 이리저리 굴러다닌다. "돈이 있으면 못하는 게 없다"고 할 정도로 돈의 위력이 막대하며, 돈 많은 사람은 (어떻게 긁어모았든) 다짜고짜로 존망의 대상이 된다. 돈으로 할 수 있는 향락추구가 거의 무한대이므로 사람들이 돈을 좇느라 환장병에 걸리고 또 사회엔 사치풍조가 늘어간다. 그런데 우리를 가슴 아프게 하는 것은 구조적으로 돈이 없으면 현대의 조직화된 사회에서 살 수 없다는 것이다. 즉, 일상의 조그마한 공과금에서부터 주거에 이르기까지 돈이 없으면 최소한의 생활도 어렵다는 것이다. 심지어 돈이 없으면 시집장가도 못 가고 자식의 교육도 시킬 수 없는 것이 오늘날 우리 사회의 현실이다.

온 세상이 물질문명에 사로잡혀 있고 또 구조적으로 돈이 없으면 못 살게 되어 있으니, 대학들이 직업예비학교로 전락되고, 취업에 필요한 영어와 컴퓨터 지식이 전공을 몰아내어버린 상황에 처한 것이다. 그래서 학문도 실용적으로 응용되는 것만('돈 되는 것'만) 강조되고 그렇지 않은 학문은 그 존재근거마저 위협받고 있는 실정이다. 게다가 미국의 시장경제원리를 대학사회에 적용시켜 저러한 인문학(혹은 비인기학과)은 고사 상태에 놓인 것이다. 그런데 소위 인기학과는 어떠한가? 입학 경쟁률이 80 대 1, 100 대 1이라는 연극영화과를 비롯한 몇몇 학과는 가히 기네스북에 오를 만하지 않은가?

3. 무실존의 시대

그런데 물질문명과 상업대중문화가 정신문화를 몰아내고, 철학이 "과학의 노비"로 될 만큼 외면당한 이 시대의 특징은 무엇인가? 그것은 철두철미한 '인간성의 위기'라는 것이다. 원래 과학도 과학기술도 인간을 위해서 존재하는 것이다. 그런데 어찌된 셈인지 지금은 주객이 뒤집혀 과학기술이 주(主)가 되고 인간은 아류로 떨어져버린 것이다. 인간은 오히려 이 과학기술에 끌려가고, 과학기술이 여러 과정을 거쳐 부를 창출할 때까지 기계의 톱니바퀴처럼 생산수단으로서의 역할을 담당해야 하는 위치에 놓인 것이다. 이러한 흐름에서 인간의 실존망각 현상이 일어나고 또 인간의 자기소외 현상이 빚어지는 것이다.

인간은 이제 물질문명의 소용돌이와 대중문화의 그물망, 생존경쟁의 치열함 속에서 자신의 내면을 들여다볼 여유를 못 가지고 산다. 그래서 현대인은 자기의 실존을 잃어버리고 살며 또한 자기의 실존을 잃어버린 줄도 모르고 살아간다. 과학이든 학문이든 모두 인간을 위해서 존재해야 할 것인데, 오히려 인간이 이들에 덜미를 잡혀 끌려가는 것이다.

4. 인간성 위기 시대의 특징

인간성 위기 시대의 특징을 일목요연하게 이야기하기는 쉽지 않지만, 그러나 뚜렷한 것은 무엇보다도 인간의 존엄성이 퇴색되어가고 정신문화의 빈곤과 물질주의의 증폭 및 탈윤리의 현상이 지

평 위로 떠오른 것이다. 이를 우리는 대체로 다음과 같이 항목별로
열거해보고 그 구체적인 논의는 7장("인간성 위기 시대와 윤리")
에서 하기로 한다.

-- 인간의 존엄성 상실

-- 철두철미하게 형이하학적임

-- 인간과 물질의 주객전도

-- 도덕불감증

-- 향락주의

-- 물질중심주의와 물질만능주의

-- 극단적인 이기주의와 자기중심주의. 이에 따른 이웃과 타자를
도외시하는 경향

-- 가짜 자본주의 내지는 천민자본주의(수단 방법 가리지 않고
돈만 벌면 최고라는 태도)

-- 환경오염의 심각한 현상. 이는 생태계와 인간의 생명을 위기
로 몰아넣고 있다.

-- 청소년 비행의 증가. 청소년들은 정서에 메마르고 도덕에 무
관심하며 비전이 없는 형태를 띠고 있으며, 대중문화에 중독된 양
상을 보인다.

-- 가치관 전도 등등

4 장
험한 세상에서 우리가 상실해버린 것들

1. 상실의 시대

상실의 시대에서 '상실'은 그 어떤 무엇을 잃어버렸다는 것을 뜻한다. 건강을 잃으면 병들고, 숨을 잃으면 죽게 된다. 길을 잃으면 헤매고, 빛을 잃으면 어둠이 지배할 수밖에 없다. 진실을 잃으면 허위가 판을 치고, 순수를 잃으면 불순이 스며든다. 본래성을 상실한 곳에는 비본래성이, 자아를 잃은 곳에는 비자아가 자리 잡게 된다. 자유를 잃으면 부자유와 억압 속에 밀리고, 나라를 잃으면 식민지와 같은 처참한 상황에 처한다.

오늘날 현대인은 자연과 신을 잃고 또 자기의 실존과 이웃을 잃고서 방황하고 있다. 이러한 상실들 가운데 자기의 실존과 신을 찾는 것은 더욱 어려울 것이다. 왜냐하면 전자도 후자도 어떤 사물적인 대상이 아니기에 우리의 육체적 시야로서 찾아낼 수 없기 때문이다. 아이러니하게도 자기의 실존은 눈으로 볼 수 없을 만큼 너무 가까이에 있어서 그런지도 모른다. 자기의 실존을 찾는 데에는 자기의 내부를 꿰뚫어 보는 특별한 시각이 필요하기 때문이다. 또 이 자신을 들춰볼 마음의 거울(철학!)이 준비되어 있어야 하기 때문이다. 그렇기에 자기의 실존은 가장 가까이에 있으면서도 가장 멀리 있다.

또 신은 초월자란 이름으로 너무 멀리에서 존재한다고 사람들은 생각한다. 또는 자기 자신과 무관하다고 생각한다. 더구나 신을 찾아야겠다는 절박한 심정이 먼저 준비되어 있어야 하기에 더욱 찾기가 어려울 것이다. 많은 사람들은 다람쥐 쳇바퀴 같은 일상성 속에서 밀고 당기며 또 쫓고 쫓기면서 산다. 그런데 이러한 삶이 진흙탕 같은 늪에서 덧없는 뜀뛰기에 불과한 삶이라는 것을 깨닫지 못하는 데에 심각성이 들어 있는 것이다. 더욱이 이 상실의 늪이 정상적인 세계로 보인다면, 그곳을 탈출할 자각이나 동기를 찾지 못할 것이다. 사람들은 마치 최면술에 걸린 듯 깊은 잠을 자고, 자기의 존재를 자각하지 않으려고 한다.

2. 정신문화 대신 물질문화, 형이상학 대신 형이하학, 존재 대신 소유

근대 이래 학문의 자연과학화는 계속되어왔는데, 철학의 영역만 고려해보아도 대륙의 합리주의와 영국의 경험주의는 서로 성격이 다르지만 각자 형이상학과 같은 정신과학을 터부시하고 자연과학을 증폭시켜왔다. 게다가 '부'와 '쾌락'을 갈구하는 인류는 각종 상업자본주의와 저질 대중문화를 양산시켜왔기에 온 세상이 형이하학에 몰두하고 있다. 오늘날 학문의 자연과학화는 꽃피었고, 또 이 과학화 작업은 과학기술과 산업 및 국가 경제와 결부되고, 또 이는 다시 상업자본주의와 상업자본주의의 문화와 연대하며 정치, 경제, 외교 등과 궤를 함께하게 되어 거대한 세속왕국을 건립했다. 그리하여 오늘날 누구나 원하든 원하지 않든 과학이 지배하는 이 세속왕국에 살고 있는 것이다. 과학은 스스로 과학만능주의와 과학제일주의를 외치며 철학을 "과학의 노비"로 만들었다.

그런데 오늘날 우리는 이 과학혁명에 만족해하며 살고 있는가? 물론 과학의 긍정적인 측면을 우리는 가소롭게 평가해서는 안 되리라. 그러나 우리의 인류는 과학으로 말미암아 얻은 것보다는 잃은 것이 더 많고, 또 앞으로 특별한 반성이 없는 한, 더 많이 잃게 될 것이다. 오늘날 우리는 과학으로 건립한 진보의 낙관론이 승리타령을 하기도 전에 몰락하는 기분의 황량한 비관론만 듣고 있다. 인류가 꿈꾸어왔던 과학의 유토피아는 오지 않고 생태계 위기와 자연파괴며 전 지구적 위기가 수면 위로 떠오르고 있다.

저러한 과학혁명과 저질문화의 세계에서 인류는 물질문명을 꽃 피웠지만, 그러나 철학을 비롯한 인문학의 영역 학문들을 잃어가는 실정이다. 사람들은 '배부른 돼지'를 원하는지, '배고픈 소크라테스'를 원하지 않는다. 인간성 상실과 삶의 의미 상실은 점점 인류를 압박하고 있다. 오늘날 진보의 낙관론은 도처에서 무너지고 있다. 이 진보를 향한 싸움에서 인간은 무모한 경쟁에 휘말렸고, 인간 스스로가 수단화되며 소외되어가지만 약속했던 유토피아는 오지 않는다. 인간은 무의미의 세계로, 니힐리즘의 나락으로 떨어졌다. 진보를 향한 싸움의 과정에서 이젠 도처에 원료의 한계, 에너지원의 한계, 경제성장의 한계 등 여러 가지 한계들만 노출된다.

그런데 경제성장과 함께 향락주의, 도덕불감증, 이기주의, 각종 사회악, 불법, 살인과 테러, 국제적 긴장, 살상무기의 고성능화, 고통과 전쟁, 새로운 질병 형태들, 인구폭발, 빈익빈부익부 현상, 환경파괴, 기타 등등도 동시에 증가한 것이다. 인간은 과연 더욱 행복해졌으며, 더욱 인간답게 되었는가? 그러나 분명한 것은 삶의 의미를 줄 수 있는 정신적인 가치가 저 진보사상을 통해 오히려 붕괴되어간 것이다. '인간성 상실 시대'의 특징은 철저하게 형이하학적이고 비윤리적이라는 것이다. 여기엔 도덕불감증이나 향락주의, 놀자판 세상, 가짜 자본주의, 물신주의, 황금만능주의, 배금주의, "나만 잘 살면 그만"이라는 이기주의와 같은 서로 비슷한 이름과 색깔을 가진 망령들이 도사리고 있다.

이러한 분위기 속에서 올바른 삶이나 가치 있고 의미 있는 삶을 떠올리기는 힘겨운 것이다. 더 나아가서 인간의 문화는 쇠퇴할 것이고, 문화의 탈을 쓴 저질문화와 천박한 유행문화만 양산될 것이다. 그리하여 인간의 정신은 특별한 반성이나 변화를 가져오지 않는 한 형이하학 세계의 깊은 늪으로 빠져들고 말 것이다.

현대는 형이하학 시대이다. 형이하학 시대의 특징은 철두철미한 물신주의라는 것이다. 오로지 안목의 세계에 굵직하게 들어오는 물질만 의미를 갖는다. 물질적인 것만 가치의 세계에 활개를 치고 정신적인 것은 안목의 세계에서 쫓겨났거나 물질을 위한 도구와 수단으로 전락된 것이다. 사람들은 근대 이후로 과학기술과 산업의 발달로 부를 쌓고 물질을 추구해왔으나, 정신이나 삶 자체, 인간성(Humanität)을 위해서는 소홀히해왔다.

사람들은 물질추구에만 쏠려 있으므로 인간성을 추구하는 윤리나 환경의 회복, 공동체 생활 같은 데에는 관심 두기를 꺼리고 재미도 못 느낀다. 사회는 마치 물질을 좇아 달리는 경주마들의 뜀박질터처럼 변해버렸다. 인간이 좇는 물질이 오히려 주가 되고 인간은 그 물질의 노예로 전락되고 말았다. 그래서 "인간적인 너무나 인간적인"이라는 말은 "물질적인 너무나 물질적인"이라는 슬로건으로 대치되었다. 안목의 세계에 펼쳐진 사물들, 이를테면 돈으로 바꿀 수 있거나 상품으로 될 수 있는 것, 수요가 되는 것에서부터 수익이 될 수 있는 것으로—실용적인 것이라고 하자—이목이 집중되어 있다. 부가 축적된 흡족이야말로 현대인에겐 곧 행복으로 통한다. 거기엔 "무엇이 행복인가?"라는 질문도 통하지 않는다. 왜냐하면 그 행복을 구성하는 조건들이 지극히 안목의 세계에 펼쳐지는 지상적이고 일상적인 것으로만 가득 찼기 때문이다.

3. 자연을 상실한 인간의 참상

오래전부터 유럽인들이 주도했고 또 세계 각지에서 꽃을 피우고 있는 과학기술문명은 그러나 오늘날 심각한 지구황폐와 생태계의 위기를 몰고 왔다. 인간의 보금자리와 고향이 되는 자연이 인간의 물질적 욕구의 대상이 되고 수탈됨으로써 환경위기가 몰아닥친 것이다. 과연 인간은 자연을 정복해야 하는가? 자연을 정복하는 권리는 어디에 있는가? 그러나 인간의 자연정복 행위는 이제 그 부메랑 효과를 스스로 보고 있는 것이다. 우리가 정복 행위를 한 만큼 혹은 그 이상으로 정복당한다는 것이다. 이를 좀 더 일반화하면 우리가 자연을 대한 만큼 자연도 우리에게 응수한다는 것이다. 우리가 호흡하는 공기와 우리가 마시는 물은 오염되었고 우리가 망가뜨린 자연은 이제 우리를 위협한다. 이제 자연은 우리 인간에게 도전장을 내밀었다. 산소고갈이나 수질오염, 공장폐수, 오존층의 파괴, 자동차 매연, 기상이변, 엘니뇨, 스모그, 미세먼지, 산성비, 핵폐기물의 공해, 기타 등등, 이러한 현상은 인간들이 자연을 짓밟고 착취한 데에서 일어난 결과이다. 그러나 인간들은 자연이 신음하는 소리를 못 듣고 있다. 아니, 인간들은 모든 다른 피조물들의 신음소리를 외면하고 있는 것이다. 그러나 자연의 파괴는 곧 인간의 파괴인 것이다. 우리가 자연과 더불어 살아야 하는 지혜를 망각하고 학대해온 결과의 책임은 고스란히 우리가 끌어안아야 하는 것이다. 자연은 관대하지만 무한정으로 관대할 수는 없다. 특히 산업사회에 들어와 자연은 인간이 치부(致富)하는 데에 이용당해왔다. 인간이 자연을 착취해서 부를 축적하는 데에만 정력을 다 쏟으니 자원고갈과 자연파괴며 환경오염 현상이 일어난 것이다.

사람들의 부(富)는 동시에 국가의 부와 국력과 연결되어 있으며 이는 또한 국제 경쟁력과 밀접하게 연관되어 있기에, 자원을 조달하는 자연은 수탈되어 이중 삼중으로 파괴되어가는 것이다. 자연은 여러 각도에서 극도로 탈신성화되고 경제적인 측면에서만 주로 고려되는 실정이 오늘날의 모습이다. 소위 우리들의 과학적 사고방식과 과학기술의 획기적인 발전 및 과학제일주의는 거대한 문명세계를 건립하고 자연의 신비한 세계를 박탈해버렸다. 그러나 무절제한 문명 건설은 자연의 황폐를 낳고 말았다. 인류는 이제 과학적 패러다임과 기술공학적 세계관을 숭배하고 있다. 이 과정에 자연은 눈에 보이는 굵직한 자원과 도구로 파악된다. 그 결과 생태계 위기의 심각성은 극한 상황에 이르렀는데, 사람들은 이기적이라서 자신과는 무관한 것으로 본다.

산업기술적인 문명세계의 건립은 언제부터인가 전 세계적으로 가속화되기 시작했고, 식민지 개척과 더불어 온 세계가 유럽중심주의적 산업기술 패러다임 속으로 휘말려 들어갔다. 잉카와 마야의 문명이 하루아침에 정복당했고 인디오들은 노예로 전락되었다. 백인들은 대초원을 달리던 원주민들을 몰아내어 소위 '보호구역'(이것은 사실 일종의 집단 수용소이다)에 가두었다. 자연친화적인 원주민들의 땅은 불도저로 밀리고, 거기에 대규모 산업단지와 아파트며 집단농장이 들어서서 상품생산과 수출을 위한 기지로 변했다. 아프리카의 황폐화도 이와 비슷한 과정에서 일어난 현상이다. 그들이 이루어놓은 문화와 문명을 백인들은 하루아침에 몰락시키고 자기들의 문화를 강제로 심으며, 그들을 노예로 삼았다.

그 외의 세계의 모든 나라들도 자발적으로 또는 반자발적으로 산업기술문명을 가속화시켜나갔다. 국가의 부는 국력과 직결되므로 타국과의 경쟁을 의식한 나머지 과학기술문명을 증폭시키지 않을 수 없었던 것이다. 그렇기에 전 세계가 산업기술 일변도의 패러다임을 추구하면서 오늘날 거대한 범세계적인 산업기술 제일주의와 상업자본주의를 이룩했다. 그런데 이러한 모든 과정에서 자연은 어떻게 되었는가? 사람들은 과학기술을 발달시키고, 또 이 발달된 과학기술로 자연을 지배하고 정복하여 결국엔 경제의 대상으로, 자본으로 삼았다. 소유와 이득관계에 연루된 자연에게 학살의 박차가 가해진 것이다. 마구잡이식의 착취에서부터 '개발'이라는 미명 아래 벌어지는 수탈에 이르기까지 그 약탈의 형태는 다양하다. 이러한 약탈은 동서양을 막론하고, 또한 공산주의, 자본주의와 같은 이데올로기의 구도에도 상관없이 이루어지고 있으며, 전 세계가 과학기술과 자본의 논리를 앞세워 자연을 경쟁적으로 약탈해 나가고 있다.

과학기술은 자연에 대한 포괄적인 이해를 하지 않는다. 자연은 이미 과학에 의해 대상화되었고 사물화되었으며, 소유화되고 이용 당하는 것으로 전락되었다. 오묘하고 심오하며 위대한 자연의 본질과 현상을 물리학과 기계론으로 다 설명하겠다는 태도는 오만하기 그지없고, 또 그렇게 장담하는 것 자체가 이미 무모한 짓이다. 과학은 인간과 자연의 관계를 망각했고, 특히 자연에 의존해서 사는, 자연 속에서만 살아야 하는, 자연 외에는 다른 고향이 없는 인간의 운명을 망각하고 말았다. 오늘날 '생태학적 윤리학'이니, '가이아(Gaia)의 윤리학'과 같은 것들이 등장하지만, 과학자들도 자본가들도 정책을 관장하는 자들도 전혀 반성을 하지 않는 실정이다. 이러한 태도는 이미 저들이 자연착취의 광기에 사로잡혀 있기 때문이고 위기를 바라보는 정신적 시각이 없기 (혹은 준비되어 있지 않기) 때문이다. 물론 일각에선 현대 과학기술문명의 파괴적인 모습을 목격하고서 동양적이고 그리스도교적인 자연관을 대안으로 내놓아 자연과의 새로운 관계를 모색하려는 시도도 엿보인다.

이제 인간과 자연과의 사이에 새로운 관계와 변화가 모색되지 않으면 우리는 스스로 파멸의 길로 들어설 수밖에 없을 것이다. 더 이상 자연을 착취의 대상으로, 수단으로 대할 것이 아니라, 목적적 존재로(마치 칸트의 "목적의 왕국"이 시사하듯), 우리의 반려자로, 우리의 고향이며 보금자리로 맞이해야 하며, 더더욱 우리가 자연의 일부임을 깨달아야 한다. 그러면 자연은 또 그러한 모습으로 우리에게 다가온다. 우리는 결코 자연의 지배자여서는 안 되고 그 위에 군림해서도 안 된다. (그럴 자격이 없다!)

지구를 대하는 루소의 경고에 귀를 기울여보자. "지구 위의 열매는 모두에게 속하지만, 지구는 그러나 아무에게도 속하지 않는다. 만약 이 사실을 망각해버리면 당신은 끝장이다." 슈바이처는 그의 『문명과 윤리』에서 생명에 대한 경외감으로 가득 찬 세계관을 드러내어 보였다. 살아 있는 것을 결코 해치지 않고, 잎사귀와 꽃을 꺾지 않으며, 벌레를 밟지 않기 위해 조심하는 그러한 실천윤리는 하나의 좋은 이정표로 보인다.

인간이 자신의 보금자리로서의 자연을 상실해버린 것에 대해 하이데거는 인간의 "고향상실"이라고 하는데, 이것은 오늘날 전 세계적 운명이 되고 말았다. 일찍이 철인들은 자연에 대해 겸허한 태도를 가질 것을 종용해왔다. "자연에 따라 살아라(kata physin)"를 스토아 철인들은 모토로 삼았으며, 루소는 "자연으로 돌아가라"고 외쳤다. 또한 노자도 "자연을 거역하지 말라"고 가르치고 "작위하지 말라"고 일러준다. 플라톤은 그의 대화록 『티마이오스』에서 코스모스야말로 실재적이고 살아 있으며 거룩한 유기체임을 간파했다. 그것은 자연적이면서도 초자연적이어서 존재와 거룩함의 양상을 동시에 계시한다는 것이다. 인간은 코스모스로부터 와서 또 거기로 돌아간다.

시인들은 오래전부터 대지를 "성스러운 어머니 대지(Terra Mater)"로 노래했다. 인간이 거기로부터 와서 그 안에서 살다가 거기로 돌아가기 때문이다. 그런 대지는 곧 인간의 고향인 것이다. 호메로스와 동시대인인 헤시오도스(Hesiodos)는 아버지 우라노스 (하늘)와 어머니 가이아(대지)가 결혼해서 아들 크로노스(시간)를 낳았다고 한다. 우리에게 잘 알려진 제우스는 이 크로노스의 아들이다. 호메로스는 「만물의 어머니인 대지에 대한 찬가(Geen meet-era pantoon)」에서 다음과 같이 읊고 있다. "모든 지상의 존재자들을 먹여 살리는 / 만물의 어머니인 대지에 관하여 나는 노래하리라. / 땅에서 일어나는 일이건, 바다와 공중에서 요동하는 것이건, 다 그대의 / 충만과 은혜를 입고 있도다. / 좋은 자손들과 좋은 과실들은 그대로부터 왔으니, / 죽어야 하는 인간에게 생명을 부여하거나 / 돌려받는 것은 그대의 위력이로다. / 그러나 그대가 가슴으로 애지중지하게 기른 만물은 / 복 될진저, 곧 이들에게 질투 없는 지극한 복이 마련되나니. … 별들로 가득 찬 하늘 우라노스의 아내이고 신들의 어머니인 그대 복 되소서." 호메로스와 비슷하게 아이스킬로스도 「코에포리」에서 대지를 "모든 것을 낳고, 기르고, 다시 그 자궁 속에 받아들이는 자"라고 찬미했다. 그 누구보다도 대지를 성스러운 어머니로 노래한 이들은 인디언들이었으리라. 와나품족의 추장인 스모할라는 땅을 경작하는 것조차 거부했다. 그는 땅을 경작하는 것을 어머니의 살을 찢는 것으로, 돌을 빼내는 것을 어머니의 뼈를 꺼내는 것으로, 풀을 자르는 것을 어머니의 머리카락을 베는 것으로 여겼던 것이다.[1]

이토록 "성스러운 어머니 대지"는 오늘날 철저하게 탈신성화되고 말았다. 인류는 자신의 고향을 상실하고서, 자신의 어머니인 대지를 버리고서 어디로 유랑하겠다는 것인가? 왜 인류는 자꾸만 자연과 더불어 살아갈 것을 망각하고서 수탈하고 유린하는가? 왜 인류는 자꾸만 자연을 경제적, 사물적 시각에서만 보고, 신성하고 시적이며 경이롭고 아름다운 보금자리로 보지 못하는가?

장엄한 산과 망망한 대해 앞에서, 대협곡과 폭포, 빙하와 폭발하는 화산의 위용 앞에서, 은하의 흐름과 대(大)성운들의 자태 앞에서, 혼령을 빼앗아 가는 오로라의 묘기에서 인간은 어떤 세속적인 감동이나 경탄을 넘어 신성하고 숭고한 경외감에 사로잡히지 않는가. 이 위력적인 자연의 묘기 앞에서 인간은 초자연을 경험할 것이다. 그리고 자연이 곧 초자연을 내포하고 있음을 깨달을 것이다. 그런데 우리 주변의 산과 아기자기한 동산, 천태만상의 곡선을 그리는 구름, 끝없는 지평 위에 자신의 모습을 그리는 대지, 산들을 삼키려고 으르렁거리는 바다와 묵묵한 섬들, 몸을 비틀며 흐르는 강물, 노래하는 시냇물, 옷을 갈아입는 초목들, 비밀을 물고 하늘을 나는 새들, 만물을 소생시키고 키우며 떠받드는 대지, 무한의 자유를 누리는 바람, 밝음과 따뜻함을 제공하고 온갖 색깔을 부여하며 모든 생명체에 영양공급을 하는 태양도 우리를 감동케 한다. 기적은 늘 외부로부터 오는 것은 아니다. 나의 영적인 눈이 비밀스러운 감춰진 지평을 발견하면 온갖 형태의 기적이 계시되는 것이다.

그러나 우리가 만약 일상성 속에서 자연의 이 경이로움과 아름

---

1) James Mooney, "The Ghost-Dance Religion and the Sioux Outbreak of 1890", *Annual Report of the Bureau of American Ethnology*, XIV, 2, Washington, 1896, 721쪽, 724쪽.

다음을 포착하는 영적 시각을 상실한다면 우리는 감동도 탄성도 획득하지 못할 것이다. 일상성 속에 갇혀 자연을 경이롭게 볼 수 있는 정신적인 시각을 못 가졌다면, 그는 자연에 대해 몰지각한 자일 수도 있고, 방관자일 수도 있으며, 몽매한 자이거나 수탈하고 착취하는 자로 변신할 수도 있을 것이다. 그러나 그는 자연으로부터 외면당하고 버림받은 자일 수도 있을 것이다. 불행한 것은 인간이 이러한 자신의 처지를 검증해보는 정신적이고 교양적인 수준도 또 그런 여유도 갖지 못한 데에 있다. 일상생활의 굴레에서 현대인은 일하고 돈 번다고, 스트레스를 받고 또 이를 푼다고, 놀고 즐긴다고 시간을 다 소비하지만, 밤하늘을 보는 여유도 없이, 또 자기 자신을 들여다볼 시간도 없이 살아간다.

4. 신을 떠난 인간의 참상

신(神)을 철학자들은 절대자(das Absolute) 혹은 무한자 내지는 "모든 것을 근거 지우는 존재자"라거나 창조자라고도 부른다. 이러한 절대자가 존재한다는 것을 많은 철학자들(이를테면 소크라테스, 플라톤, 아리스토텔레스, 아우구스티누스, 플로티노스, 토마스 아퀴나스, 데카르트, 파스칼, 스피노자, 라이프니츠, 칸트, 헤겔, 셸링, 키에르케고르, 야스퍼스, 화이트헤드2) 등)은 단호한 어조로 말

---

2) 20세기의 이신론자라고 할 수 있는 화이트헤드에 의하면 세계에서는 끊임없는 생성현상을 확인할 수 있는데 — 그에 의하면 존재하는 모든 것은 생성된다고 한다 — 이 생성의 원인을 그는 창조자의 창조력에서 읽어내고 있다. 이를테면 꽃피고 열매 맺는 과일들은 질푸르다가 누렇게 익는데, 이러한 생성의 배후에서 작용하고 있는 힘을 우리는 인정하지

한다. 물론 절대자의 존재를 부정하는 이들도 많다.

철학은 합리적으로든 혹은 초합리적으로든 절대자의 존재에 대하여 — 증명하려는 사람도 있지만 — 이해하려 한다. 이렇게 이해하려는 태도는 궁극적인 문제에 관심을 갖는 사람이라면 철학자든 혹은 일반인이든 당연한 이치이다. 철학자에게 신은 단연 사랑이나 믿음의 대상도 되지만, 무엇보다도 사유의 대상이다. 신이 사유의 대상이라는 사실은 무엇보다도 신을 이해하려고 노력하는 태도이며, 또 그렇게 노력하지 않으면 안 되는 것이다. 그렇기에 철학자의 신을 굳이 종교에 배척되는 신이라고 해서는 결코 안 된다. 철학자의 신은 보다 더 완전하고 생명력이 있는 존재자로 여겨질 수 있기 때문이다.

우리는 절대자의 존재에 관해 사유하지 않을 수 없으며 또 묻지 않을 수 없다. "왜 지극히 방대한 우주가 존재하고 자연이 존재하며 인간을 비롯한 무릇 생명체들이 존재하고 있는가?"라거나 "왜 이들은 다르게가 아니고 이렇게 존재하는가?"라는 존재물음만으로도 그 존재원인에 대한 추리를 하지 않을 수 없다. 이 모든 존재원인을 우연으로 돌리는 것은 너무나 무책임하고 몰지각한 태도로 보인다.

무기물이 유기물로 되었다거나 벌레가 원숭이로, 원숭이가 인간으로 진화했다는 주장은 과학을 빙자한 억측에 불과하다. 아무도 원숭이가 사람으로 된 것을 본 적이 없을 뿐만 아니라 설득력 있게

않을 수 없다. 이러한 현상뿐만 아니라 세계에 끊임없는 생성작용과 새로운 것에로의 충동이 있는 것도 절대자의 존재를 인정하지 않을 수 없다는 것이다.

증명한 적도 없다. 원숭이가 사람으로 된다면 왜 요즘은 그렇게 진화가 안 되는가? "원숭이가 아무렇게나 타자기 위를 뛰어다닌다고 셰익스피어의 명작과 같은 작품이 쓰이겠는가." 이런 예는 우연론을 들이대는 것이 지극히 어리석다는 것을 적나라하게 보여준다.

페일리(W. Paley)의 『자연신학』[3]에 등장하는 예증법 또는 유비논증(유사성에 근거한 추론)은 신의 존재와 우주 창조론의 예를 잘 드러내고 있다. "사막을 걷다가 시계를 하나 발견했다고 하자. 그것이 우연히 생겨난 것이라고 생각하는 사람은 없을 것이다. 시계는 매우 복잡하고 정교한 기계라서 우연히 만들어졌다고 볼 수 없고, 어떤 지성적 존재가 만들었다고 생각할 수밖에 없다. 그런데 우주는 시계와 비교도 되지 않을 만큼 복잡하고 정교한 기계이다. 어떻게 보면 시계의 정확한 작동도 우주에 존재하는 놀라운 규칙성의 반영일 뿐이다. 그러므로 이러한 우주가 우연히 발생했다고 생각하기는 어렵다. 누군가 지성을 가진 존재에 의해서 설계되었다고 생각하는 것이 옳을 것이다. 생명체 또한 시계보다 더 복잡하고 정교하기 때문에 더욱 우연히 생겨난 것이라 할 수 없으며, 엄청난 지성을 가진 창조자가 만들었다고 생각할 수밖에 없다. 그리고 그러한 엄청난 존재를 우리는 신이라 부른다."

이런 페일리의 논증을 기계론의 차원에서 다룰 필요는 없다. 단지 그러한 정교한 기계가 우연에 의해 존재할 수 없다는 것과 우주의 유기체성을 예증한 것으로 보면 된다. 예증법이란 것이 완벽한 보편타당성의 논리는 아닐지라도 ― 그래서 데이비드 흄과 같

---

3) William Paley, *Natural Theology*, Charlottesville, VA: Ibis Pub., 1986, chaps. 1과 3.

은 회의론자는 페일리의 유비논증에서 시계와 우주 사이에 유사성이 없다고 하지만, 그러나 우리는 흄에 반하여 유사성이 있다고 할 수도 있다 — 설득 가능한 이치임에는 틀림없다. 이러한 페일리의 예증법 혹은 '페일리의 논증'은 지리멸렬한 이론보다는 훨씬 간단하면서도 강력한 설득력을 갖는다. 예증법은 동서고금을 막론하고 성현들이 잘 사용하였다. 예수와 석가, 소크라테스와 노장 등의 성현들은 예증법을 통해 교훈하고 가르치기를 즐겼다.

"신을 떠난 인간의 참상"에 대해서는 아래에서 자세히 논의하겠지만, 결코 어떤 종교와 신앙의 차원에서가 아니라 우선 철학적 이해를 위한 것이다. 초월자와 절대자의 존재가 인간 현존재에게 어떠한 의미를 갖는가? 우리는 이 장(章)의 결론 부분에서 그 철학적 의미를 밝힐 것이다. 근대철학이 인간 주체로 하여금 절대자인 신의 자리를 빼앗은 이래 인간은 세계 내에서 최고의 그리고 최후의 법정이 되었다. 그러나 이것은 결국 인간을 오만하게 하고, 인간이 세계와 자연을 마음대로 조작하고 정복하는 빌미를 제공한 것이다. 과연 인간은 코스모스에서 최고의 법정이고, 또 그는 신과 같은 존재인가? 신을 내몰아버리고 인간은 어떤 의미를 갖고 살아가는가? 신의 존재의미가 상실된 오늘날 우리는 어떻게 살아가고 있는가?

중세는 신의 이름을 빙자하여 인간성을 말살했지만, 근대는 그러나 인간이 절대자의 자리에 올랐다(주체중심주의). 이에 비해 현대는 절대자의 자리를 세계 내에서 아예 없애버린 것과 같다. 현대인은 눈에 안 보이는 것에 대해서는 별로 가치를 두려 하지 않기 때문이다. 절대자로서의 신에도, 영원한 진리에도, 불멸하는 영혼에도, 초월자의 존재에도 현대인은 관심 두기를 꺼린다. 현대인은 한마디로 절대자의 실존에 관심이 없거나 냉담한 태도를 갖는다. 특히 근대의 자연과학의 발견과 산업혁명은 신의 절대자적인 권위를 박탈하고 그를 아무런 생명이 없는 허수아비로 혹은 '우신(愚神)'으로 내모는 결정적 역할을 했다. 무엇이든지 비과학적이거나 비현실적이면 '미신'이라거나 '신화'라는 식으로 치부하는 과학은 초과학적인 것마저도 버리는 잘못을 저지르고 말았다. 한마디로 "목욕물을 버리면서 아이까지 버린 과오"인 것이다. 설상가상으로 산업혁명은 물질주의 및 물질숭배를 가져오게 하여 돈을 신보다 사랑하게 하는 결과를 낳고 말았다.

신의 실존을 외면하는 현대에는 그러나 과학과 산업과 물질을 숭배하고 있다. 과학과 산업과 물질의 삼위일체 공조체제는 신의 탈신성화와 무신론을 가속화하고 있다. 현대는 반 리우벤(A. van Leeuwen)의 지적대로 "신이 지배하는 세상(Theokratie)"이 아니고 "기술이 지배하는 세상(Technokratie)"인 것이다.

현대인은 신과 정신, 영원이나 진리 대신에 과학기술문명을 더욱 숭배하고 테크노피아(Technopia)를 꽃피우고 있다. 인간은 물질문명에 정신이 팔려 자신의 존재의미가 상실되는 데에도 개의치 않는다. 이러한 세계에는 아예 고매하고 깊은 '정신'은 필요치 않을 것이다. 그래서인지 현대인은 자기의 정신세계의 빈약에도 무관심하고 생각하기를 꺼린다. 그 대신 나의 의견(my opinion)을 세력화하여 다투고 관철시키기를 원한다. 사유의 빗장은 굳게 잠겨 있다. 테크노피아와 물질문명을 꽃피운 현대는 아예 과학기술과 물질의 렌즈로 세상을 보겠다는 태도가 굳어 있기에, 거기엔 거대한 세속왕국은 든든하게 세워졌지만 신이 들어설 공간은 없다.

기술문명과 자본주의로 꽃피운 세속도시에는 진지한 종교가 없다. 신의 신성이나 우주의 초자연성을 세속도시의 사람들은 더 이상 묻지 않는다. 우주는 이제 정복의 대상이고 연구의 대상이며 재료의 공급처이고 일터일 따름이다. 그리하여 온 세상이 이제 인간의 양손에 내맡겨져 있다. 이러한 세속도시에는 경제적 이득이나 눈에 보이는 실용성과 기능적인 것만 강조되고, 그렇지 못한 것은 별로 가치를 부여받지 못한다. 인간은 기술문명의 혁명과 대량생산이라는 목표 아래 세분화된 한 분야에서 기계와 (또는 기계의 부품과) 다름없는 기능을 발휘하는 데 그친다. 그는 고독한 부품이고 또 그 부품에 박혀 있는 나사이다.

세속으로 가득 찬 현대인에게 어떤 신의 신성이나 초자연적인 실재의 존재는 무의미한 것으로 낙인찍혔다. 현대인에게 철학이나 신학, 종교에서 논의되는 무신론이나 반신론(Antitheismus)은 그저 고전적 형태로 치부되고, 그 어떤 형태의 전투적 반신론보다 더 강한 무관심주의가 수면 위로 떠오른 것이다. 그렇기에 고전적 형태의 각종 무신론은 현대인에게는 오히려 소박하게 보일 것이다. 고전적 형태의 무신론을 참고로 언급해보자.

고대 그리스의 소피스트 프로타고라스는 회의주의적 무신론을 펼쳤다. "나는 신이 존재하는 것에 대해서도 모르고, 또 신이 존재하지 않는 것에 대해서도 모른다." 근대 이래의 무신론은 좀 더 적극적이고 전투적이다. 포이어바흐(L. Feuerbach)는 종교가 단지 "인간의 발명품"에 불과한 것이기에 인간이 종교의 창조자라고 선언한다. 따라서 여기에는 인간 자신이 유일신으로 선포되어 있다.

마르크스는 잘 알려졌듯이 종교를 "아편"으로 몰아붙이고서 유물론적이고 이데올로기적인 무신론을 펼쳤다. 니체는 "초인"이란 이름으로 무신론을 전개하여 "신은 죽었다"고 선언한다. 니체의 신은 인간의 자유와 권리를 빼앗고 인간을 노예로 만들며, 인간을 짓누르고 박해하며, 인간에게 "권력에의 의지"를 베풀지 않는 신이다. 사르트르(J. P. Sartre)는 신의 존재를 인간의 자유에 대한 걸림돌로 여긴다. 신은 나의 자유 때문에 주어져 있어서는 안 된다는 것이다. 그런데 이러한 절대적 자율의 상태에서 인간은 자유로울까? 오히려 종교가 인간의 자유의 편에 서 있지 않을까? (내적 자유를 위해서라도 또 외적 자유를 위해서라도.) 예를 들면 '해탈'은 일종의 깊은 자유인 것이다. 또 독재국가나 공산국가에서 보이듯 종교는 오히려 인간적 자유를 지키기 위한 유일한 법정이지 않은가. 따라서 인간적 자유를 수호한다는 명목으로 신을 반대한다는 것은 뭔가 맞지 않다.

그러나 우리는 여기서 특별히 무신론을 반박하거나 변신론(Theodizee)을 펼칠 필요는 없다. 그것은 우리의 논의의 범주에도 맞지 않을 뿐만 아니라, 현대인들이 무신론에도 또 신 자체에도 무관심을 표명하기 때문이다.

현대의 무신론은 어떤 논증으로 무신론을 주장하는 것도 아닌 절대적 무관심이다. 자기의 무신론에 대해 어떤 철학적 근거를 끌어들이지도 않는다. 신의 실존에도 또한 무실존에도 특별한 관심이 없기에, 대개 머뭇거리면서 아무런 확신을 지니지도 않는다. 그것은 그들에게 결코 절박한 과제로 여겨지지 않기 때문이다. 현대인은 눈에 안 보이는 초월자와 씨름하지 않으며, 또 이런 초월자 때문에 근심하지도 않는다. 그렇기에 오늘날의 무신론의 특징은 절대적인 무관심주의와 신 대신에 물질문명과 대중문화의 신격화이다. 그런데 이러한 무신론은 과거에 주도되었던 그 어떤 전투적인 반신론보다도 위력적이어서 이미 전염병처럼 확산되어 있다. 초월적인 것과 비가시적인 것, 초과학적인 것에 관한 전투적 '불가지론(Agnostizismus)'과 절대적 무관심주의, 그리고 세속주의에 근거한 실천적 무신론이 바로 현대의 무신론이다.

그런데 만약 세속적인 것과 물질문명, 쾌락과 순간적인 것과 같은 현대인의 우상이 그 의미를 더 이상 못 갖는다면 어떻게 될까? 현대인이 숭배하는 지극히 형이하학적인 것이 더 이상 위력을 발휘하지 못하면 어떻게 될까? 그가 추구해오고 숭배해오던 것이 무가치하고 허위임이 드러나면 어떻게 될까? 그는 니힐리즘의 나락으로 떨어지고 말 것이다. 이 모든 것들은 결국 유한한 것이기에 영원한 의미를 제공해줄 수는 없다. 형이하학적인 것은 결코 인간을 행복하게 해줄 수는 없는 것이다. 거기에는 결코 영원한 가치가 들어 있지 않다. 인간은 결국 자기소외와 의미의 상실로 추락하게 될 것이고 결국 피상성과 방향감각의 상실, 가치관의 붕괴로 말미암아 허무주의로 떨어질 것이다.

인간은 본래 형이하학적인 동물이 아니기에 결국 자신의 존재의 미와 삶의 의미를 찾을 것이다. 인간에게 삶의 의미와 존재의미를 제공해주는 것은 결코 저런 순간적이고 형이하학적인 것이 아니라 초월적이고 항구적인 것이다. 인간은 삶의 궁극적이고 무제약적인 의미를 찾는다. 만약 자신의 존재가 어떤 영원하고 초월적인 것과 아무런 연관이 없다면, 인간은 니힐리즘에 떨어질 수밖에 없다. 인간의 실존은 자기 자신, 그리고 자기 자신과 연루된 초월자(무한자)의 포착으로부터 찾아지는 것이다. 따라서 초월자와의 연관 속에서 진정한 인간의 실존이 밝혀지는 것이다. 야스퍼스(K. Jaspers)는 그의 『철학』에서 인간이 감행해야 할 이중의 초월을 지적한다. 세계로부터 실존에로, 그리고 또 실존에서부터 절대자인 신에로. 영원하고 초월적인 것은 절대자의 지평 속에서 드러나며, 인간은 유한한 자신을 넘어 저 절대자의 지평 속으로 들어감으로 말미암아 자신의 존재의미를 갖게 되는 것이다. 유한하고 우연적인 것들과 순간적인 가치들이 결코 절대적이고 무한한 것일 수 없기에, 인간은 오랫동안 미로에서 현혹되고 미혹되어 삶의 에너지를 탕진하고 마는 가련한 처지에 놓이게 된다. 그러나 언젠가는 (최종적으로는 죽음의 면전에서) 무의미의 진통소리를 듣게 될 것이다.

5. 실존망각의 스캔들(자기 자신의 상실)

천하를 얻고도 자기 자신을 잃어버리면 무슨 소용이 있을까. 하기야 누가 천하를 얻겠다고 할까마는 현대인들은 작고 큰 사물의 세계에 (또한 이를 얻겠다고) 정신을 빼앗겨 자신을 들여다볼 여유를 못 가지고 살아간다. 사물의 세계에 넋이 빠진 데에서, 즉 인간이 객체에 매달리고 객체를 목적으로 혹은 이상으로 삼으니 오히려 객체가 주가 되어버렸다. 이것이 '주객전도 현상'이다. 이것이야말로 실존망각을 적나라하게 드러내어주는데, 현대인은 이 질병을 앓고 있다.

현대인들은 오늘날 산업사회와 기계문명의 세계에, 물질문명과 형이하학의 세계에 살면서 두 가지의 질병을 앓고 있다. 하나는 진정한 자기 자신을 잃어버린 병이요, 또 다른 하나는 자기 자신을 잃어버리고도 잃은 줄 모르는 병이다. 전자는 자기 자신을 잃은 자기상실의 병이요 후자는 이를 깨닫지 못하는 자각상실의 병이다. 우리는 이 두 가지의 질병을 하나로 묶어 '무실존의 병'이라고 칭하기로 하자. 현대인은 참되고 본래적인 자기 자신을 상실하고 거짓되고 "비본래적인"(하이데거의 용어) 삶을 영위해가고 있으며, 또 이와 같은 삶을 참되고 본래적인 삶이라고 착각하며 살아가고 있다. 인간이란 현존재가 대체로 무책임하고 평균적인 세인(世人, das Man)의 형태로 비본래적인 삶에 빠져 살아간다고 하이데거는 지적한다(『존재의 시간』, §25-38 참조). "세인"이란 "어떤 이" 또는 "혹자"로도 번역 가능하며, 어떤 특정한 인격을 갖춘 이 사람이나 저 사람이 아니라, 일상적이고 평균적인, 대리 가능한, 따라서 어느 누구라도 상관없는 그런 사람이다. 우리가 평소 무심코 하는 행동에 대해 책임 없이 "다들 그러니까 나도 그랬다"는 태도를 보일 때도 저런 "세인"의 형태를 띠고 있다. "세인"에겐 본래성이 가려져 있다. 그는 실존하지 못하고 있다. 본래성이 상실된 상태를 하이데거는 "퇴락(Verfallen)"이라고 한다.

도덕불감증과 저질문화, 생태계의 위기와 향락주의, 돈이면 최고라는 금전만능주의와 배금주의, "나만 잘 살면 그만"이라는 극단적 이기주의와 가짜 자본주의 속에서 인간은 내부적으로 자기의 본래성을 상실하고 외부적으로 비인간화에 휘말려 시달리고 있다. 무가치하고 저속한 일상성, 병든 감각주의 문명, 소비와 향락의 문화, 현대사회의 복잡한 메커니즘, 상업자본주의 등은 개별자의 인격과 운명에 아랑곳하지 않는다. 현대인은 이러한 거대한 조직과 집단 속에 매몰되고 짓밟히면서 방향감각을 잃었다. 현대인은 돈과 향락의 사슬에 꽁꽁 묶였고, 권력과 출세에 눈이 어두우며, 대중문화에 중독되었다. 게다가 기계문명의 메커니즘 속에 하나의 톱니바퀴로 되었고 무방향과 무책임의 대중사회의 조류에 휩쓸리어 떠내려가고 있다.

그러므로 인간으로 하여금 실존하지 못하게 하는 외부적인 요인은 온 세상에 널려 있다. 우리는 현대가 무엇보다도 '인간소외'의 시대임을 목격한다. 고도로 발달된 기계문명은 인간을 평균화해버리고 획일화하며 인간의 실존을 억압해버린다. 개별자로서의 인간은 거대한 기계의 조그만 부분품 그 이상의 별다른 뜻도 갖지 못하고, 생산을 위한 도구에 불과하다. 인간은 이제 그가 속한 조직의 한 부분으로서만 존재가치를 인정받는다. 인간이 기계의 부분품이 되고 생산의 수단이 되는 데에서 스스로 기계화되며, 또 거기에서 개별자로서의 인격과 개성이 완전히 무시되고 대중화와 평균화의 세계로 떨어지고 마는 것이다. 이런 식으로 인간이 비인간화되는 데에 인간의 소외 현상이 드러난다. 거대한 조직 속의 한 일원으로서, 또한 전 생산과정에 기능의 한 단위로서의 인간은 어느 누구와도 대체될 수 있으며 어느 누구라도 괜찮은 어떤 한 사람에 불과하다. 현대인은 기계문명의 거대한 메커니즘 속에 한 부분품으로서 역할을 하고 이 메커니즘의 움직임에 순응함으로써만 살아나갈 수 있다. 현대의 획일화된 문화에는 불가피하게 인간의 평균화와 기계화 및 대중화가 일어난다.

대중사회와 대중문화는 인간으로 하여금 비실존의 세계로 몰아넣는 주요인이다. 대중사회는 본성적으로 개별자의 존재의미를 지워버리고 거대한 집단의 세력만 키운다. (인간을 몰개성으로 몰아넣지 않고 개별자의 존재의미를 부각시키며 또 이 바탕에서 세워진 사회를 우리는 '공동체'라고 하자.) 무책임한 대중사회는 거대한 마력을 가진 '블랙홀' 같은 집단으로서 개별자인 인간을 빨아들인다. 세이렌(고향으로 돌아가는 오디세우스를 유혹하는 여신)의 휘파람으로 인간의 영혼을 유혹하기도 하고, 또 단단한 족쇄로 묶기도 하여 인간을 끌고 간다. 대중문화는 인간들을 쉽게 끌어 모으는 수단이 된다. 대중문화가 방출해대는 그 내용들을 살펴보라. 그것은 주로 연애, 짝놀이, 섹스, 쾌락, 폭력 등 선정적인 것, 로맨스를 빙자한 불륜, 놀자판과 유흥판을 불러일으키는 것들이다. 이 달달한 설탕문화는 인간의 치아를 썩게 하고 인간을 몰개성과 비실존에로 내몰아버린다. 거기에 심취하면 할수록, 그 영역으로 들어가면 갈수록 더욱더 자신을 잃는다.

대중의 집단세력은 너무 거대하여서 개별자로 하여금 거기에 소속되지 않으면 견디지 못하도록 불안감을 조성한다. 대중은 책임없는 무명씨(無名氏)이고 동시에 독재자이다. 어쩌면 다수의 집단세력에서 이탈한다는 것은 일종의 순교가 될 정도로 힘겨운 것이다. 자기 자신으로 돌아간다는 것이 그렇다면 지나치게 모험이 되어야 하는 지경이다. 그래서 사람들은 홀로 있는 것을 두려워하여 (혹시 따돌리는 것은 아닌지 하고) 자기만의 사색과 생활공간을 위한 여유를 갖지 못하고, 직장 동료든, 동창회와 동문회든, 향토모임이든, 거의 무의식적으로 가담한다. 그러한 조직에 속하지 못하면 불안감을 느낀다.

대중사회의 무자각한 대열 속에 섞여 그 조류에 휘말리면 고유하고 참된 자기 자신을 잃어버리기 쉽고, 가짜의, 비본래의, 평균화된 자아가 자리 잡게 된다. 인간은 저 대중사회의 조류 속에서 길을 잃고 그 블랙홀 같은 구렁텅이에서 헤어나기 어렵다. 내부로부터 주어지든 혹은 외부로부터 주어지든, 어떤 특별한 요인 — 이를테면 거기서 절망과 좌절을 체험하거나 또는 무가치와 무의미와 어두운 니힐리즘의 체험을 통하여 깨닫게 되는 경우 — 이 주어지지 않으면 인간은 무실존으로 삶의 에너지를 탕진하고 말 것이다.

자기 자신을 대상화하여 숙연한 정신으로 관찰하며 마음의 거울에 비추고 자기 내면의 모습을 물끄러미 들여다보면서 자신의 행방을 찾지 않으면, 무실존에 허덕이는 자신의 모습을 발견하지 못할 것이다. 그럼에도 우리는 인생의 근본문제에, 자기 자신의 실존문제에 진지하게 물음을 던지지 않는다. 이를테면 "나는 무엇이며 무엇으로 살아가는가?", "나는 어디서 와서 어디로 가는 것인가?", "나는 어떻게 살아야 하며 또 어떻게 죽음의 문턱에 설 것인가?", "인생의 참된 목적은 무엇이며 삶의 의미는 또한 무엇인가?", "단 하나의 생명과 또 단 한 번뿐인 이 생애를 어떻게 이끌어야 할 것인가?" 등이다. 그러나 현대인은 이러한 자기 자신의 실존문제와 연관된 물음들을 업신여기고 지워버리며 덮어버리기 일쑤이고, 또한 막연하고 불확실한 미래의 일로 미루어버린다. 그리하여 거대한 비실존적인 시대의 조류에서 자기 자신을 탈출시킬 힘과 용기를 현대인은 갖고 있지 않다. 현대인은 실존에로의 날갯짓도 없이 흐르는 조류에 몸을 맡기고 죽음의 바다로 향하고 있다.

순간적인 것을 항구적인 것인 양 추구해오다 보니 현대인은 불행하게도 삶의 명확한 방향과 목표, 이념과 의미의 세계에 눈을 뜰 여유도 없이 살아간다. 아니, 이러한 시야를 못 가졌는지도 모른다. "무엇 때문에?"라는 목적의식이나 "왜?"라는 의미질문도 없이 그 저 생활하고 그저 살아가는 것이다. 어두운 니힐리즘이 그의 삶의 지반에 깔려 있으나 그의 시야는 이를 발견하지 못한다.

특별한 자극이 그에게 주어져 이렇다 할 변화가 일어나지 않으면 실존에로의 방향 전환이 어려울 것이다. 실존에로의 방향 전환은 곧 비본래성에서 본래성에로, 무실존에서 실존에로 초월하는 것으로서, 이러한 인간의 존재방식을 탈자적(Ek-sistenz)이라고 한다. 인간은 끊임없이 실존에로 자기를 내던져 현재를 뛰어넘는 기투(企投, Entwurf)이다.

실존에로의 길은 학문적인 연마나 노력보다도, 논리적 체계의 확립이나 이론적인 태도보다도 깨달음을 통한 영혼의 결단이며 선택이다. 실존철학의 방법은 어떤 학문적인 논증이나 증명이 아니라, 영혼으로 하여금 고유하고 본래적인 자기를 깨닫게 하여 거기로 비약하게 하는 것이다. 따라서 실존철학은 자기망각과 고향상실에 빠져 있는 인간에게 본래의 자기를 깨닫도록 안내해준다. 실존에 이르는 길은 거리의 이동을 요하지 않을 정도로 가까이 있으면서도 또한 비본래성으로 덮여 있기 때문에 가장 멀리 있는 길이기도 하다.

인간은 실존해야 한다. 즉, 인간은 참된 자기 자신, 본래의 자기 자신으로 되어야 하는 것이다. 인간은 짐승이나 식물, 기타의 유기체와 같이 또한 바위나 별이나 천사와 같이 살 수 없다. 그들은 지음을 받은 대로 그저 존재하면 그만이다. 그러나 인간은 이들 존재자와 같은 형태로 살 수는 없다. 인간의 존재방식은 이들과 다르다. 신 또한 실존에로 초월할 필요는 없을 것이다. 그는 완전하기 때문이다. 인간은 결코 단순한 존재자가 아니고 자신의 자유와 의지, 사고와 판단, 행위와 책임, 선택과 결단을 통하여 자기 자신을 만들어가야 하고 자기의 고유성과 본래성, 독자성을 갖춰야 한다. 그는 행동하는 자유인이고 또 인격의 주체로서 자기의 행위에 대하여 책임을 지고 자기의 결단을 통해 자기를 선택한다. 그는 자기 행위의 주체요 자유의 주체이며, 책임의 주체요 창조의 주체이다. 인간은 이러한 자기의 주체성을 회피할 수 없고, 또 그 어떤 것이나 누구를 통하여도 교환되거나 대리될 수 없다. 그렇지 않은 곳에 실존망각이 도사리고 있다. 인간은 그 누구와도 바꿔지지 않는 단독자로서의 실존이다. 즉, 그는 그 누구와도 바꿀 수 없는 자기의 존재를 의식하고 실현해가면서 자기의 존재방식을 스스로 선택해가는 존재인 것이다. "인간이란 스스로 만들어가는 것 이외의 아무것도 아니다"는 실존주의 사상가 사르트르의 제일원리라고 할 수 있다. 인간은 스스로 자기를 실현해가는, 그래서 스스로 자기의 존재방식을 선택하고 기투하며, 자기의 삶에 책임지는 존재자이다.

실존철학은 근대의 이성적 합리주의, 관념론, 범논리주의에 대항했다. 인간은 결코 합리성이나 논리적, 관념론적 체계로 완전히 해명될 수 없기 때문이다. 또 실존철학은 산업자본주의와 현대의 대중사회에서 일어나는 인간의 집단화와 기계화, 대중화와 평균화에 경종을 울리고, 이러한 현상에서 일어나는 비인간화, 비인격화, 몰개성, 인간소외, 인간상실과 같은 비실존의 질병을 고치기를 시도한다.

6. 이웃을 상실한 인간의 참상

이기주의야말로 이웃을 배려하는 태도를 전혀 갖지 못하며 올바른 공동체를 이루는 데에 가장 큰 적이다. 그런데 오늘날 이 이기주의가 팽배해 있다. 물질문명과 상업자본주의에는 아예 이 이기주의가 배태되어 있다. 게다가 현대사회의 '도덕불감증'도 가세하여 이웃은 배려의 대상이 아니라 이용당하고 유린당하는 경지에까지 이르렀다. "등 치고 간 꺼내어 먹는다"라는 속담은 이런 참혹한 현상을 잘 밝혀주고 있다. 현대에 있어서 개인주의는 에고이즘(이기주의)으로 전락했고 공동체주의는 대중적 집단이기주의로 탈바꿈했으며, 자유는 방종으로 바뀌었다. 그래서 에고이즘으로 자전하고 대중적 집단주의로 공전하는 것이 현대인이다. 타자를 출세의 수단으로, 향락의 수단으로, 행복의 수단으로, 돈벌이의 수단으로 삼는 것은 이기주의를 넘어 비인간화로 추락한 현상이다.

다른 한편으로 보면 이런 욕구에 사로잡힌 (타자를 수단으로 삼는) 사람은 타자에게 종속되어 있는 것이기도 하다. 그는 노예이다. 이러한 수단이 없으면 자기가 추구하고 욕구하는 것을 얻지 못할 뿐만 아니라 자신의 존재마저 성립되지 못하기 때문이다. 그러나 그는 타자의 존재가 자기 존재의 성립근거가 됨을 깨닫지 못한다. 타자가 끊임없이 착취되고 이용당하는 것이 우리의 일상이 아닌가. 이는 우리의 일상이 자기만의 성취와 출세와 구원에만 매달려 있기 때문이다. 현대인에게는 타자를 위한 문은 없다. 탐욕과 이기적인 삶을 원리로 삼고 자기 자신만의 안전과 행복에만 에너지를 쏟는 것이 현대인의 삶이다. 그러나 그가 추구하고 욕구하는 것을 성취했다고 하더라도 그는 결국 죽고 말 것이며, 타자는 수없이 많아 거의 무한에 가까울 정도이고 계속 이어진다.

현대인의 이기적이고 자기폐쇄적인 삶으로부터의 깨어남이란 — 특별한 자극이 없으면 불가능하겠지만 — 엄청난 고통이고 자기파열이며 수치감이 수반될 것이다. 그러나 이것이야말로 자기를 잃는 것이 아니라 오히려 자기를 건지는 일일 것이다. 이것이 철학자 레비나스에게서 "사람됨"을 뜻한다. 이는 자신만을 위하고 자기만족과 행복에만 쏠려 살던 방식에서 타자를 위한 나로 변화되는 것이다.

현대인의 생활방식에는 이웃이 배려되거나 중심이 되는 일이 거의 없다. 자기가 척도가 되며 자기중심적 삶을 펼치게 되어 있다. 자기 마음에 들면 정상으로 되고, 그렇지 않으면 비정상이고 비진리로 낙인찍힌다. 첨예화된 물질주의는 "남이야 어떻든 나 잘 살면 그만이다"와 같은 천민자본주의를 몰고 왔다. 또 나와 별 볼일 없는 것으로 보이면 사정없이 팽개쳐버린다. 현대인은 이웃을 경쟁의 상대로 보며, 이웃을 이겨야 자기가 픽업되고 합격하며 출세하는 반공동체 문화를 어릴 때부터 교육받아왔다. 우리는 입시경쟁을 통해 '일류', '최고'만을 위해서 이웃 학우와 무모한 경쟁을 벌이는 짓을 어릴 때부터 해온 것이다. 이러한 분위기에서 이웃이 잘되기를 바라는 마음가짐이 생기기는 만무하다. 주거공간에서조차 현대인은 좋은 이웃을 갖지 못하고 살아간다. 시골 사람들이 소박한 공동체를 이루며 살던 시대는 지나가버렸고, 그 대신 현대인은 서구문명을 본떠서 급속하게 거대한 아파트 단지를 만들어 '닭장' 같고 '비둘기집' 같은 공간에 와글와글 모여 산다. 이들 사이에는 이웃에 누가 들어와 살고 있는지 모르는 경우가 허다하고, 경우에 따라서는 서로 의심과 경계의 눈초리로 이웃을 관찰하며, 혹시 인사를 건네면 이상하다는 식으로 째려본다.

우정의 개념도 많이 달라졌다. 인생의 여로를 항해하는 데에 있어서의 동반자는 자기의 '커플'뿐이며, 그 외의 사람들은 친구든 친척이든 동료든 큰 의미를 못 가진다. 이들의 위상은 오래전부터 식어져갔다. 고대에 있었던 "한 영혼을 나누어 가진 친구"의 개념은 퍽 희박해져서 상상조차 하기 어려운 실정이고, 그 대신 그저 놀이친구, 술친구, 동문, 동창, 같은 지역 출신 등으로 대치되었다.

친척의 개념도 이젠 많이 달라졌다. 서로 오가며 교류하는 것도 옛날보다 훨씬 못하다. 그렇게 된 이유야 많겠지만, 복잡한 현대문명 속에서 각자 자신의 삶을 일구어가기에 바쁜 나머지 여유를 갖지 못하는 데다가 개인주의, 물질주의 및 이기주의가 그 주요한 원인이 될 것이다. "사촌이 땅을 사면 배가 아프다"라는 고약한 속담이 있다. 남이 잘되는 것을 싫어하는 심보가 거기에 들어 있다. 그러나 오늘날의 심각성은 이 속담을 비웃을 정도이다. 요즈음은 사촌에 대해 아예 별로 관심이 없거나 신경 쓸 여유를 못 갖는 것이다. 사촌이 어떻게 사는지, 부도가 났는지, 굶는지 ….

현대인이 일군 대중문화도 이웃과 타자와, 다른 계층과 다른 세대들과 '더불어' 나누는 문화가 아니다. 그것이 주로 오락문화이고 쾌락문화라서 거기에 걸맞지 않은 계층과 세대들은 따돌린다. 이러한 문화는 주로 상품가치가 많이 나가는 젊고 예쁜, '패기 있는' 집단들이 주도한다. 젊은이들은 연예인들을 우상화하고 TV 토크쇼나 오락 프로그램에 나오는 말장난을 따라하는 데 익숙하다.

현대인은 떼거지 형태의 거대한, 무실존과 평균화된 대중을 이루고 살지만, 개성이 존중되고 서로 책임을 지며 소박한 인격체들의 교류가 오가는 단체로 구성되는 공동체를 이루지는 못한다. 이런 공동체의 구성은 젊은 세대(X세대, Y세대, N세대)에게서 더욱 어렵다. 그들은 자유분방하고 자기표현에 솔직하지만, 또 개성이 강하고 개인주의가 잘 발달되어 있지만, 이웃과 공동체, 사회문제와 정치문제에 무관심하다. 아마 말없이, 주위의 환경에 구애되지 않고 방해받지 않으면서, 컴퓨터 앞에 앉아 이것만 바라보고 뭔가 일을 하면서 자라났기 때문인지도 모른다.

한국의 몇몇 대학에서는 학생회 구성을 비롯한 각종 단체활동이 마비될 정도로 협력이 이루어지지 않는다. 동아리 모임도 영어나 컴퓨터 등 학생들의 이익과 관계가 있는 것만 운영되고 그 외의 동아리는 거의 휴업 상태이다. 동아리의 조직생활이나 따라야 할 규칙을 오늘날의 학생들은 싫어한다. 그 대신 PC방이나 게임방에서 즐기기를 좋아하는 '나홀로족'만 늘어나고 있다. 세대 간의 갈등은 주로 10대와 20대가 주도한다. 물론 이들을 대상으로 돈을 벌려는 악덕 상혼들도 세대 간의 격리를 일으키는 데 일조한다. 사회에는 그들만이 모이는 곳이 있고 그들만의 은밀한 장소와 놀이공간이 있다. 다른 세대들은 암묵적으로 '출입금지'를 당하고 따가운 눈총을 받아 도피해야 하는 지경이다. 오늘날 도시의 번화가는 10대와 20대가 주름을 잡고 있다. 위에서 우리는 몇몇 보기들을 열거했지만 오늘날 많은 영역에 걸쳐 이기주의와 반공동체 문화가 번창해 있다. 현대인은 자기중심주의, 자기사랑, 자신의 출세와 명예와 행복 등에만 관심을 다 쏟고 이웃을 외면하며 살아가고 있다.

여러 형태의 자기중심주의와 에고이즘에 극명한 반대의 개념은 아가페적 사랑이다. 아가페(agapē)의 사랑은 자기사랑이 아니고 타자사랑이며, 자기중심적이 아니고 타자 중심이다. 윤리학(특히 기독교 윤리학)에는 이런 아가페적인 사랑이 실천요강으로 되어 있지만, 사람들은 이를 이념으로만 걸어놓고 실천하지 않는다. 워낙 주체주의와 자기중심적 세계관에 도취되어 있기에 아가페의 사랑이라는 것이 웃음거리밖에 되지 않을 것이다. 아가페는 가까운 친구나 애인, 동료에게만 사랑을 실천하는 것이 아니라, 모든 이웃들까지도 사랑하고, 심지어 적들에게도 복수하지 말 것을 권고한다.

아가페는 받는 것보다는 주는 것이다. "주는 것이 받는 것보다 복되다"라고 성서는 전한다. 그런데 누가 타자에게 줄 수 있을까? 주기 싫은 자는 이런 말을 들으면 꺼림칙하게 생각한다. 줄 수 있는 자는 곧 줄 수 있는 처지에 있어야 한다. 그것은 어떤 주는 것(이를테면 물질)보다는 줄 수 있는 마음의 준비가 더욱 선행한다. 이런 마음의 준비가 되어 있지 않으면 줄 수 없고, 또 주는 데에 거북한 반응을 보일 것이다. 마음의 준비가 되어 있으면 주는 데에서 기쁨을 얻을 것이다. 아가페의 사랑에는 주체가 배척되는 것이 아니라 준비되어 있다.

철학자 레비나스(E. Levinas)는 "타자의 철학"을 펼쳤다. 그는 여태까지 주체성과 자아에 찌든 근대 이래의 철학에 작별을 고하고 "타자"에서 철학의 출발점을 찾는다. 존재론과 인식론을 비롯한 갖가지 이론에 찌든 유럽철학에 대항해 레비나스는 윤리문제에 귀를 기울이고 또 이를 '제일철학(philosophia prima)'의 위치로 복권시키려고 시도했다. 레비나스는 주체의 자기중심주의와 이기적 자기주장에 억눌린 약자의 얼굴로서의 타자를 찾아낸다. 타자는 나에게 약자이거나 가난한 자이며, 낯선 자이고 적대자이며 강자로 경험된다. 우리는 사랑(에로스)을 갖고 이러한 타자들에게로 가까이 접근한다. 물론 레비나스에게도 주체는 있다. 그러나 이 주체는 다름 아닌 타자를 위해서 "타자의 인질"이 된 자이다. 곧 타자의 생명과 고유성이라는 '성전'을 지키기 위해 볼모로 된 자이다. 타자가 결코 유린되거나 다치지 않도록 수호해야 하는 것이다. 이 수호함이야말로 우리의 책임이고 '정언명법'인 것이다. 아니, 이 수호함을 위하여 그대는 '택함'을 입은 자이다. 레비나스는 후설의 "지향성"의 개념을 확장시켜 구체적 삶의 차원에 적용한다. 사랑을 갖고 타자에게로 방향을 돌리며 그들에게로 찾아가는 것은 지각의 지향성을 넘어 '이행적 지향성'의 차원에 이른다.

7. 인간소외의 스캔들

일찍부터 인간소외를 개인의 결여되고 소외된 사회참여에서, 또는 덧없는 노동착취의 차원에서 논의하고 그 처방으로 앙가주망이나 이득 있는 노동생산을 지적했는데, 오늘날 우리는 또 다른 소외의 시대에 살고 있다. 현대의 산업기술사회는 과학기술을 전방에 내세워 인간을 소외의 뒤뜰로 몰아넣고 있다. 원래 인간이 편하기 위해 만든 과학기술은 이제 인간을 기계의 노예로 전락시켰고 인간을 지배하는 단계에 들어섰다. 이에 따라 기계가 오히려 주체로 되고 인간은 그 아류로 떨어졌다. 인간의 명령에 따르도록 개발된 기술이 이젠 거꾸로 명령하고 인간을 다스리는 위치에 서게 된 이

전도된 순서를 어찌 위기라 하지 않을 수 있으며, 또한 이런 사회를 문제의 사회라고 일컫지 않겠는가. 거기서 인간은 기술이 더 진보되고 재창출되는 데에 도구로 쓰일 뿐이다. 이 비인간적인 결과에 인간성의 위기가 도사리고 있고 인간은 갈등과 자기파멸로 향하게 되었다. 온 사회와 국가들이 산업경쟁을 하게 되니 사람들에게는 위기에 대한 반성을 할 겨를이 없다. 오히려 그 급류에 휩싸여 부의 축적을 위해서 온갖 정력을 쏟으며 단순한 과학주의에 매달리고 과학기술을 맹목적으로 숭배하기까지 한다. 인간사회는 아예 기술사회로 일면화되었고 그런 만큼 인간도 일원화와 평준화의 일상세계로 전락되었다.

인간은 기계의 메커니즘에 정신을 팔다가 자기 내면을 들여다볼 여유를 못 갖고 살아간다. 말이야 인간의 생명과 비교되는 것이 없다고 하지만, 크고 비싼 기계는 암암리에 인간의 생명보다 더 고귀하게 여겨지는 실정이다. 인간의 주체성과 자존심은 구겨지고 상처받게 되었다. 주객은 전도되었는데 사람들은 소외되고 상실된 자기 실존을 못 바라보고 있다.

그러나 기술과 기계와 같은 외부적 요인이 인간을 소외시킨 것처럼 인간도 인간을 소외시킨다. 인류사를 더듬어 올라가면 마치 소외의 역사가 오히려 세계사의 근간처럼 보인다. 고대 군왕들의 전체주의 속에서 인간은 그들을 (혹은 그들의 영광을) 위한 하나의 장식품에 불과했고, 그들을 위해서 혹은 전체주의 속에서 의무의 이행으로만 삶을 소모했다. 얼마나 많은 인간들이 자기들의 의사와 관계없이 강제적으로 혹은 위정자의 도그마에 꾀어 전쟁에서 생명을 잃었던가!

천 년이나 넘는 중세 기독교(로마 가톨릭)는 어떠했는가. 소위 교황을 비롯한 사제들은 같은 피조물이면서 신권을 내세워 인간성을 말살해나갔고 인간 위에 군림하지 않았던가! 종교재판이나 마녀사냥도 그 한 예지만 인간들은 권력을 가진 자들 앞에 총체적 부자유로 일생을 보냈다. 역사 속에는 수많은 교조주의와 도그마와 각종 '―주의'가 등장하였고 또 그와 비슷한 다른 교조주의와 도그마와 '―주의'가 나타났지만, 색깔을 달리한 새로운 부자유를 창출해내었고 이 부자유는 인간소외와 직결되었다.

근대에 마르크스는 헤겔이 지적한 "정신의 자기소외"를 사회 경제론에 응용하여 자본주의를 공격했으나 결국 전체주의적 공산주의야말로 소외 현상의 첨단을 보여주었다. 그는 자본주의에서의 삶일에서 소외를 지적했는데, 생산된 것과 노동자의 노동 사이에 의미의 괴리가 생길 때, 혹은 이 노동자의 노동이 자기와 무관한 낯선 외부를 위한 것이라면, 강제노동과 착취로 전락된다고 하였다. 그런데 유감스럽게도 그가 제창한 공산주의야말로 바로 이것을 고스란히 실천하지 않았던가! (겉으로는 이상사회를 건설한다는 사기극을 꾸며놓고) 개인의 자유와 사유재산까지 몰수하면서 시행된 위정자의 전체주의를 위한 강제노역이야말로 인간의 자유와 본래성을 삼킨 악마였던 것이다.

인간은 본래 평등하다는 보편적인 타이틀을 비웃고(아이러니하게도 주로 지식인과 위정자들이 이 타이틀을 허물어뜨린다) 인간을 상대로 불장난과 운명놀이를 하고는 소외의 골짜기로 밀어 넣은 족속들은 어떤 인간들인가. 인간은 태어날 때 똑같이 그리고 아무런 불평등이 없는, 다 철없고 죄 없으며 우는 아이로 태어났는

데, 소수의 독재자로 된 아이들이 세상을 무모한 소꿉놀이터로 만들고 다른 아이들을 소꿉놀이의 장난감으로 다뤄 소외와 고통의 나락으로 떨어뜨린 것이다. "지상에 궁극적 정의가 없다"고는 하지만, 참으로 우리를 슬프게 하는 것이 아닌가!

위에서 파악한 외부세계로부터 원인이 된 인간소외와는 달리, 인간의 내밀한 내부의 세계로부터도 인간의 자기소외는 일어난다. 외부에서 원인이 되었든 혹은 내부에서 원인이 되었든, 소외가 지배할 때 인간은 본래성과 고유성, 자신과의 동일성과 동질성을 등지고 살고 있는 것이다.

소외는 마치 인간의 본성 속에 뿌리박고 있는 일반적 현상인 것처럼 인간의 내부세계에 거처를 하고 잠복해 있다. 내부세계에서 일어나는 소외 현상이야말로 더 치명적으로 보인다. 외부세계로부터의 소외의 경우는 인간의 소외를 일으키고 자기이화(自己異化)를 시키는 요인이 외부적 세력이기에, 이 요인이야말로 발각될 수도 있지만, 내부세계의 경우는 비밀로 감싸여 있어 그 흔적이 거의 알려지지 않기 때문이다. 헤겔(G. W. F. Hegel)이 인간소외를 "정신의 자기소외"로 파악할 경우에 소외 현상은 마치 인간의 근본조건처럼 거의 일반적으로 일어날 것이다. 게다가 자기 전개를 한다는 그런 정신(Geist)을 발각하고 통찰하지 못할 경우에 이중적 소외가 일어날 것이다.

실존철학은 아주 예민하게 소외를 지적한다. 인간이 자신의 실존을 떠나 있을 때 그는 떠돌이이고 본래성을 상실하여 소외의 구렁텅이에 떨어져 있다. 사회생활 가운데에도 소외는 바로 이 소외된 자신의 정체를 못 본 인간들의 삶 속에 번져 있다.

어떤 인간이 고립되고 격리되어 자기 고유의 삶이 실현되지 못할 때에도 소외 현상이 일어나고, 자신의 개체적이고 주체적인 삶을 실현하나 결과적으로 철저하게 고립감과 고독감에 놓일 때에도 소외 현상은 드러난다. 이와 반대로 어떤 인간이 지나치게 타인과 사회와 외부세계와 부합하고 동화됨으로써 자신의 개체성과 주체성, 고유성과 독자성, 창의성과 자율성을 상실하게 될 때에도 소외 현상이 일어난다. 어떠한 소외 현상에도 자기 자신의 표현과 실현 및 추구가 자기 자신의 본래성과 동일시되지 않는 자기이화(自己異化) 현상이 일어나는 것이다. 낯설고 비본래적이며 이질적인 세력(heteronom)에 끌릴 때 인간은 소외의 섬에 갇히게 된다.

자기 자신의 본래성과 동일화되지 못한 인간은 본래성의 고향을 상실하고는 낯설고 떠도는 삶을 영위할 것이다. 자신의 본래성과 고유성이 상실되었으므로 어쩌면 다른 개체로 대체될 수도 있고 교환될 수도 있을 것인데, 이 비본래적이고 비실존적인 삶의 영속을 끊고 자기 자신의 실존과 본래성을 찾는 작업을 많은 사람은 못하고 있다. 소외의 나락에 떨어져 있지 않을 때에만 실존과 본질 사이에, 자신의 개체성과 (인간의) 보편성 사이에, 본향과 타향 사이에, 자유와 필연 사이에 놓여 있는 경계선은 허물어질 것이다.

5 장

우리는 무엇을 인식할 수 있는가?

1. 개요

"인간은 본래적으로(천성적으로) 앎을 추구한다"라고 아리스토 텔레스는 그의 『형이상학』이 시작되는 첫 문장에서 규명한다. 과 연 여기에 예외가 생길 여지가 없을 정도로 인간은 의도적이든 그 렇지 않든 앎을 추구한다. 우리는 우리의 일상적 삶을 전개하는 과 정에서 수많은 앎의 문제와 부딪치며, 또 우리는 보다 의미 있는 삶을 창출하기 위해 새로운 앎을 얻으려고 애쓴다.

그런데 학문에 여러 다양한 분야가 있듯이 이에 관련된 다양한 앎들이 있다. 이를테면 물리적 세계의 여러 법칙과 현상들에 관한 지식, 인간의 신체구조와 여러 질병에 관한 지식, 기후의 변화와 영향에 관한 지식, 컴퓨터의 기능과 원리에 관한 지식, 기하학과

수의 성질에 관한 지식, 인간의 심리적 발달에 관한 지식 등등 수 없이 많은 앎의 분야가 있고, 또 우리의 일상생활에서 획득하게 되는 작고 큰 경험적 지식과 지혜가 있다.

그런데 특이한 사실은 이러한 모든 분야에 공통적으로 깔려 있는 특징에 대한 물음이다. 즉, 도대체 어떻게 이러한 앎이 얻어지는가, 앎 그 자체가 무엇인가에 대한 물음이다. 우리는 실제로 이러저러한 개별적인 앎을 추구하지만 앎 그 자체에 대해서 묻기를 소홀히 하고, 또는 어떻게 앎이 얻어지며 그 얻어진 앎이 확실한지에 대한 물음을 간과하는 경향이 있다. 여러 다양한 학문들은 속성상 이러저러한 개별적인 것과 어떤 일정한 대상에 관해 앎을 추구한다. 그러나 철학은 이러한 앎들이 어떻게 얻어지는가에 대해서, 우리가 무엇을 알 수 있고 알 수 없는가에 대해서, 또한 앎 그 자체가 무엇인지에 대해서 고찰한다. 이러한 문제들을 다루는 포괄적인 학문을 철학에서는 '인식론'이라고 하며 여기엔 다양한 이론들이 있다. 인식의 문제는 이미 고대 그리스 철학에서 제기되고 논의되었지만, 특히 근대에 이르러 자연과학이 본격화되고 또 철학이 이 자연과학을 방법론으로 삼는 데에서 더더욱 첨예화되었다.

2. 철학적 회의

진리를 찾고 지식을 얻는 과정이나 인식활동에는 으레 '회의'도 일어난다. 인식활동이 일어나고 진리를 얻기까지의 (그리 쉽게 굴러 들어오지 않으므로) 과정에서 우리는 종종 회의에 빠져들기도 한다. 의심하기 시작하면 브레이크를 걸기 어려운 단계로 치달을 때도 있다. 과학적 진리라고 알려진 것도 의심의 대상이 될 뿐만 아니라, 실제로 그러한 과학적 이론이나 주장이 뒤집히는 경우도 일어나기 때문이다. 천동설과 지동설의 예가 그렇다. 따라서 지금 효력을 갖고 있는 과학적 이론도 경우에 따라선 엉터리로 판명되거나 수정되고 폐기될 수도 있을지 모른다. 더구나 '진리 낙관주의'가 금물이라는 것을 고려할 때 회의는 부정적이기보다는 긍정적인 성격을 띠고 있다. 그것엔 또한 정확한 인식을 얻기 위한 의도가 깔려 있음을 알 수 있다. 또 진정한 인식은 관습이나 습관, 전래의 제도나 신념, 기존의 가치 등을 회의함으로부터 시작된다. 그렇기에 회의는 철학을 하도록 하는 충동으로 되어 생산적인 역할을 하는 것이다. 그러나 회의가 심하여 '회의주의'로 빠져버리거나 회의에서 헤어나지 못하면, 혹은 회의 속에서 좌절해버리면, 이 또한 문제인 것이다. 그래서 생산적인 회의와 비생산적인 회의를 우리는 철학사에서 목격한다.

첫째, 생산적인 회의라고 할 수 있는 아우구스티누스와 데카르트의 회의이다. 아우구스티누스는 감각이 우리에게 제시하는 것이야말로 우리를 속일 수 있다는 것을 파악했다. 그러나 그는 이런 속임수 때문에 회의주의로 빠져서는 안 된다고 생각했다. 상대주의와 회의주의는 이를테면 똑같은 물에 대한 서로 다른 사람들의 온도감각의 판단이 각각 다르다는 이유로 객관적인 진리가 있을 수 없다고 주장한다. 그러나 아우구스티누스는 이와 같은 서로 다른 판단을 좀 더 세부적으로 정식화하면 상대주의나 회의주의에 빠질 필요가 없다고 여겼다. 이를테면 "이 물은 내가 느끼는 한 따뜻하다"고 할 때 '참'이라고 할 수 있는 것이다.

따라서 아우구스티누스에겐 감각의 속임수 때문에 회의주의가 정당화될 수 없는 것이다. 그는 오히려 "내가 만일 잘못하고 있다면, 나는 존재한다(si enim fallor, sum)"(『신국』, 11권 26장)라는 명제를 도출해낸다. 또 이와 비슷하게 그는 "내가 의심할 때야말로 나는 살아 있는 것이다"라고 규명한다(『삼위일체론』, X, 10). 속임을 당하고 의심을 하는(생각하는) 것은 곧 그렇게 당하는 나의 존재가 확실하게 드러나는 것을 말해준다. 속고 있는 나의 존재를 확실한 사실로 인정하는 데서 아우구스티누스는 회의론에서 벗어난 것이다. 따라서 그는 데카르트의 "나는 생각한다. 고로 존재한다(cogito, ergo sum)"라는 명제의 선구적 역할을 이미 했다고 볼 수 있다. 아우구스티누스에 의하면 감각작용도 결국 영혼의 활동 영역에 속하기에 이 감각을 일방적으로 무시할 필요가 없다고 한다.

데카르트(R. Descartes)는 모든 것을 의심했다. 그는 특히 감각이 우리를 기만한다는 것을 파악했다. 네모의 물체도 멀리서 보면 둥글게 보이고, 또 환자에게는 단 음식도 쓰게 여겨질 때도 있는 것이다. 신기루라는 것은 원래 오아시스로 보이는 것이 아닌가. 감각세계의 기만은 우리에게 잘 알려졌고, 또 우리가 가끔 체험하기도 한다. 데카르트는 수학적 진리마저도 의심했다. 어떤 수학적 진리도 악마가 우리의 뇌세포를 조작했다고 생각하면 회의할 수밖에 없는 것이다. 그런데 데카르트는 이 모든 것을 회의하는 가운데 하나만은 회의할 수 없는 확실한 사실을 잡았다. 그것은 자기가 지금 회의하고(생각하고) 있다는 사실이다. 즉, 회의하고 있는 자신에게서 자신의 존재를 명석하게 확신하는 것이다. 그래서 그의 유명한 명제인 "나는 생각한다. 고로 존재한다"가 탄생되었다.

이 더 이상 의심할 수 없는 '사유하는 존재'야말로 데카르트 철학의 출발점이 된다. 물론 데카르트의 반대자들은 저러한 명제를 의심하는 경우도 있다. J. M. 보헨스키의 경우 "나는 생각한다"의 의미는 어떤 이러저러한 것을 생각한다는 뜻으로서 곧 이러저러한 내용이 머리에 떠오른다는 것이지, 생각하는 자의 현존을 추론하고 확정하지 않는다는 것이다. 말하자면 생각한 나머지 떠오른 이러저러한 내용은 "고로 나는 존재한다"를 보증하는 것이 아니라는 의미이다. 어떤 구체적인 사유의 대상에 몰입할 경우 그럴 수도 있을 것이다. '생각'은 '의식'이나 '말'과도 비슷하여 항상 '무엇에 대한' 생각을 대동한다. 그러나 인간의 사유는 입체적으로 사유하고 있는 자신을 동시에 사유할 수도 있는 것이다. 그래서 아리스토텔레스는 "사유의 사유(noesis noeseos)"란 용어를 쓰고 있는 것이다. 무엇보다도 데카르트가 사유하는 자신에게서 자신의 존재를 확신하겠다는 데에는 반론을 제기하기가 어렵게 보인다. 물론 데카르트의 명제를 뒤집어, 즉 내가 생각하기 때문에 존재하는 것이 아니라(비록 사유가 먼저 확신하는 작업을 시작했다고 하더라도), 내가 존재하기 때문에 생각한다는 것이 더 바람직할 것이다. '생각'이 먼저 구체적 확신작업을 시작했다고 하지만 이런 작업을 할 수 있게 한 자신의 존재야말로 근원이고 토대이기 때문이다. 그러나 어쨌든 데카르트의 경우 의심(사유)하는 자신에게서 자신의 존재를 확신했다면 이를 우리는 긍정적이고 생산적인 회의라고 할 수 있다.

둘째의 경우(비생산적인 회의)는 데카르트보다 약 2천 년이나 앞선 고대 그리스의 소피스트 고르기아스(B.C. 5세기)의 회의이다.

그는 세 가지의 명제를 내세우고 자기의 주장을 변호했다고 한다. 첫째로 "아무것도 존재하지 않는다." 둘째로 "비록 그 무엇이 존재한다고 해도 우리는 그것을 알지 못한다." 셋째로 "그 무엇이 존재하고 인식할 수 있다 해도 우리는 그것을 다른 사람에게 전할 수 없다." 그런데 고르기아스가 진실로 이런 회의를 했는지, 아니면 소피스트의 회의론을 위해서 억지로 내세운 주장인지는 알려지지 않았다. 물론 우리는 삶을 영위하는 과정에서 만물이 그저 봄날의 꿈에 불과한 것 같은(一場春夢) 느낌이 들 때도 있을 것이고, 봄안개 같거나 아침이슬과 같이 여겨질 때도 있을 것이다. 또 무엇보다도 데카르트의 경우에서 탈출구를 찾지 못하면 고르기아스의 상태와 비슷하게 되고, 결국 회의에서 헤어나지 못할 때도 있을 것이다. 그런데 만약 누군가가 진실로 이러한 상태에 처하게 되면 인생의 진지함을 상실하게 될 것이다. 왜냐하면 그에게는 모든 것이 가상이나 환상 내지는 꿈과 같아서 결국 기만으로 되기 때문이다. 그에게는 또한 참과 거짓을 구별하는 척도나 판단의 기준도 없게 될 뿐만 아니라, 선과 악, 정의와 불의, 삶에 의미를 부여하는 그 모든 가치도 근거를 상실하게 될 것이다.

그런데 이러한 회의는 상당히 비생산적이고 부정적이라고 규명하기 이전에 그 명제 자체가 잘못되었다는 것을 우리는 알 수 있다. 즉, 이미 잘못된 전제와 자기모순에서 출발하고 있음이 드러나 있는 것이다. 왜냐하면 이런 명제를 내세우는 데는 이미 이러한 주장만은 '참'이라는('참'이 존재한다는) 것을 전제로 하기 때문이고 또 이 주장만은 인식할 수 있다는 것이며, 또 이미 우리에게 전해진 것처럼 남에게도 말하고 전할 수 있다는 것을 내포하기 때문이다. 아니 저런 회의론자는 아예 어떤 주장을 해서는 안 되는 것이다. 이미 이 주장은 무엇인가 존재한다는 것과 인식 가능하다는 것, 그리고 말하고 전할 수 있다는 것을 나타내기 때문이다. 따라서 이런 회의론자에게 욕지거리를 퍼부어보면 그들은 이런 욕을 의심하지 않을 것이고 곧 대응할 것이며, 혹은 그보다 좀 더 심하게 이들의 뒤통수에 주먹질을 해보면(실제로 이런 실험을 해서는 안 되겠지만), 자신을 두들겨 패는 이런 주먹의 존재를 의심하지 않을 것이다.

고르기아스의 경우에는 회의가 너무 과장되었지만 냉철하게 사고하는 사람에게는 어쨌든 회의는 무의미한 것이 아니다. 인간은 본래적으로 앎을 추구하지만(아리스토텔레스의 『형이상학』의 첫 문장), 그의 앎은 한계가 있는 것이다. 칸트도 『순수이성비판』의 서문에서 인간의 인식 당위성과 한계성을 동시에 지적하고 있다. 우리의 인식 가능성은 극히 제한되어 있고 게다가 피상적인 앎과 일상적인 앎으로 채워져 있는 것이 얼마나 많은가. 그렇다면 진리를 얻기 위해 냉철하게 사고하는 사람에게 회의는 당연한 것으로 보인다. 너무 쉽게 믿는 것은 철학적 질병이다. "똥을 된장이라 해도 믿는다", "팥으로 메주를 쑨대도 곧이듣는다"라는 표현들은 극단적인 어리석음을 속담을 통해 잘 드러내고 있다.

3. 합리론, 경험론, 비판론

근대에는 인식론이 철학의 한 학문적 분야로 확립되었다고 할 수 있다. 사람들은 중세의 암흑기에 유린되었던 인간성에로 눈을 돌리고, 권위적으로 굳어졌던 교권이나 관습이며 미신 대신에 인간의 주체성과 능력을 찾기 시작했다. 그런 과정에서 인식의 가능성과 한계가 철두철미하게 논의되었고, 게다가 자연과학의 활성화는 인식론에도 많은 영향을 미쳤다. 대륙의 합리론이든 영국의 경험론이든 또한 칸트의 비판론이든, 그 견해는 다르지만 인식의 문제를 깊이 추구한 것만은 사실이다. 데카르트를 비롯한 라이프니츠(G. W. Leibniz)와 스피노자(Baruch de Spinoza)의 합리론과 영국의 로크(J. Locke)에서 흄(D. Hume)에 이르는 경험론, 또 이를 비판하고 종합한 칸트(I. Kant)의 비판론에 이르는 과정에 인식론은 학문의 한 분야로서의 기초를 확립한 셈이다.

근대철학은 특히 수학과 자연과학의 발달을 근거로 전래의 형이상학에 반항하고 거기로부터 이탈하여 그 가능성을 검증하기 시작했다. 전래의 형이상학에 대한 불신의 움직임은 인간의 인식능력과 그 한계에 대한 문제제기로 나타난 것이다. 영국의 경험론은 글자 그대로 경험에 의해 검증되지 않은 것은 진리로 받아들일 수 없다는 식이어서, 전래의 형이상학에 상당히 부정적이었다. 칸트는 그의 『순수이성비판』의 서문에서 인간의 인식활동의 당위성을 강조하고 또한 동시에 인식능력의 한계를 탄식한다. "인간의 이성은 그 인식활동의 영역에 있어서 특수한 운명에 처해 있다. 즉, 이성은 본래 자신이 거부할 수 없는, 또 그렇다고 해서 대답할 수도 없는 근원적 물음으로 인해 고뇌의 길을 걸을 수밖에 없다." 칸트는 이 인식능력의 가능성과 한계를 근거로 형이상학 일반의 가능성과 한계를 규정했다. 즉, 칸트는 이러한 근거에 의해 한편으로 '독단적' 형이상학을 비판하고, 다른 한편으로 자연과학적 방법을 통하여 인식의 가능성을 적극적으로 검토했다.

우리가 어떤 사물을 구체적으로 인식할 때는, 즉 인식활동이 일어나기 위해서는 인식주관과 인식객관, 의식과 현상이 계기로 주어져야 한다. 이러한 분류를 현대의 여러 철학사조들은 달갑게 생각하지 않지만, 그러나 부인할 수 없는 사실이다. 인식은 항상 말하는 경우나 의식하는 경우, 사고하는 경우에서와 마찬가지로 무엇에 대한(추상적이고 정신적인 것이며 공허한 것까지도!) 인식인 것이다. 즉, 구체적인 인식이 이루어지면 그것은 항상 무엇(인식내용)에 관한 인식인 것이다. 따라서 인식하는 주관과 인식대상, 인식하는 주관의 관찰에 의해 이해되고 파악된 현상과 인식대상에 대한 의식은 필수적으로 전제되는 것이다.

물론 이러한 전제들이 다 구비되었다고 원만한 인식이 다 일어나는 것은 아니다. 그것은 인식주관의 (사유의) 깊이와 통찰능력이 더더욱 결정적이기 때문이다. 주관은 객관을 이해하고 파악하며(파악된 객관과 객관 자체는 확실히 다름을 특히 후설은 강조하고 면밀하게 분석한다) 자기 나름대로 판단하고 규정한다. 이는 주관이 자기의 한계를 넘어 객관의 세계 내로 몰입하여(이것도 사유의 초월적 성격을 드러낸다) 자기의 관찰에 의해 이해되고 포착된 것을 자기 나름대로 규정한다는 뜻이다. 인식활동을 통하여 변화되는 것은 그렇기에 객관이 아니라 이 객관을 이해하고 파악하는 주관이다. 이러한 대목들에 대해서는 칸트가 『순수이성비판』에서 심도 있게 다루고 있다.

4. 인식의 성립에 관한 이론들

인식의 기원에 관한 논의는 주로 대륙의 합리론과 영국의 경험론, 칸트의 비판론(혹은 선험론)이 있다. 물론 이러한 논의는 고대 그리스의 파르메니데스와 플라톤, 아리스토텔레스까지 거슬러 올라가지만, 여기서는 '인식론'의 체계를 구축한 근대철학에 귀를 기울여보기로 하자. 실제로 파르메니데스와 플라톤에게서 사유의 깊이에 따른 통찰의 능력에 관한 논의는 단순한 합리론이나 경험론, 비판론과는 별도로 깊이 숙고되어야 할 과제로 보인다. 또 아리스토텔레스는 경험적 지식을 옹호하면서도 이성을 진리 획득의 최고 기관이라고 보았는데, 이는 이성과 경험을 동시에 수용한 선례로 보아야 할 것이다.

합리론의 대표적 주장은 데카르트에게서 볼 수 있다. 그에 의하면 "본유관념(本有觀念)"은 우리 인간이 태어날 때부터 갖고 있는 관념으로서 소위 "자연의 빛(lumen naturale)"이며 신이 인간에게 부여한 것으로 이성적이고 보편적인 것이다. 이 "본유관념"이야말로 인식의 원천이라는 것이다. 순수한 이성의 활동에 의해 연역되는 수학적 지식의 경우 데카르트의 학설을 뒷받침해준다고 할 수 있을 것이다. 라이프니츠와 스피노자도 데카르트의 학설에 동조하고 또 그것을 발전시켰다. 합리론은 정신의 능동적 활동을 바탕으로 하여 인식의 보편타당성과 필연성을 옹호한다.

그러나 합리론은 지식의 습득과 인식활동을 "본유관념"서만 연역하고 경험을 완전히 무시하는 데에서 많은 문제점을 드러내었다. 합리론에 의하면 우리의 이성이 경험과 상관없이 세계에 관하여 말해주는 것이 곧 진리라는 결론이 나온다. 따라서 선천적인 이성의 원리를 바탕으로 올바른 세계상을 도출할 수 있으며 더구나 경험의 힘을 전혀 빌리지 않고도 그것이 가능하다는 주장이다. 이렇게 되면 결국 독단론에 빠지게 된다는 것이 칸트의 비판이다. 이성이 과연 경험과 무관한지, 또한 경험을 초월하는 절대적 확실성의 인식을 제공할 수 있는지의 여부를 합리론자들은 비판적으로 검토하지 않았던 셈이다.

영국을 무대로 펼쳐진 경험론은 인식성립에 있어서 이성보다는 경험을 핵심적인 요인으로 보았다. 경험론자들에 의하면 인식의 성립은 경험으로부터 얻어지며, 소위 말하는 합리론자들의 "본유관념" 오히려 경험을 매개로 해야만 실제성을 밝힐 수 있다고 한다. 더 나아가 인간의 정신은 "백지 상태(tabula rasa)"에 불과하지만 경험의 누적으로 말미암아 관념이 형성된다고 그들은 주장한다. 따라서 지식은 오직 경험으로부터 생긴다는 것이며, "지각(知覺) 중에 있지 않는 것은 오성 중에도 있지 않다"라는 스콜라 철학의 명제를 그들은 강조한다.

극단적인 경험론의 기원은 고대 소피스트의 대부라고 할 수 있는 프로타고라스에서 찾을 수 있다. 그는 감각 이외의 어떤 이성적인 것과 합리적인 기준을 인정하지 않고, 감각을 기초로 모든 지식의 상대성을 주장하였다. 원리적인 상대주의는 그러나 필연적으로 회의론에 빠지고 만다. 중세의 '보편논쟁'에서 '보편'은 그저 이름에 불과하다는 '유명론'의 태도도 이념을 무시하고 개개의 사물에 대한 감성지각을 옹호한 경험론의 경향을 보이고 있다.

그러나 결정적인 경험론적 인식의 입장은 근대 영국의 베이컨,

홉스, 로크, 흄, 밀과 같은 학자들에 의해 확립되었다. 특히 로크는 데카르트를 비롯한 합리론자들의 "본유관념"을 부정하여 경험만이 인식의 유일한 원천이라고 주장했다. 또한 흄은 지각을 인상과 관념으로 구분하고, 인상을 정신에 직접적으로 생기 있게 나타나는 것이라고 했다. 즉, 이 인상이 재생된 것이 바로 관념이라는 것이다. 그렇다면 관념과 지식의 확실성은 인상의 정도에 따라 결정되며, 지각되는 것이야말로 사실로서 존재하는 것으로 된다. 그는 더 나아가 자연과학의 법칙으로 여겨지는 '인과율'을 주관적 경험의 습관에 의존시키고 객관적인 경험성을 부인하여, 자연과학적 지식을 단지 개연적인 것으로 몰아붙였다.

그러나 이 인과율의 객관적 타당성을 전적으로 부인하는 이론은 자연과학을 기초로부터 파괴하는 결과를 가져온다. 왜냐하면 자연과학의 연구(관찰과 경험)는 인과율을 전제로 하고 예상해야만 가능하기 때문이다. 밀(J. S. Mill)도 경험론을 절대화하여 모든 과학적 지식과 그 법칙이며 수학적 지식까지도 경험의 집적에 불과한 것이라고 주장하여 인간의 지식을 모두 개연성을 가진 것에 불과하다고 주장했다.

그러나 앞의 프로타고라스의 예에서 언급되었듯이, 경험만으로 인식과 지식을 정초하려는 입장은 결국 회의주의에 빠지고 만다. 왜냐하면 경험은 인식의 성립에 불가결한 것이기는 하지만, 그 어떤 합리적 기준이나 법칙을 인정하지 않을 수 없으며 또한 경험을 가능하게 하는 정신의 능동적 요소를 결코 배제할 수 없기 때문이다. 또한 인식의 원천과 성립을 오직 경험에만(외적 경험은 감성에 의하여, 내적 경험은 의식의 자아관찰 행위에 의하여 가능하다는 주장) 의존한다면 초감성적인 문제에 관한 학문으로서의 형이상학은 성립할 수 없게 된다. 위에서 내적, 외적 경험은 초감성계나 초월적인 것에 관해 하등의 기초와 정보도 제공할 수 없기 때문이다.

칸트는 극단적인 합리론과 경험론의 결점(경험론은 지나치게 이성을 무시하고 또 합리론은 반대로 경험을 지나치게 무시하는 것)을 지적하고 서로의 장점을 종합시킨다. 이른바 인식의 기원에 관한 '비판론' 내지는 '선험론'의 입장이다. 그는 합리론과 경험론을 종합하여 통일적 입장을 이끌어낸 것이다. 칸트에 의하면 정신의 능동성을 내세우는 합리론에 경험적 소재가 주어지지 않는 한, 정신은 그 활동의 대상을 상실하게 된다. 또 이와 반대로 인식의 대상적 측면에만 치우쳐 경험적 토대 위에서만 인식이 성립된다고 하는 입장도 지식의 상대주의와 개연론에 빠지고 만다. 이와 같은 양자의 문제점을 칸트는 요약하여 "내용 없는 사고는 공허하며, 개념 없는 직관은 맹목적이다"라고 규명하는데, 전자는 합리론 비판이고 후자는 경험론 비판이다. 따라서 칸트는 인식의 성립에 있어서 경험과 이성의 양자를 인정하고 있다.

그런데 인식의 성립에 있어서 선험적 태도란 선천적 인식기능의 가능성을 말하고 있는 것이다. 즉, 말하자면 경험에 선행하는 인식의 논리적 조건을 의미한다. 칸트는 인식의 근원을 경험적인 것으로서의 후천적인 것(a posteriori)과 형식적인 것으로서의 선천적인 것(a priori)의 종합으로 말하고 있다. 이때 전자는 인식의 소재로서 감각적인 것이고, 후자는 인식의 선천적 기능으로서 필연적인 것이다. 인식의 소재는 우리의 감성을 촉발하는 대상으로부터 유래하며, 인식의 형식은 우리의 고유한 인식능력으로부터 기원하는 것으로 오성의 자발성에 속한다. 형식은 감성형식인 직관형식(시간, 공간)과 사유형식인 오성형식(범주, 카테고리)이 있다. 그렇기에 인식의 성립은 인식의 소재로서 감각내용이 시간과 공간의 직관형식에 의하여 질서 지워져, 이것이 범주인 오성형식에 적용됨에 의하여 이루어진다.

따라서 한편으로 모든 인식에는 경험이 필연적으로 참여하지만, 다른 한편으로 인식이 경험으로부터 유래하는 것은 아니다. 말하자면 인식의 성립에 있어서 정신적 자발성인 선천적 형식은 감성적 내용에 대하여 논리적으로 우선적 지위를 갖는 것이다. 인식은 경험으로부터 유래하는 사물의 모사가 아니라, 오히려 거꾸로 선험적 주체가 경험적 소재를 결합하고 구성하는 데에서 이루어진다('코페르니쿠스적 전회'). 또 이러한 인식이론은 칸트의 '선험적 관념론'을 잘 설명해주고 있다. 칸트에 의하면 인식은 외부로부터 주어지는 것이 아니라, 인간의 순수의식(초개인적 주관)이 감각적인 소재들을 선험적 기능에 의하여 구성하는 데에서 이루어지는 것이다. 그렇기에 객관은 주관에 의존될 뿐만 아니라 주관의 구성을 떠나서는 존재할 수 없다. 이러한 태도는 객관이 주관과 독립하여 존재한다는 '실재론'과 극명한 차이를 드러낸다.

'관념론'은 일반적으로 세계를 인식론상 '관념'으로 보는 입장이다. 주관의 의식을 초월한 실재를 인정하지 않고, 또 이를 주관적 의식에 내재화시키며, 인식의 자료까지도 관념이라고 보는 것이 '주관적 관념론'이다. 그러나 이 '주관적 관념론'은 모든 존재를 개인의 주관에 의존시켜 주관의 의식내용으로 파악하므로 유아론적 독단에 빠지기 쉽다. 인식의 성립에 있어서 경험론자들이 자연과학과 수학의 법칙들을 단순한 습관의 누적으로 또한 개연적인 것으로 파악한 것에 반해 칸트는 보편타당한 것으로 보았다. 그는 이들 학문에서와 같이 지식(특히 형이상학)은 보편타당한 근거 위에 세워져야 한다고 주장했다.

합리론과 경험론의 입장을 비판하고 종합한 비판철학의 입장을 칸트는 구체적 인식이 성립되는 판단을 통해 제시한다. 여기서 판단이란 주어와 술어가 논리적으로 결합된 진술이다. 선천적이면서(합리론적 입장) 경험으로부터 얻어지는 '종합판단'을 이끌어내는 것이다. 이를테면 분석판단은 "공은 둥글다", "평행선은 서로 만나지 않는 나란한 직선이다", "모든 물체는 공간을 갖는다"와 같은 명제로서, 주어의 개념 속에 들어 있는 내용이 술어를 통하여 표명된 것에 지나지 않는다. 왜냐하면 '공'이라는 개념 속에는 이미 '둥글다'는 특징이 포함되어 있고, 또 '평행선'의 개념 속에도 '서로 만나지 않는 나란한 직선'의 내용이 내포되어 있다. 또 모든 물체의 경우도 이미 공간을 차지하고 있는 특성을 내포하고 있다. 그렇다면 이와 같은 분석판단은 특별히 새로운 정보를 제공해주지 않는다. 그러나 이에 반해 "이 공은 가죽으로 만들어져 있다", "이 공은 흰 색깔을 띠고 있다", 또는 "이 물체는 20킬로그램이나 된다"라고 말할 때는 앞에서 본 예와는 다른 양상을 보인다. 즉, '공'의 개념 속에 들어 있지 않은 어떤 새로운 정보가 첨가되어 있다. 왜냐하면 '공'이라는 것이 가죽으로만 되어 있는 것도 아니고, 또 흰 색깔만 띠어야 하는 것도 아니기 때문이다. 그렇기에 이 공이 "가죽으로 만들어졌다"거나 "흰 색깔을 띠고 있다"는 진술은 경험으로부터 확인되어야 하는 것이다.

그렇다면 선천성(일반성과 필연성을 갖는)을 가지면서 경험과 관찰이 필요한 종합판단(즉, '선천적 종합판단')은 어떤 경우인가? 칸트는 쉽게 수학적인 판단을 그 예로 든다. 이를테면 '7 + 5 = 12' 와 같은 수학적 명제는 예외 없이 어디서나 타당하고 일체의 경험적 다양성과 무관하며 필연적이기에 '선천적'이라고 할 수 있다. 그런데 이 수학적인 명제를 칸트는 '분석판단'이라고 하지 않고 '종합판단'으로 규명한다. 왜냐하면 명제의 숫자를 크게 확대하면 관찰과 계산의 도움 없이 정확한 결과를 가져올 수 없기 때문이다. 이와 같은 "선천적 종합판단이 어떻게 가능한가?"야말로 『순수이성비판』의 중심문제이고 또 칸트의 형이상학의 가능 근거이기도 하다.

5. 인식의 '한계'와 이 한계에 관한 물음

앞에서 우리는 칸트가 인식의 당위성과 한계성을 지적한 것을 다시 떠올릴 필요가 있다. 인간은 분명히 인식능력의 한계를 갖고 있다. 인간은 천사도 아니고 신도 아니어서 전지전능할 수 없다. 칸트는 이 인식능력의 한계를 곧 형이상학의 한계로 기초 지웠다. 따라서 단순한 주관적 신념이나 옹졸하고 편협한 사견, 황당한 주장이나 미신적인 이야기, 구름 잡는 이야기나 '사상의 누각' 등등 비과학적인 요소가 배척되고 엄정한 논리성이 강조되었다. 칸트의 철학은 '계몽주의'에 많이 이바지했다. 또한 '인식의 한계'에 비추어 철학은 논리적 체계 위에 세워진 학문이어야 하고 앎과 진리인식이 가능해야 하는 것으로 요청되었다.

그러나 우리는 구체적인 인식이 어떻게 논리적인 체계 내에서만 가능해야 하며, 칸트가 예로 제시한 '수학적 판단'과 같은 명제로 된 '선천적 종합판단'으로 철학(형이상학)이 쓰여야만 하는지 묻지 않을 수 없다. 칸트가 황당한 미신이나 개인적인 사견 내지는 독단에 제동을 건 것은 바람직한 것이다. 그러나 논리적 검증을 거친 보편타당성이 구비되지 않았다고 해서 모든 철학을 '독단'으로 몰아붙이면 이 또한 문제인 것이다. 검증된 칸트의 인식론에 비추어 볼 때 코스모스의 아르케(arche)를 물은 고대 철인들의 인식론은 곧 독단론으로 치부되고 만다. 이들은 인간의 인식능력에 대한 반성이 없이 만물의 근원을 규명했기 때문이며, 또한 이 근원이 논리적 검증의 과정을 거치지 않았기 때문이다. 또 플라톤이나 아리스토텔레스의 경우 이데아 세계의 인식을 운운했기에, 이는 이성능력의 가능성을 무제한 확대한 처사로 되고, 인식 가능 근거의 한계성을 고려하지 않은 결과로 되어 인식론적 독단론자로 몰린다. 칸트 이전의 합리론자들도 마찬가지다. 실체를 "자기 원인(causa sui)"으로 본 데카르트, 단자(Monade)로 규정한 라이프니츠, 신을 자연으로 본 스피노자의 경우도 칸트의 입장에서는 독단론에서 벗어나지 못한 결론이다.

그러나 명쾌한 진리로 확인되지 않는다거나 경험하지 못한다고 해서, 이들이 다 '독단론'으로 처단되면, 결국 과학과 수학이 철학의 가능성에 대한 재판관으로 혹은 포도청으로 자리매김하게 된다. 그렇다면 과학과 수학이 스스로 독단세계를 형성하게 되는 것이다.

철학, 특히 형이상학에는 '사고 단초(Denkansatz)'와 같은 것도 있어 진위의 검증이라는 잣대를 갖다 대기 어려운 것도 있고, 또 자연스러운 의견 표명도 있다. 물론 이러한 의견 표명은 딱 맞다거나 또는 맞지 않다고도 할 수 없는 경우도 있으며, 또 꼭 진리라는 것을 요구하지 않는 형태의 것도 있다. 게다가 미래에 맞을 수도 있으며 부분적으로 타당한 것도 있다. 도대체 지금 당장 보편타당성을 드러내 보여야 하는 당위는 어디에 있는가? 더욱이 문학과 예술의 세계에서 일어나는 인식의 세계는 결코 저런 과학과 수학의 잣대로 측정될 수 없다. 철학은 무엇 때문에 이런 문학이나 예술의 세계를 과학적이지 않다고 하여 배척할 것인가. 따라서 칸트의 형이상학은 비칸트적 형이상학에 대해 재판관의 역할을 해서도 곤란하고 또 일방적으로 배격해서도 안 될 일이다. 칸트 이후 논리학과 과학에 도취한 철학이 등장하여(이를테면 빈학단과 신실증주의 등) 전래의 형이상학에 대해 일방적으로 '프로크루스테스의 침대'1) 역할을 해왔다.

칸트의 영향을 받은 철학과 칸트 이후의 철학적 경향은 아예 형이상학을 터부시하거나 거부하는 쪽으로 발전되어, 오늘날 철학을 "과학의 노비"로 전락시키는 결과를 낳고 말았다. 실제로 신칸트학파 중 일부(이를테면 P. 나토르프)는 칸트의 "물자체"를 거부하

---

1) 프로크루스테스는 그리스 신화에 나오는 인물로서, 여관을 차려놓고 행인들을 자기의 여관에 불러들여, 이 행인을 자신이 마련한 침대에 눕게 하였다. 그런데 그는 키가 큰 자에겐 작은 침대를, 키가 작은 자에겐 큰 침대를 제공하였는데, 키가 침대의 길이보다 짧으면 침대의 길이만큼 늘려 죽였고, 길면 긴 만큼 잘라서 죽였다. 나중에 이 여관의 주인은 영웅 테세우스에 의해 같은 방법으로 처벌을 받았다. 억지로 혹은 강제로 침대의 길이에 맞추려는 것은 극히 부자연스러운 것이다.

거나 초경험적 실재를 터부시하며 논리적이거나 과학적인 잣대로 재기 어려운 형이상학을 배척했다. 그 이후 끊임없이 과학과 수학을 중시하는 철학(이를테면 신실증주의, 빈학단, 분석철학, 경험철학 등)이 등장했고 또 이러한 철학은 실증과학이나 물리학 및 수학에 근거한 지식론을 펼쳤으며, 철학을 자연과학으로 조직화하여 초경험적 실재와 초월적인 형이상학을 배제했다. 칸트의 비판론(Kritizismus)은 주관의 선천적 형식(인식능력의 두 측면으로서의 감성과 오성을 말한다. 감성 형식이 시간과 공간이며, 오성 형식이 범주이다. 오성은 감성에 의해 인식된 것을 다시 종합, 통일하는 인식주관이다)이 경험적 질료를 구성한다는 점에서(그래서 경험의 근거는 주관적이다) 선천적 인식의 가능성을 제시하지만, 인식의 국면을 현상적 경험에 한정하는 점에 있어서는 실증론과 크게 다르지 않다.

비판철학은 인식능력의 한계를 근거로 하여 한편으로 미신적이고 광신적인 신앙 형태와 황당한 통념을 극복하고 진리인식의 과학적 좌표를 제시했지만, 또한 그로 인해 인간의 합리적이고 과학적인 계몽을 이루었지만, 그러나 다른 한편으로 비과학적인 혹은 초과학적인 철학을 배척하는 폐단도 가져왔다. 왜 과학을 기준 축으로 하여 보편학인 철학을 거기에 맞춰야 할 것이며, 또 과학과 과학의 진리만이 진리인식의 보편적 기준이 되어야 하는가?

이와 반대로 심지어 오늘날 과학 내부에서조차 과학적 진리가 절대적이지 않음이 속속 드러나고 있다. 아인슈타인의 '상대성 이론'과 하이젠베르크의 '불확실성의 원리', 괴델(Kurt Gödel)의 '결정 불능의 명제'가 이를 잘 말해주고 있으며, 쿤(Thomas Kuhn)의

'패러다임 이론'도 과학의 독재를 거부하고 있다. 칸트 이래로 학문들(특히 철학)은 첨예하게 과학화되어왔다. 그래서 오늘날 우리가 '합리적' 또는 '과학적'이라고 믿는 모든 사고의 전형은 칸트에 의해 정립되고 유래되었다고 해도 과언이 아니다.

오늘날 과학은 철학을 "과학의 노비"로 만들고서 '과학만능주의' 내지는 '과학제일주의'를 구축하고, '인간성의 회복'에 기여하기보다는 오히려 '인간성 상실'의 주된 원인으로 전락되었다. 과학은 기술과, 기술은 산업과, 산업은 상업자본주의와, 또 이러한 굴레는 정치, 경제, 무역, 외교, 군사, 문화 등과 궤를 함께하게 되어 거대한 세속왕국을 이루었다. 그러나 오늘날 각 국가에서 앞다투어 과학에 투자하는 것을 보면, 그리고 이를 다른 분야의 경우와 비교해보면 놀라지 않을 수 없다. 극단적인 과학주의와 단순한 실증과학은 비과학적인 것에 대해 결코 관대한 태도를 보이지 않고, 제3의 입장이나 여타의 태도를 인정하지도 않으며, 과학적 진리만을 진리로 인정하는 과학전제주의를 낳고 말았다. 이는 매우 위험한 비민주적 태도임에 틀림없다.

그들은 과학적 진리만을 진리로 인정하고, 다른 것은 미신으로 몰아세운다. 또한 과학의 명제만이 참된 명제라며 진리의 독점을 꾀하고 있다. 그래서 그들은 현실에 대한 발언권을 자기들만 갖겠다고 외치며 과학으로 풀 수 없는 수수께끼는 없다고 장담한다. 그러나 과학의 혁명으로서 다 이루어지는 것은 아니다. 과학적 분석은 결코 초월의 세계와 '제일철학(prote philosophia)'의 문제, 삶의 의미와 존재의 심층, 근원성과 본질의 문제 등 의미심장한 부분에 이를 수 없다. 인간은 결코 과학과 과학이 제공한 세계에 안주할 수 없고 또 주어진 현존에 만족하지 못한다. 가능한 한 인간은 이러한 모든 범주와 사슬을 넘어서고자 하는 근본욕구를 갖고 있기 때문이다.

6. 칸트에 의해 짜인 인식한계의 울타리를 넘기

1) 칸트의 '형이상학'을 넘어

우리는 칸트가 제시한 '인식의 한계'라는 울타리 안에 고분고분 머물러야 하는가? 결코 그럴 수는 없다. 물론 우리는 비이성적이거나 황당한 사견이며 통념 내지는 미신적 태도로 그의 울타리를 부수어서는 안 된다. 그러면 또 뭐가 있느냐고? 도대체 지금 당장 보편타당하지 않다고, 경험 가능하지 않다고, 혹은 검증 불가능하다고 다 독단론으로 내몰리는 법이 어디에 있는가! 물론 우리는 아르케의 문제나 제일철학의 문제, 삶의 의미나 인간의 실존, 존재의 심층과 같은 문제들이 결코 '보편타당성'의 잣대로 측정되는 것이 아니라는 것과 보편학으로서의 철학이 과학의 법정에 서야 할 이유가 없음을 우선 확실히 해야 한다.

칸트는 초감성적이고 초월적인 형이상학의 가능성을 부정하는 대신 경험적이면서 선천적인 명제들을 제시했다. 칸트의 견해에 따르면 인간의 인식능력 범위 내에서 형이상학을 위한 두 가지의 가능성이 있다. 하나는 수학에서이고, 또 다른 하나는 순수 물리학에서이다. 이를테면 "유클리드 삼각형의 내각의 합은 두 직각이다"(수학)와 "모든 변화는 원인을 갖는다"(순수 물리학)는 칸트에게 있어 '종합적'이면서 선천적인 진리명제이다. 그런데 우리에게 남는 의문은 도대체 형이상학이 이토록 순수 물리학과 수학의 요구만 충족해야 하고 그 타당성의 여부에만 얽매여야 하는가이다. 그렇다면 형이상학은 (인식의 문제 또한) 수학과 논리학, 물리학의 울타리 안에서 빙빙 돌고는 자신의 가능성과 타당성의 콤플렉스에 걸리고 마는 것이 아닌가. 도대체 그렇다면 논리 외적인 것(또는 초논리적인 것)과 초과학적인 것, 문학적이고 예술적인 것은 어떻게 추구되는가? 또 형이상학에는 진리-허위의 구도가 필요 없는, 그러나 그럼에도 불구하고 의미 있는 물음들이 얼마나 많은가? 또 경우에 따라서는 정답이 필요 없거나 답이 많은 경우가 있지 않은가. (예를 들면 "인간이란 무엇인가?"의 질문과 답변)

형이상학은 한 가지의 정답만 내려야 하는 의무를 짊어지고 있지 않다! 흔히 문학적이고 예술적인 논의와 주장에는 종종 객관적 증명에 이르지 못하고 동의나 확신의 차원에만 머무를 수도 있고, 또 심한 경우에는 그런 객관적인 증명이 필요 없는 경우도 있는 것이다. 문학비평이나 예술비평의 경우에 수많은 이론과 학설들이 주장되지만, 가부간의 결정이나 진위의 결정을 명확하게 내릴 수 없는 때가 얼마나 많은가. 여기에 무슨 과학의 척도나 보편타당성이나 확실한 검증의 원리가 있단 말인가. 그렇다고 그들이 터무니없는 자의적인 해석만 일삼는다고 할 수 없지 않은가. 더구나 이런 영역이 과학적이지 않다고 하여 형이상학과 관련이 없는 것으로 보아서는 안 된다. 문학적이고 예술적인 확신을 가진 사람은 자신이 느낀 충족감을 반드시 다른 사람에게 증명해 보이거나 전달할 수 있어야 하는 것은 아니며, 더더욱 '보편타당성'이 요구되는 것도 아니다. 형이상학에는 어떤 문제나 사태가 지금 당장 시간과 공간의 현장으로 끌려나와 타당성의 검증을 받고 그 '보편타당성'과 '경험 가능성'이 보여야 하는 강제성이 요구되어서는 안 된다.

우리가 문학비평이나 예술비평에서 예를 보였듯이 형이상학의 원리들은 과학과 논리의 방식으로 다 확정될 수 없으며, 또 이들의 울타리에 갇혀서는 안 된다. 그렇다고 해서 문학비평이나 예술비평, 나아가서는 형이상학의 원리가 아무런 근거 없이 채택되거나 확신되는 것은 아니다. 과연 형이상학은 칸트의 카테고리적 울타리 안에 머물러야 하는가?

2) '인식한계'의 울타리 허물기

초월적인 것이 다 인식 불가능하다는 것으로 낙인찍혀서는 안된다는 것을 우리는 플라톤의 철학에서, 특히 그의 이데아의 인식에서 찾아볼 수 있다. 그리하여 우리는 '인식한계'의 울타리를 허물고서 또 한 번 철학의 센세이션을 체험할 수 있다. 플라톤은 그리 쉽게 동네북이 되어 두들겨 맞을 정도로 허름한 철학적 사유의 집을 짓지 않았다.

칸트는 실증주의나 논리실증주의와는 달리 감각현상의 배후에 놓여 있는 비가시적 혹은 예지적 실재들이 존재하고 있다는 것을 인정했다. 그도 그럴 것이 이러한 전제를 하지 않고서는 도덕성이 존립할 기반이 없어지기 때문이다. 여기까지는 플라톤의 철학이 칸트에게 존립할 수 있다. 그러나 이와 동시에 칸트는 플라톤과 플라톤주의자들이 이러한 초감성적 실재에 대한 인식을 할 수 있다고 믿는 점을 중대한 오류로 보았다. 초감성적 실재의 세계는 존재하지만 인식할 수 없다는 것이 칸트의 주장이다. 과연 칸트의 주장대로 초감성적이고 초월론적인 것은 원칙적으로 인식 불가능한가? 그렇다면 플라톤이 이데아의 세계를 인식했다는 것은 엉터리로 되고 마는가?

하기야 이데아의 세계가 '비가시적 실재'의 세계로 보이지 않으면(적어도 플라톤의 철학에선 그러하므로) 온갖 잡탕이 섞인 이데아 해석이 난무한다. 그래서 이데아를 '관념'이나 '이념'으로, '개념'이나 '형상'으로, 심지어 '아이디어'나 신비한 '미스터리'로 읊어댄다. 이데아의 세계를 이해하려면 논리학이나 과학의 이론만으로는 결코 가능하지 않다. 이데아의 세계를 파악하려면 우선 '동굴의 세계'를 벗어나야 한다(플라톤의 대화록 『국가』의 '동굴의 비유'에서). 그것은 무엇보다도 통념의 세계를 벗어나야 하고 또 실존적인 삶을 통하여 이데아의 세계를 통찰할 만큼 성숙된 안목을 갖춰야 하는 것을 의미한다.

플라톤의 말대로 '동굴 주민'으로서는 결코 올바른 인식에 이를 수 없다. '동굴 주민'은 그림자를 실재라고 착각하고 있으며, 또한 자신들이 이렇게 착각하고 있다는 사실에 대해서도 까맣게 모르고 있다. 그들은 사물을 현상으로만 파악하는 습관에 젖어 있다. 또한 이데아의 통찰은 이론적 학습이나 강단철학을 통해 성취되는 것도 아니다. 그것은 인간 스스로가 '철학함'을 통하여 실존적 삶 속에서 동굴의 계단을 박차고 나가 실재의 세계를 보는 것과 같은 과정을 거쳐야 할 것이다. 플라톤의 확신에 따른다면 많은 사람들은 그의 전 생애를 통념 속에 살다가 동굴의 계단을 벗어나지도 못한 상태에서 죽어가는 경우가 허다하다. 또한 소위 지식을 가르친다고 자부하는 사람들(이를테면 소피스트들)조차 별로 나을 것이 없다는 것이 그의 견해인 것이다.

동굴의 세계를 벗어나야 한다는 전제조건 때문에 이론적인 논리학과 과학의 눈에는 걸림돌이 되는 것이다. 그것은 실존적 삶 가운데서의 인격적인 성숙으로부터 이데아의 세계를 통찰할 만한 안목을 갖게 되기 때문이다. 그렇기 때문에라도 이데아의 세계가 지금 당장 여기에서 자연과학과 논리학의 지평 위에 드러내어질 수도 없을 뿐만 아니라, 이들 학문의 공식이나 명제의 틀에서 보편타당성이 드러나지 않는 것이다. 그러면 이데아의 인식은 비논리적이고 추상적이며 관념과 개념의 차원에 머물고 마는가? 결코 그렇지 않다! 플라톤의 인식론적 기획에는 그래도 논리학자나 과학자의 요구를 들어줄 만한, '인식한계' 앞에 머뭇거리고 있는 칸트에게 답을 해줄 만한 요건이 있다. 플라톤은 명확하게 '비가시적 실재'의 세계에 대한 인식 가능성을 제시했다.

물론 그렇다고 칸트가 생각한 것처럼 인식낙관론을 펼친 것은 아니다. 오히려 인식비관론에 가까울지도 모른다. 이데아의 세계는 아주 힘겹게 보인다는 것이다("mogis horasthai"). 플라톤은 그의 '태양의 비유'(『국가』, 508a 이하 참조)에서 이렇게 밝힌다. 이데아의 세계는 이 세계를 인식할 능력을 갖춘 정신적 눈을 가진 사람에게 계시되는 것이다. 즉, 정신적 눈이 준비된 모든 사람에게(!) 이데아의 세계는 인식되는 것이다. 여기서는 보편과 특수가 잘 조화된 인식 가능성의 길이 열려 있다. 또는 이를 제한적 보편타당성이라고 해도 괜찮겠다. 즉, "모든(누구에게나, 즉 보편) 준비된(그런 준비된 사람은 필경 제한적이고 특수한 경우이다) 사람"에게 이데아의 인식은 가능한 것이다. 그렇기에 이데아의 인식은 바로 이 세계를 인식할 만한 처지와 위치에 와 있는가가 핵심적인 관건인 것이다. 이데아의 세계를 통찰할 수 있는 눈을 갖게 되면 이때껏 안 보이던 것이 보이게 되고, 또 옛날의 진리가 허위로, 옛날의 허위가 진리로, 또는 새로운 진리의 세계가 드러날 것이다.

물론 이러한 인식 가능성에 대한 플라톤적인 제안이 알쏭달쏭하게 보일지도 모른다. 그러나 누구나 플라톤 같은 철인이 초월적 실재로서의 이데아의 세계(비가시적이지만 현실과 연관을 맺는)를 통찰한 사실을 인정하지 않을 수 없을 것이다. 아니면 플라톤이 환상을 보았다고 생각하는가? 아니면 '관념'이나 '이념'이며 '형상'과 '개념'과 같은 용어로 말장난을 했다고 생각하는가?

우리가 위에서 본 제한적 보편타당성은 — 물론 플라톤에게서 그 자세한 인식 가능성에 대한 도식이 제시되어 있지만 — 다른 예에서도 찾아볼 수 있다. 이를테면 "진리에 속한 사람들은 나의 말을 안다"(요한복음, 18장 37절)와 같은 예수의 발언이나 "가이스트(정신)를 안 가진 사람은 이 가이스트를 경멸한다"라는 헤겔의 경우에도 잘 드러나 있다. 진리에 속해 있으면 예수의 말을 알아듣고, 또한 가이스트를 갖고 있으면 가이스트를 경멸하지 않을 것이다.

우리가 플라톤 철학에서 짐작할 수 있듯이, 이데아의 인식에는 자연과학이나 논리학의 이론체계에나 있는 단계적 합의과정을 거쳐 획득되는 지식 개념 따위가 존재하지 않는다. 따라서 철학적 지식과 인식은 통찰의 문제이며, 이런 통찰은 철학적 수행을 거치면서 그런 세계를 인식할 만한 위치(topos)에 있어야 하는 것이다. 그렇다면 철학 자체가 칸트의 요구처럼 언제 어느 때나 만인에게 보편타당하고 경험 가능한 과학이나 수학처럼 될 수 없는 것이다. 오히려 자연과학의 틀에 철학을 집어넣으려는 태도가 바람직하지 않은 것이다.

이로써 우리는 칸트의 '인식한계'를 넘으며 새롭게 펼친 인식의 지평에로 나래를 펼칠 수 있을 것이다. 여기에도 철학의 센세이션 이 있다!

6 장

더불어 살아가는 존재: 철학과 사회

1. 인간은 사회적 존재

원리적으로 인간은 사회적 존재이다. 또한 그가 개체인 한(!), 이 사회와 공속관계에 있다. 개체의 형태를 띤 것은 그가 일반적으로 그리고 오로지 사회의 부분집합으로서만(사회주의, 공산주의, 전체주의) 보여서는 안 되며, 그의 개체됨 내지는 개체로서의 존재도 원리적으로 인정되어야 함을 시사한다. 그는 자기의 의지와 상관없이 그리고 타자의 힘에 의해, 타자에 의해 이미 마련된 곳 속으로, 또한 이미 공동체가 형성되어 있는 시공 속으로, 그러나 그 누구와도 대체될 수 없는 개체의 형태로 세상에 왔다. 인간은 사회와 공속관계에 놓여 있다. 인간 없는 사회를 떠올릴 수 없거니와 사회를 떠난 인간도 생각하기 어렵다.

우리는 이 둘의 공속관계를 원리적으로 기초 지워야 한다. 만약 이 둘 중에서 한쪽이 무시되면 이기주의나 개인중심주의(주체중심주의)가 탄생하고, 또 다른 한쪽이 무시되면 전체주의와 사회주의 및 공산주의가 등장하게 된다. 전자의 경우는 원만한 공동체의 형성이 어려운 데다가 자유가 방종으로 변질되는 위기가 놓여 있고, 후자의 경우는 인간에게 자유의 보장이 어려운 데다가 많은 보편적 가치가 훼손된다. 인류의 역사는 이 둘을 조화시키지 못하여 비극과 불운을 겪어왔고 또 겪고 있으며 앞으로도 그럴 것이다.

인간은 결코 스스로 이 세상에 들어올 수도 또 삶을 시작할 수도 없다. 그는 세계와 이웃의 요람 속에서— 오직 그 속에서— 삶을 시작하고 또 종말을 고하기 때문이다. 인간은 사회와 전적으로 고립되어 살아갈 수 없다. 그가 만약 세상살이가 귀찮아 무인도로 도피한다면 일시적 해방감을 맛볼 수 있겠지만, 인간은 그러나 결국 완전히 사회로부터 유리되어 살 수 없다. 인간은 그가 인간인 이상 어떤 형태로든 이미 이 세계 속에 존재한다는 사실이다. 그렇기에 인간은 자신이 존재하게 된 세계와의 관계를 떠나서 존재할 수 없다.

인간은 사회생활을 하면서 살아가는 존재이다. 아니, 사회생활을 하지 않고서 인간은 살아갈 수 없다. 막스 셸러(Max Scheler)의 말대로 "나는 우리의 일부"인 것이다. 즉, '나'라는 존재는 '우리'라는 사회적 틀을 벗어나서 존재할 수 없다는 사실을 밝혀주고 있다. 과연 아리스토텔레스의 정의대로 인간은 "폴리스 생활을 하는 존재(zōon politikōn)"이다. 인간이 혼자서 살 수 없는 것을 대니얼 디포의 소설 『로빈슨 크루소』는 잘 지적하고 있다. 섬에서 혼자

살면 무슨 짓이든 마음대로 할 수 있을 것이다. 그러나 이러한 자유는 곧장 외로움으로, 부자유로, 덫으로, 장애물로 변하고 만다.

인간은 태어날 때부터 어떤 외계나 진공상태에 처하지 않는다. 인간은 반드시 이웃(가장 최초의 이웃은 어머니이다)을 갖고 태어난다. 인간은 항상 이웃이나 타자와 더불어 살아가기에 "사회적 존재"이다. 인간의 본질 규명으로 "언어를 가진 존재"를 지적하기도 한다. 이것은 확실히 인간을 다른 생명체나 존재자로부터 구별짓는 특징이다. 이러한 언어는 사회로부터 형성되었고 주어진 것이다. 따라서 그가 언어를 사용한다거나 언어적으로 사고를 한다는 것 자체가 이미 사회 속에 있다는 것을 말하는 것이다. 그는 사회로부터 주어진 언어 속에서 한 인간으로 된 것이다.

인간의 이러한 "사회적 존재"됨은 아득한 원시시대부터 현대의 고도로 발달된 산업사회에 이르기까지 어떤 예외도 허락하지 않는다. 그만큼 사회생활은 인간의 본질적 삶에 속하고, 또 기본적인 생활양식인 것이다. 만약 인간이 인간과 더불어 사회생활을 하지 못하면 "아비뇽의 늑대"가 시사하듯 늑대의 삶으로 변질되어버리는 비극적인 결과를 초래하고 만다. 따라서 이웃과 사회는 나로 하여금 인간이 되게 하는 결정적 요인이다. 혼자서는, 사회를 완전히 떠나서는 '인간'으로 존립할 수 없다.

"나는 나다"라는 논리적인 자기동일성은 내가 여러 가지 체험과 비교를 통해 타자와 차이를 이루는, 나의 고유성이 체험되는 그러한 나 자신에 대한 확인과는 다르다. 전자는 그저 논리적인 진리명제인 것이다. 거기서 구태여 체험이나 확인을 안 해도 상관없다. 그런데 후자의 경우는 개인의 확실한 비교와 체험에 의해 가능하

112

다. 이러한 자기동일성을 체험하게 하면서도 타자와 같은 인간임을 깨닫게 하는 요인은 다름 아닌 타자이고 이웃이며 사회인 것이다. 따라서 타자와 이웃과 사회는 나와 대면하는 차원을 넘어 나를 존립하게 하는 근원이다.

그러나 인간의 본성에는 이러한 타자의 위상을 짓밟아버리는 태도도 있다. "인간은 인간에 대한 늑대"라는 홉스(T. Hobbes)의 인간 규명은 섬뜩하지만, 그러나 엄연하게 우리는 그러한 현상을 가끔 목격한다. 극단적인 이기주의와 자기중심주의를 표방하는 사람도 많이 있는 것이다. 실제로 세상에는 늑대 같은 인간이 서성이기도 하고, 또 늑대들이 일으키는 것과 같은 싸움판도 더러 일어난다. 그래서 세상에는 악마에 가까운 사람과 천사에 가까운 사람 사이에, "지상의 나라(civitas terrena)"에 속한 사람과 "신의 나라(civitas Dei)"에 속한 사람 사이에 끊임없는 싸움이 일어나는 것이다(아우구스티누스).

그런데 근대 이래로 인간주체주의, 이기주의 내지는 자기중심주의가 지나치게 극대화되어 이웃과 공동체 및 타자의 위상이 흐트러지게 되었다. 개인의 권리와 프라이버시는 강조되는데, 타자와 이웃의 의미는 퇴색되어간 것이다. 그러나 인간이 자아를 실현하거나 목적을 성취하는 것, 인간다움을 도모하거나 꿈을 실현하는 것, 나아가서 삶을 영위하고 행복을 추구하는 모든 것들은 곧 사회를 떠나서는 생각할 수 없는 것이다.

인간은 성공을 기원하고 행복을 추구한다. 그러나 이 모든 것은 대체로 공동체적인 삶 가운데서 일어나는 것이다. 즉, 아무런 타자 없이 성공적인 삶을 실현한다는 것은 거의 불가능한 것이다. 보통 인간은 자기중심적인 삶을 펼쳐나가는데, 이 자기중심주의가 심해지면 이기주의로 변하고 또 공동체의 소중함을 잃어가게 된다. 따라서 우리는 공동체와 이 공동체를 이루는 타자에로 시선을 돌리고 타자의 입장에서 자신을 들여다봐야 한다.

한 걸음 더 나아가 우리는 정치적이고 경제적인 의미에서도 타자들의 처지를 배려해야 하는데, 이러한 행동은 도덕적 성숙과 공동체를 위한 훈련 가운데서 이루어질 수 있다. 사회 내에서 소외당하는 자들, 비인간적인 조건에 처해 있는 자들의 현실을 주목해야하며, 갖가지 상업자본주의 아래 기득권자의 횡포와 빈익빈부익부의 현상을, 특히 이런 구조 속에 억눌린 자들을 직시하고 살펴야한다. 또한 절제 없는 경제최고주의, 금전만능주의, 저질상업주의, 천민자본주의 등을 감시하고 통제해야 한다. 현대사회는 그 어느시대 못지않게 정치적, 경제적 속박이 심하며, 그 상부구조에 억눌린 자들, 기계 메커니즘의 속박, 경제제일주의로 인한 정신문화의황폐, 우범지역으로 변해가는 사회 등 이루 말할 수 없는 문제들로그 몰골이 흉악하다.

그렇지만 원만하고 아름다운 공동체를 위한 실천윤리학은 어떠한 학문이나 기관에도 결여되어서는 안 된다. 실로 역사상의 위인들은 자기의 영광을 버리면서까지 남을 살리고 타자를 위한 길을택했다. 그들은 허다한 고통을 감수하면서 사회악과 또 기득권을가진 악한 무리와 싸우다가 그 희생물이 된 일도 허다하게 있다.그들의 고귀한 희생으로 인류의 정신사는 조금씩 발전해왔다고 할수 있다. 우리는 타자의 고통, 힘없고 무죄한 사람들의 고통에 대해서 깨어 있어야 하고, 또한 우리의 태도도 달라야 한다. 가공할 만한 악 앞에서도 어떤 방식으로든 고발하고 외쳐야 하며, 경우에 따라서는 힘과 뜻을 합하여 사회악에 맞서야 한다.

2. 공동체를 위한 철학적 노력

아름다운 공동체를 위한 철학적 노력은 오래전부터 있어온 것을 우리는 알고 있다. 이른바 플라톤의 『국가』도 바로 아름다운 공동체를 위한 노력의 일환임이 저 대화록 가운데 잘 나타나 있다. 플라톤의 『국가』는 결코 관념론을 위한 '국가'도 아니고 또 실현 불가능한 유토피아를 그려놓은 것도 아니다. 그것은 무엇보다도 정의의 실현에 중심점이 있고, 또 이 정의를 바탕으로 원만한 폴리스를 가꾸는 것이다. 또 앞에서도 언급했거니와 아리스토텔레스도 특별히 인간의 "폴리스적 존재"를 원리적으로 규명했던 것이다.

칸트의 소위 "목적의 왕국"이란 말도 성숙한 세계시민의식을 바탕으로 한 공동체상을 구상하고 있다. 이러한 칸트의 "목적의 왕국"은 자연의 왕국과는 달리 이성적 존재자들의 결합, 즉 인격체로 구성되어 있는 왕국이다. 따라서 이 왕국의 일원이 될 자격은 이성과 상통되는 실천적 법칙을 세우고 거기에 알맞은 생활을 하는 사람들에게 있다. 그런데 이러한 왕국은 미리 주어져 있는 것이 아니라, 이 왕국의 이념에 따른 실천을 통해 이루어지는 것이다.

이 "목적의 왕국"에는 타자에 대한 윤리적 책임이 강조된다. 이를테면 소극적으로는 타자의 행복과 복지를 결코 빼앗아서는 안 되며, 적극적으로는 타자의 행복을 도모하고 타자를 존중하며 또한 마치 자기 자신을 도덕적으로 성숙시켜가는 것처럼 타자의 가능성을 촉진하고 개발해나가야 하는 것이다. 타자는 나와 동등한 인격으로서 "목적 자체"이며, 따라서 마땅히 존중받아야 하고 결코 수단으로 취급되어서는 안 된다. 칸트에게서 인격과 인간존중은 도덕적 의무이고 "정언명법"이다. 그의 도덕성의 기초는 바로 인간의 가치에 대한 존중이다. 인간은 다른 사물이나 존재자와는 달리 값을 매길 수 없고 대체 불가능한 존재로서 무한한 내재적 가치를 보유하고 있다. 인간을 존중해야 하는 것도 바로 인간이 인격과 존엄성을 갖고 있기 때문이다.

인간이 이성을 행동의 뿌리로 삼는 이상, 타자를 존중해야 하는 것은 모든 이에게 보편타당하다고 칸트는 역설한다. 그는 "네 의지의 준칙이 항상 동시에 보편적 입법으로 타당하도록 그렇게 행동하라"고 주지시킨다. 칸트의 "목적의 왕국"은 그러나 결코 이 세상 밖의 어떤 피안에 존재하는 것이 아니라, 이성적 인간의 윤리적인 행위를 통해 우리가 살고 있는 이 세상에서 실현될 수 있는 세계이다. 즉, 결코 원리적으로 실현 불가능한 세계는 아닌 것이다.

그런데 사람들은 아름다운 공동체에로의 노력은 하지 않고 '실현 불가능한 유토피아'로 낙인찍어버리는 태도를 자주 드러낸다. 더욱이 현대의 물질주의, 상업자본주의, 이기주의, 자기중심주의는 저러한 '불가능'을 부채질하고, 선한 공동체를 꿈꾸기 어렵게 한다. 그러나 어떠한 경우에도 선한 공동체의 구성은 우리의 과제이고, 우리의 성의와 노력에 달려 있는 것이다. 아우구스티누스는 그의 『신국론(De civitate Dei)』에서 이타주의로 토대를 쌓은 완전한 사회를 언급한다. "진리를 왕으로, 사랑을 법도로, 영원을 척도로 두는 사회야말로 완전한 사회"라고 역설한다. 이러한 사회도 결코 원리적으로 실현 불가능한 것은 아니다.

현대의 철학적 흐름에도 타자의 존재에 중점을 두는 경향이 잘 드러난다. 부버(M. Buber)의 "나와 너"의 철학, 후설(E. Husserl)의 "상호주관성", 하이데거(M. Heidegger)의 "더불어-존재(Mit-sein)"와 "공동-현존재(Mit-dasein)"에도 잘 드러나고, 마르셀(G. Marcel)의 실존철학에도 타자의 위상과 함께 살아가는 공동체가 강조되어 있다("타자는 구원이다"). 근래의 하버마스(J. Habermas)와 아펠(K. O. Apel)을 비롯한 많은 사회철학자들도 바람직한 공동체 형성을 위한 노력을 기울이고 있다.

그런가 하면 오늘날의 현대사회에 개인주의와 이기주의, 자기중심주의와 향락문화가 번창함에 따라 공동체의 정신이 희박해져가는 것에 대한 우려의 목소리도 커지고 있다. 특히 상업자본주의의 발달에 따른 '소유적 개인주의(possessive individualism)'의 확산이나 무한경쟁사회에서의 승자독식의 구조, "남이야 어떻든 나만 잘 살면 그만이다"라는 극단적 이기주의의 구호는 공동체적 삶을 파괴하는 지경으로까지 치닫게 한다. 지나친 개인주의적 자유의 범람과 방종 사이에서 도덕의 동공화(洞空化) 현상과 아노미 현상의 팽배는 공동체의 해체를 부채질하는 것이다.

이렇게 자유주의가 지나치게 개인의 개체성(individuality)과 '부정적 자유(negative liberty)'에만 집중되어 공동선과 사회적 유대, 미덕과 봉사 등의 공동체적 가치가 무너져가고 있는 현상이 만개된 현대사회에서 왜곡된 자유주의의 문제점을 지적하는 새로운 공동체주의의 목소리가 흘러나오고 있다. 이 새로운 공동체주의는 일종의 자유주의적 공동체주의로서, 자유주의와 공동체주의의 장점이 잘 보완된 그런 이념인 것이다. 자유가 지나쳐서 방종이나 아노미 현상 내지는 '부정적 자유'로 흘러서도 안 되고, 또 이와 반대로 지나친 공동체주의만 강조한 나머지 개인의 자유가 침해되거나 전체주의나 공산주의 및 획일주의로 빠져서도 안 되기 때문이다. 샌델(Michael Sandel), 매킨타이어(Alasdair MacIntyre), 테일러(Charles Taylor), 월저(Michael Walzer)와 같은 철학자들은 이러한 자유주의적 공동체주의를 대변하고 있다.

'부정적 자유'의 보호막 아래 지나치게 개인의 자유만을 강조하는 자유주의와 이기주의 사회에서, 어떠한 공동체적 삶이나 도덕적 깊이도 결여된 채 무정형의 개인으로 표류하는 현대인들을 바람직한 공동체 안으로 귀속시켜 가치의 무정부 상태(아노미 현상)에서 건져내는 것이 저 자유주의적 공동체주의의 목적인 것으로 보인다. '인간(人間)'이란 어원에는 이미 인간이 더불어 살아가는 존재라는 것을 밝히고 있다.

3. 롤스의 사회정의론

"정의가 강물처럼 흐르는"(아모스서, 5장 24절) 사회는 얼마나 좋은 세상일까. 그러나 안타깝게도 이런 사회는 마치 이념처럼 걸려 있을 뿐 불의만 판을 치는 것이 우리가 사는 세상인 것으로 보인다. 정의롭지 않은 국가들(특히 독재와 전체주의가 득세하는 나라들)에는 오히려 의로운 사람들이 불의한 사람들보다 더 많이 감옥에 간 것이 인류역사의 진실일 것이다.

국가와 관료가 오히려 불의한 짓을 더 많이 한 것은 인류역사에서 수없이 등장하는데, 우리의 조선시대만 들여다봐도 그 충분한 사례를 목격한다. 온갖 왕실의 내분과 권력투쟁, 살육과 암살, 골육상쟁, 사육신, 능지처참, 귀양살 등이 빈번했고, 백성들은 헐벗고 수많은 병란에 끌려갔으며, 동학혁명과 같은 민란들이 수없이 일어났고 그때마다 힘없는 백성들이 희생되었다. 그런가 하면 사회정의를 외친 허균(『홍길동전』의 저자)과 같은 사람들은 사회에서 매장되었다. 탈춤의 내막을 들여다보면 기가 막힌 내용들이 쏟아진다. 그 많은 불의와 억울함 및 원한을 직접적으로 드러낼 길이 막혀 있었으니, 탈을 쓰고 행위예술의 형태로 드러내었던 것이다. 이 탈춤에서 '천한' 백성들의 신음소리를 듣지 못하고 이를 예술로밖에 이해하지 못하면 감히 얼간이라고 하지 않을 수 없다.

왜 툭하면 공맹을 외치던 시대에 이토록 불의가 많았을까? 여러 가지 이유가 있겠지만, 대체로 유교의 학문이라는 것이 입신출세와 벼슬의 수단이었기 때문일 것이다. 어쩌면 오늘날의 사법고시를 비롯한 각종 고시문화에도 저런 입신출세와 벼슬의 의식이 많이 남아 있는 것으로 보인다. 이런 고시문화를 통해 법조계나 정계에 진출한 사람들이 오늘날 누리는 여러 가지 혜택을 참고하면 유교적 유전인자가 아직 살아 있음을 감지할 수 있다.

조선시대의 유가적 봉건주의는 인류의 보편적인 이성이나 정의 및 진리를 더 높은 위치에 두지 못했고, 이를 통치의 기준으로 삼기보다는 오히려 계급 자체, 즉 그들의 벼슬이나 관직 자체를 실제적으로 더 우위에 두었다. 부당한 짓으로 혹은 무력으로 권좌에 오를 경우에도 이를 불의나 부도덕이라고 하지 않고 천명(天命)이라는 식으로 합리화했던 것이다.

이러한 유교적 봉건주의에는 지배자와 기득권자, 강자를 위한 이데올로기가 중심축을 이룬다. 유교적 봉건주의에서의 질서란 대체로 상명하복(上命下服)식의 강제와 억압에 의해서 이루어졌고, 보편적 진리나 이성 및 정의가 통치의 표준과 척도가 아니었다. 보편적 진리나 정의 및 이성보다는 최상의 권자에 있는 자에 의한 명령이 그 자리를 대신하였다. 그렇기에 최상의 위치에 군림해서 천하를 지배하고 호령하는 것이 유교적 봉건주의의 최고 목적이고 이상이었다.[1]

조선시대에 유교적 봉건주의는 우리 역사에서 극에 달했다고 볼 수 있다. 계급에 의한 위계질서, 상명하복식의 사회질서, 절대적인 왕권, 사대부와 벼슬아치, 탐관오리, 양반과 평민 및 상놈이라는 구조, 사농공상(士農工商)식의 계급 등은 유교적 봉건주의를 이데올로기로 한 조선시대의 사회상이었다. 이러한 조선시대에서의 힘없는 백성은 관(官)에 의해 혹은 양반이나 사대부에 의해 수없이 억눌림을 당했다. 권력이 국가와 백성을 위하여 존재해야 하는 홍익인간의 사상은 흔적도 없이 사라져버리고 권력지상주의를 앞세운 유교 봉건주의의 모습이 조선시대였다.

권력을 가진 자들이 권력과 정치생명에는 목숨을 걸지만 사회의 정의에 대해 무관심하다면, 그 사회는 저질과 혼란으로 치닫게 된다. 정의로운 사회를 건설하기 위해서는 정치적 야망이나 관심만

---

1) 고대 중국의 주나라에서 기원한 유교적 봉건주의 이데올로기는 중국의 중화주의나 일본의 군국주의에 잘 표명되어 있다. 특히 중국의 '천하통일' 사상과 일본의 동아시아 정복은 결국 절대강자로서의 패권국가를 꿈꾸고 실현하기 위한 것이었다.

가져서는 안 되고 구호만 외쳐대도 안 된다. 그것을 실현할 만한 지혜와 덕망도 겸비하고 있어야 한다. 온갖 수단 방법 다 동원하여 높은 권좌에만 오르겠다는 것이 우리 사회의 실상이 아닌가.

언젠가 어떤 정치인이 미국에서 체류하는 동안에 당시 존 롤스(John Rawls)의 『정의론(*A Theory of Justice*)』이 큰 이슈가 되고 "공정으로서의 정의"가 주요 담론 테마인 것을 목격했다. 그 정치인이 귀국해서는 "공정으로서의 정의"를 들먹였으나 별로 설득력이 없었다. 평소 "공정으로서의 정의"를 위해 이렇다 할 역량을 펼치지도 않았을 뿐만 아니라 사회에 기반도 구축되어 있지 않았기에, 그런 구호는 그저 허공에 메아리만 울리다가 사라져버렸다. 과연 우리 사회가 "공정으로서의 정의"를 위해 각고의 노력을 기울인 적이 있는가. 오히려 불공정과 불공평이 만연한 것이 우리 사회의 현주소일 것이다.

기득권을 가진 집단들은 그 기득권을 유지하기 위해 불공정과 불공평을 일삼기도 하고 밀실 행정, 연줄, 백그라운드, 야합, 불법이나 편법 등을 사용하기도 한다. 불공정은 이를테면 개인의 업적, 노력, 자격, 공적, 능력 등에 대한 합격 여부나 승진, 보상이나 대가를 결정하는 데 있어서 같은 평가의 기준에 의하지 않고 개인에 따라 다르게 평가하는 것을 말한다. 대학의 교수 초빙이나 입사시험의 합격 여부, 직장에서의 승진(잘 보이고 밉보이는 것 등), 운동경기에서의 결과(심판의 매수 등), 경제사범이나 정치범의 형벌을 결정할 때의 차별대우는 불공정의 예들이다.

이러한 불공정에 비해 불공평은 개인의 능력이나 출신, 가문, 업적과 같은 것들과는 상관없이 모든 사람이 공평하게 (혹은 동등하게) 평가되고 대우받아야 하는데도 차별을 두는 것을 말한다. 어떤 사람의 업적을 평가하는 데 있어서 같은 기준을 적용하지 않는 것 자체가 불공평이다. "법 앞에 만인은 평등하다"고 하지만, 사회적, 정치적, 경제적("유전무죄, 무전유죄") 신분에 따라 다른 재판을 하게 된다면, 그것은 결코 공평한 재판이 아니며, 동일한 사건인데도 사람에 따라 형량이 다를 경우에도 이를 불공평이라 하지 않을 수 없다. 연줄(학연, 지연 등), 커넥션, 백그라운드, 낙하산 인사, '말없는 카르텔' 등은 불공정과 불공평이 난무하는 사회에 잘 번창해 있다.

이토록 불공정과 불공평이 난무하는 우리 사회에 롤스의 『정의론』이 전하는 메시지는 하나의 준엄한 경고로 다가온다. 오늘날 물질문명의 숭배와 상업자본주의 시대에 "빈익빈 부익부"나 적자생존 및 승자독식과 같은 구호들이 시사하듯 분배의 문제는 큰 골칫거리이다. 롤스는 그의 세계적 걸작인 『정의론』에서 "최대 다수의 최대 행복"이란 공리주의의 모토 아래 약자의 희생이 강요되는 현상을 목격하고서, 전승된 이 공리주의의 이념에 많은 수정을 요구하였다. 그는 만인의 법 앞에서의 평등과 같은 정치적 자유(여기에는 칸트와 루소의 사상이 주요한 근간이 되고 있다)와 권익의 균등한 분배와 같은 경제적 평등의 조화를 시도하였다. 특히 그는 정의를 사회적 권익의 분배문제와 관련짓는 데 치중하였다.

롤스에 의하면 인간은 처음부터 평등하게 태어나는 것은 아니며, 부모의 사회적 신분이나 천부적 자질 및 사회적 환경 등에 의해 불평등하게 태어나는데, 이러한 요인들은 일종의 우연적 요소이며 운명적 변수이기에, 이를 그대로 방임함으로써 인생의 성패가 결정되게 하는 사회는 결코 정의로운 사회가 아닌 것이다. 롤스의 우선적 관심사는 그러므로 "우연히 얻게 된 천부적인 재능과 사회적 환경의 우연성을 무력화시키는 정의의 개념을 찾는 것이다."2)

우리 사회에서 한동안 유행했던 "신의 아들, 장군의 아들, 어둠의 자식" 등과 같은 구호는 저런 불평등을 적나라하게 보여준다. 워낙 입신출세와 승자독식 및 '슈퍼 갑질'과 같은 기득권의 권력 향유 문화가 견고하게 뿌리내린 사회인지라 온갖 수단 방법을 동원하여 이런 기득권 사회에 진입하려고 진을 빼는 것이 우리 사회의 모습일 것이다.

정의는 이런 우연적인 요소에 의한 불평등을 개혁하여 누구나 합의하고 동의할 수 있는 원칙을 세우는 것이다. 롤스는 여기에서 정의의 원칙 속에 자유주의적 전통의 가치인 자유(인간의 존엄성, 인격, 자율성, 자유 등의 칸트주의적 대안)와 사회주의적 전통의 가치인 평등의 융합을 시도한다. "정의는 공정한 절차에서 나온다"는 그의 "공정으로서의 정의"는 로크와 루소의 사회계약설과 칸트의 윤리학에 뿌리를 두고 있다.

롤스가 제시하는 정의의 원칙은 모든 사람들에게 동등한 최대의 자유를 보장하는 제1원칙(정치적 측면에서 평등한 자유의 원리)과 사회의 최소 수혜자 계층을 위시한 모든 구성원에게 이익이 되는 조건 아래에서 사회경제적 차등을 용인하는 제2원칙(차등의 원리)을 제안하는데,3) 특히 이 제2원칙에는 공리주의의 과오를 시정하

---

2) J. Rawls, *A Theory of Justice*, Mass.: Harvard University Press, 1971, 15쪽.

는 내용이 들어 있다.

말하자면 그의 정의의 원칙은 사회에서 가장 불리한 처지에 놓인 사람들을 위해서만 분배상의 불평등을 용인하자는 것이다. 그는 사회구조의 기본헌장이 될 만한 정의의 원칙을 이토록 합리적인 동의와 합의의 결과로 여기는 사회계약론을 부각시키고 있다. 기득권을 장악하면 무소불위의 권력을 휘두르고 인권이든 윤리든 깔아뭉개는 우리 사회에 큰 파장이 되는 것임에 틀림없다.

4. 레비나스의 "타자의 철학"

이웃과 더불어 살아가는 아름다운 공동체의 삶은 거저 주어지지도, 쉽게 실현되지도 않는다. 그것은 또한 단순한 캠페인이나 슬로건을 통한 운동으로도 실현되지 않는다. 그것은 무엇보다도 우선 철학적 기초로 다져지고 단련되어야 한다. 그것은 타자에 대한 통속적이고 일상적인 시각을 버리고 원리적으로 다르게 접근해야 한다. 그런데 철학사에서 특별히 타자를 철학적 사유의 중심 테마로, 원리로 승화시킨 레비나스(E. Levinas)를 우리는 떠올릴 필요가 있다.

근대의 이성중심주의와 주체중심주의에서 레비나스는 폭력적인 것을 보았다. 그것은 무엇보다도 다른 것을 다르게 놓아두지 못하고 같은 것의 틀 속에 가두어 넣으려는 폭력이다. 이 다른 것을 객체로, 대상으로 몰아세우고서 분석, 검토, 관찰, 해부하여 다 까발

---

3) 같은 곳 참조.

려내어서는 저 '다른 것'이 다른 것으로 남아 있지 못하게 하는 것
이다. 그러나 인간은 저 '다른 것'을 원리적으로 다 밝힐 수 없다.
특히 저 '다른 것'이 인간일 때는 더욱 그러하다. 다른 사람이란
레비나스에 의하면 내가 알 수 있는 대상이 아니라, 응답할 수 있
는 상대일 뿐이다.4)

　　"나는 타자의 인질이다"는 레비나스 사상의 모토이고, 이는 동
시에 주체 중심의 철학사에 던지는 하나의 경고장이다. 그리하여
레비나스 철학의 중심은 윤리학이고, 이 윤리학은 그에게서 전통
적인 형이상학이나 존재론보다 앞선다. 그의 철학은 윤리의 문제
를 서구철학에서의 '제일철학(philosophia prima)'의 위치로 올려
놓으려는 대담한 시도이다. 그러나 이러한 시도는 동시에 20세기
이후 서구의 전통적인 합리주의 사상과 주체중심주의 사상이 기술
기계문명과 물질문명을 첨예화시켜 결국 인류 정신문화의 총체적
위기를 가져온 것에 대한 강력한 불신이 있어온 후의 대안임을 잊
어서는 안 된다.

　　레비나스에게서 윤리학이란 철두철미하게 "타자의 철학"이고
타자를 중심으로 두는 철학이다. 타자와의 관계는 그에게서 곧 윤
리 자체이다. 윤리학이란 "타자 앞에서 나의 자발적 행동과 생각
을 의문시하는 것"으로 규명된다. 만약 내가 나 자신만의 세계로
구축하여 나 자신으로부터 삶과 생활이 발원된다는 발상을 갖고
있다거나, 나 자신만의 자발적이고 자율적인 존재를 지평 위로 올
린다면, 윤리학은 결코 성립되지 않는다. 타자와의 관계 속에서,

---

4) 엠마누엘 레비나스, 양명수 옮김, 『윤리와 무한』, 다산글방, 2000, 15쪽
　　참조.

타자와의 상생(相生) 속에서, 즉 말하자면 나 자신이 아닌 다른 존재자와의 관련 속에서 나 자신을 파악할 때— 바로 이 점에서 레비나스는 주체중심주의적인 근대철학과 결별한다— 비로소 윤리학이 시작되는 것이다.

따라서 레비나스의 "타자의 철학"은 여태까지 자아와 주체성을 중심 원리로 삼아온 서양 근대철학의 전통에 대항하여 인간 주체의 출발점이 오히려 자기 자신이 아닌 타자에 있음을 선언하는 사상이다. 타자야말로 나의 자율성과 자유행동 능력을 제한하고 심문하기 때문에 타자성을 의식하는 것 가운데 윤리학이 존립하게 된다.

그런데 도대체 레비나스가 말하는 타자는 누구인가? 타자란 우선 우리가 얼굴을 마주 대하는 이웃 사람들이고 약자이다. 타자는 나에게 약자이거나 가난한 자, "과부와 고아", 낯선 자, 적대자, 강자로 경험된다. 나는 이들에게 사랑을 통하여 접근한다. 그러나 궁극적인 타자는 인간의 개념에 의해 파악되지 않는 무한한 신(神)이며, 신의 속성 자체인 선(善)이다. 레비나스의 철학은 이 '무한한 자'를 향한 강한 욕구가 표명되어 있다. 우리는 이 타자를 일상생활에서 예사로, 매우 자명한 존재로 치부해버린다. 하지만 타자는 결코 자명한 존재가 아니다. 또한 타자는 나의 자아에 결코 중립적인 인간으로 다가오지 않는다.

우리의 현대 산업문명과 물질문명은 우리로 하여금 향유하는 것을 마치 인생의 목적인 양 신봉하게 한다. 이미 우리는 향유의 문화에 중독되고 찌들어 있는 형편이다. 향유하는 주체의 행위는 그러나 레비나스에 의하면 다른 모든 것을 자기와 동일화시키려는 자기 충족적 행위인 것이다. 이러한 향유의 존재양식을 레비나스는 삶의 "이기주의"라고 부른다. 그러나 타자는 근본적으로 다르다. 타자는 인간 주체가 궁극적으로 소유하거나 지배할 수 없는 타인이다. 즉, 타인은 나의 주체로부터 무한히 벗어나 있는 "전적인 타자"이다. 그렇기에 나는 타자를 향유할 수 없고 나에게 귀속시키거나 동화(同化)시킬 수 없다. 나와 타자 사이에는 깊은 골과 심연이 놓여 있다. 심연의 강 건너편에서 나를 주시하는 타자의 타자성은 오히려 '신비'이다. 그렇기에 레비나스에게서 "타자와의 관계는 신비와의 관계이다."

그런데 타자는 나에게 어떠한 모습으로 다가오는가? 레비나스에 의하면 타자는 언어와 얼굴로 다가온다. 언어는 주체의 삶과 타자를 연결해준다. 주체에게 타자가 현현(顯現)하는 가장 중심적이고 포괄적인 방식을 레비나스는 언어로 본다. 즉, 언어는 주체에게 전적으로 초월적인 타자의 내면성이 드러나는 표현양식인 것이다. 그렇기에 주체는 자기 자신에게 말을 걸어오고 주장해오는 타자의 말에 의해 자신의 이기적이고 향락적인 삶에 의문을 제기하고, 자신의 삶의 방향을 새롭게 설정한다. 즉, 타자의 말은 인간 주체의 근원적 존재양식인 삶의 이기주의를 뒤흔들고 또 이 이기주의로 쌓아 올린 자기 전체성을 파괴하는 것이다.

그런데 레비나스에 의하면 타자와의 가장 직접적인 경험은, 즉 다른 경험으로 대체되거나 환원될 수 없는 경험은 언어 이전의 언어인 타자와의 '대면'이다. 대면하는 경험에서 '얼굴'은 완전히 해명될 수 없는 생생한 의미를 내포하고 있다. 얼굴과의 대면은 사물과 구별되는 하나의 독특한 인격의 현현이기에, 지평 속에서 주어지는 사물과의 대응(객체화, 대상화)과는 전적으로 다르다. 얼굴을 통해 나에게 접근해오고 말을 걸어오는 타자는 우선 나(주체)의 의미부여로부터 벗어나 있기 때문에 그 자체의 고유한 의미를 갖게 된다. 따라서 얼굴을 통한 타자의 현현은 결코 내가 타자의 얼굴에 의미를 부여한 데서 이루어진 것이 아니다.

그러나 저 얼굴로부터 현현된 의미는 가치중립적이지 않고 적극적으로 윤리적인 의미를 주체에 부여하는 능동적인 성격을 갖는다. 타자의 얼굴은 곧 타자의 현현으로 거기에 있으면서 나에게 긴장을 형성하는 것이다. 이 타자의 얼굴은 나의 의지로서 결코 피할 수 없는 낯선 침입인 것이다. 또한 우리는 이러한 타자의 얼굴의 현현으로 말미암아 이 타자의 얼굴에 대한 책임감 있는 수용을 요청받는다. 저 낯선 침입은 그러나 나의 존재를 위협하는 침입이 아니라, 오히려 나의 내면성에 닫힌 세계로부터 밖으로의 초월을 가능케 해주는 동기가 되는 것이다. 따라서 나는 타자의 얼굴로 인해 "책임 있는 주체"로 되는 것이다.

레비나스는 타자의 얼굴이 "너는 살인하지 말라"라는 비폭력적 요구를 담고 있다는 것을 밝힌다. 즉, 타자는 내 안에서 윤리적인 요구를 발생하게 하는 장본인이라는 것이다. 타자의 얼굴에서 나타나는 무력함 자체가 다름 아닌 도움을 촉구하는 명령인 것이다. 약자로서의 타자는 우리의 이기적인 자기주장에 대한 "과부와 고아"로 상징되는 얼굴이다. 약자와의 대면은 우리에게 윤리적 응답에 나서게 하고, 또한 모든 경험 이전의 인간의 근원적 자아가 이미 타자에 대해 책임을 가져야 한다는 사실을 밝혀준다.

약자의 얼굴은 내가 그를 섬기도록 명령한다. 약자의 얼굴에는

"명령의 뜻"이 들어 있는 것이다. 타자의 얼굴에 들어 있는 명령과 요청이라는 것은 다름 아닌, 나로 하여금 "주고" "섬기라"는 것이다. 더 나아가 타자를 홀로 두지 말라는 명령도 들어 있다. 설령 정이 끌리지 않더라도 말이다. 그것이 곧 타자와 사귐의 바탕이고, 남녀 간의 사랑이 아닌 사랑의 바탕인 것이다.5)

타자의 무방비적인 얼굴은 나의 도움이 없어서는 안 될 결핍이기도 하고, 내가 모든 것을 다 해줄 수 있는 가난한 자이며 또 내가 모든 것을 다 해주어야 할 가난한 자이다. 그리고 나는 내가 어떤 사람이든 간에 타자의 부름에 응답하기에 충분한 힘이 내 안에 내재되어 있는 자이다. 타자의 무방비적인 얼굴은 나에게 하나의 호소로 다가온다. 이 호소에 나는 결코 무관심할 수도 없고 거부해서도 안 된다. 나에게 현현한, 일그러지고 무방비한 타자의 얼굴은 나의 죄책을 의식케 하여 내가 나의 자유를 정의롭게 행사하도록 명령한다. 결국 그 앞에서 나의 태도는 책임 있는 관심과 헌신으로 응답할 것을 요청받는다. 그리하여 타자의 명령과 호소는 나로 하여금 이기심과 자아중심주의에서 벗어나게 한다.

물욕에 가득 찬 이기주의와 자기중심주의로 무장된 오늘날에 있어서 레비나스의 철학은 우리에게 주어진 과제이고 또한 도전이기도 하다. 그것은 자기중심주의와 이기주의의 철옹성은 결코 쉽게 무너지지 않기 때문이다. 그렇기에 특별히 타자의 존재가 최소한 참으로 나의 존재와 같은 중량으로 혹은 그 이상으로 여겨지지 않는다면, 또한 마치 "주는 것이 받는 것보다 복되다"(신약성서)는

---

5) 같은 책, 154쪽 참조

것을 마음속에서 수긍하고 진리로 받아들이는 차원으로 이끌리지 않는다면, 우리에게는 먹혀들지 않는 구호로만 남게 될 것이다.

5. 타자 앞에서의 무한책임

타자에 대한 무한한 책임은 바로 아가페적 사랑의 변주곡 형태라고 할 수 있다. 타자의 타자됨은 무한하다. 나는 결코 타자의 타자됨을 다 밝힐 수 없고, 타자를 나와 혹은 그 무엇과 동일시할 수 없다. 타자의 타자됨을, 참된 타자성의 신비를 나는 결코 없애서는 안 된다. 타자의 타자됨은 내가 결코 좌지우지할 수 없는 절대적인 형태를 띠고 있다. 타자는 결코 나처럼 만들 수 있는 대상이 아니다. 타자를 나처럼 생각하는 것은 소유구조이다. 레비나스의 타자는 그러나 결코 내 손에 잡히지 않은 채 나를 부르는 것이다. 나는 그 무엇보다 이 부름에 응답해야 하는데, 이 응답이야말로 타자성의 구조에서 나오는 것이다. 무한의 세계는 타자 앞에서의 응답에서도 열린다. 즉, 나는 타자에 대해 무한한 책임이 있는 것이다. 타자의 얼굴이 그것을 요구한다.

레비나스는 타자 앞에서의 책임에서 드디어 주체성이 이루어진다고 밝힌다. 즉, 책임성 안에서만 주체성이 부여되며 주체의 실마리가 풀린다는 것이다. 따라서 타자 앞에서의 책임성은 주체의 바탕을 이루는 제일구조인 것이다. 책임은 레비나스에게서 주체의 본질적이고 근본적이며 우선적인 구조이다. '책임'이란 말할 것도 없이 '다른 사람에 대한 책임'이다. 내 앞에 있는 다른 사람뿐만 아니라, 심지어 나를 보지 않는 타자에 대해서도 책임이 있는 것이다. 주체란 그렇다면 타자에 대한 책임을 떠맡으면서 형성되기 때문에, 이 주체는 타자를 대리하기까지 한다. 그래서 레비나스의 '주체'는 인질의 처지를 감수한다. 아니, '주체'란 타자로 말미암아 형성되었기에 처음부터 인질인 것이다. 물론 이러한 레비나스의 일방적인 "무한책임"은 합리주의로는 해명되지 않는 윤리와 종교성 및 영성의 차원에서 우러나온 것이다.

그러나 내가 타자의 인질이 되는 가운데서 나는 제일인자로 탄생한다. 마치 폐위된 왕처럼 내가 왕좌에서 물러나는 데서 '제일인자'로 되는 길이 열리는 것이다. 즉, 타자를 향한 책임성으로 말미암아 나를 내 자리에서 끌어내리는 것 속에 참다운 내가 서는 것이다. 그래서 나는 열린 문 앞에서 타자더러 "먼저 들어가시지요"라고 할 수 있는 것이다.

혹자는 물을 수도 있다. 타자 역시 나에 대한 책임이 있지 않느냐고. 물론 그렇다. 내가 그의 타자이기에 말이다. 그러나 이것은 그의 일이다. 그의 일을 내가 왈가왈부하여 나와 동일시한다거나 나의 요구와 방식에 맞춰서는 안 되는 것이다. 내가 타자에 대해 책임을 지는 것은 어떤 대가를 바라는 것도 아닐 뿐만 아니라, 이러한 책임이 상대방과의 상대성 아래에서 저울질되어서도 안 된다. 대가에 관한 것은 전적으로 그의 소관이고 그의 문제이다. 그래서 레비나스에게는 "모든 게 내 책임이다"만 남는다. 레비나스는 도스토예프스키의 『카라마조프가의 형제들』에 나오는 한 대목을 즐겨 인용한다. "모든 게 우리 탓이다. 우리 모두 앞에 있는 모든 이의 현실도 우리 탓이다. 다른 사람보다 내 탓이 더 크다."[6]

6. 사르트르의 "타자"와 부버의 "나와 너"

사르트르(J. P. Sartre)의 "타자"는 어떤 개인이 누리는 자유에 대한 방해꾼으로 등장한다. 그는 자신의 작품 『비공개 재판』에서 "타인은 지옥이다"라고 선언했다. "타인의 시선"은 사르트르에게서 나의 자유를 침해하는 것으로 되어 있다. 이 "타인의 시선"은 나를 사물의 상태로 고정시키고서 임의로 생각하며 판단하는 것이다. 그렇기에 이러한 타자에 대한 '나'는 곧 타자의 자유를 처절하게 체험하고, 타자의 자유 한가운데 사로잡혀 있는 존재자로 된다. '나'는 타자의 눈초리와 불가피하게 대결하게 되고, 이를 통해 갈등과 위협과 고통을 의식하게 된다.

비록 우리는 여기서 냉정한 타자의 인상을 읽을 수 있지만, 그러나 사르트르가 결코 타자의 존재 자체를 격하시킨 것은 아니다. 오히려 "타자는 나에게 있어서 불가결한 존재이며 내가 나 자신을 알게 하는 데에도 불가결한 존재임"을 사르트르는 천명한다(『실존주의는 휴머니즘이다』에서 "타자의 실존"). 여기서 사르트르는 인간이 "자유에로 처단되었다"라고 할 만큼 자유를 강조하지만, 그만큼 "인간의 책임"도 같은 중량을 갖게 되며, 또한 그만큼 "타자의 자유"도 보장됨을 밝힌다. 사르트르에게서 타자는 나를 의식하게 하는 중개자의 역할을 한다. 이러한 관계망 속에서 '나'는 나 자신이 더 이상 단순한 대상이나 객체가 아닌, 타자와 대결하는 상호주체라는 것이 드러난다.

---

6) 같은 책, 128쪽.

부버(M. Buber)는 그의 저서 『나와 너』에서 근원적인 언어인 짝말 "나-너(Ich-Du)"의 의미를 다른 근원어(根源語)인 "나-그것 (Ich-Es)"과 구분 짓는다. 여기서 '짝말'이라고 하는 것은 이를테면 '너'라고 말할 때 "나-너"의 '나'도 함께 말해진다는 뜻이다. 그런데 부버에게서 "나-너"를 말하는 것은 타자를 객체화하는 것이 아닌 '관계'를 세우는 일이기에 "나-그것"과는 다르다. 즉, "나와 너"의 인격적 관계는 "나와 그것" 사이의 물리적 관계와 첨예하게 대립되는 것이다.

이러한 인격적인 관계를 통하여 부버는 현대 기술문명이 낳은 인간의 자기소외와 자기상실의 위기를 극복하려 시도했다. 기술문명의 급속한 발달과 또한 이러한 문명의 획일화와 평준화 속에서 인간의 자기소외와 자기상실 및 비인간화의 현상을 목격한 부버는 이러한 폐단의 원인이 기계의 발달에 의한 것보다는 인간의 인격적 관계가 깨어진 데 있다고 진단하고, 이를 객체화될 수 없는 인격으로서 공존하는 '나'와 '너'의 만남, 즉 '나'와 '너'의 대화를 통하여 회복하려 했다.

부버의 만남과 대화의 철학 내지는 사귐과 관계의 철학에서 '너'의 영역은 그러나 사람에서부터 자연, 자연계의 생물과 또 확실한 설명을 해낼 수 없는 절대자인 "영원한 너"에게까지 이른다. 그러나 전 영역에 걸쳐 확실한 것은 부버의 사상을 이루는 근본바탕이 바로 "만남(Begegnung)"이라는 것을 알 수 있다. 그래서 그를 "만남의 철학자" 혹은 "관계의 철학자"라고 일컫기도 한다.

부버에 의하면 모든 참된 삶은 나와 너의 인격적인 만남이다. 나는 너로 인하여 내가 된다. 이 '너'에 관한 관계는 직접적이다.

즉, '나'와 '너' 사이에는 어떠한 개념의 형태도 예비지식도 환상도 없다. 그리하여 인간이 '너'에게 응답할 수 있을 때, 그는 정신 안에서 살고 있는 것이다. 이처럼 인격은 다른 여러 인격과의 생동적인 접촉과 관계에 들어섬으로써 드러난다. 그렇기에 근원어인 "나-너"는 관계의 세계를 세운다.

　그런데 부버에게서 '관계'의 세계가 세워지는 것은 세 가지의 영역으로 나타난다. 첫째는 자연과 더불어 사는 삶이다. 둘째는 사람들과 더불어 사는 삶이다. 셋째는 정신적 존재들과 더불어 사는 삶이다. 여기서 정신적 존재란 이를테면 예술이나 사상과 같은 창조적인 소산을 통하여 터득되며, 또한 정신적인 창조행위가 그 위에 바탕을 두고 있는 그러한 존재를 가리킨다. "나와 너"의 관계와 "더불어 삶" 속에서 부버는 유기적이고 인격적인 공동체의 삶을 구현하고 있다. "나와 너"의 만남을 마치 마주섬의 광채 속에 빛나는 것으로 부버는 비유한다. 이러한 "나와 너"의 만남은 은혜로 주어진다.

　" '너'와 나의 만남은 은혜로 주어진다 — 찾아서 발견되는 것이 아니다. 그러나 내가 '너'를 향해 저 근원어를 말하는 것은 나의 존재를 기울인 행위요, 나의 본질행위이다. '너'는 나와 만난다. 그러나 '너'와의 직접적인 관계에 들어서는 것은 나다. 그러므로 관계란 택함을 받는 것인 동시에 택하는 것이며, 피동인 동시에 능동이다. … 근원어 '나-너'는 오직 온 존재를 기울여서만 말해질 수 있다. 온 존재에로 모아지고 녹아지는 것은 결코 나의 힘으로 되는 것이 아니다. 그러나 나 없이는 결코 이루어질 수 없다. '나'는 너로 인하여 '나'가 된다. '나'가 되면서 '나'는 '너'라고 말한다. 모든 참된 삶은 만남이다.""7)

부버에 의하면 근원어인 "나-너"가 강하면 강할수록 더욱 인격적으로 된다. 그리고 이 "나-너"의 근원어가 강하게 되는 것은 '너'가 곧 "영원한 너"일 때 정점에 다다른다. 이 "영원한 너"는 여러 가지 이름으로 불렸지만, 이는 다름 아닌 절대자이고 하나님이다. 그리하여 우리가 "영원한 너"로서의 하나님을 향하여 '너'라고 부를 때, 우리의 '나'는 부버에 의하면 인격적 존재의 가장 깊은 경지에 이르는 것이다.

7. 타자와 더불어 살아가는 존재로서의 인간

타자에 시선을 돌리고 타자의 위상을 최소한 자기 자신과 동일하게 여기며 타자의 존재가 결코 자기 자신 못지않다는 것을 지적하는 철학자들에게서 우리는 그 공통적인 논지를 몇 가지 발견할 수 있다. 그것은 우선 타자와의 만남이야말로 결코 단순한 주체와 객체의 만남 내지는 주체와 대상의 만남이 아니라, 인격적인 주체와의 만남인 것이다. "상호주체성"이라는 후설의 용어에는 그러한 뜻이 잘 담겨 있고 부버의 "나와 너"의 사상에도 잘 드러난다. 이러한 '상호성'에는 세상을 자기 시각으로만 바라보고 평가하는 것을 금하며, 진리라는 것도 나 개인의 영역을 초월한다는 것을 깨닫게 해주는 의미가 들어 있다.

타자와의 언어활동과 교류를 통해 우리는 세계의 지평을 넓혀가

---

7) 마르틴 부버, 표재명 옮김, 『나와 너』, 문예출판사, 1983, 17쪽.

며 더욱더 깊은 의미를 지닌 세계와 만나게 된다. 따라서 타자를 통해 나의 개별적인 세계는 열리고 나의 인격이 드러나게 되며, 나의 인간 됨됨이와 시각이 수정, 변형되고 성숙해가는 것이다. 인간이 추구하는 '행복한' 삶이란 것도 엄밀하게 따져보면 타자들의 도움을 거친 것이고, 또 그 바탕 위에서 건립되는 것이다. 따라서 세상의 무게와 크기를 부여하는 것은 내가 아니라 타자들이다.

우리가 앞에서 원리적으로 규명했듯이, 인간은 혼자서 살 수 없다. 그는 혼자서 태어날 수도 없고 자라날 수도 없으며 살아갈 수 없다. 인간은 필연적으로 타자와 더불어 살아갈 수밖에 없다. 인간은 고독한 개체적인 존재이지만 또한 공동체를 이루며 살아가는 존재이다. 타자가 싫어서 나를 폐쇄해버리고 세상과 타자와의 교류를 거부한다는 것은 — 비록 삶 가운데서 그러한 상상이 떠오를지라도 — 현실적 삶과는 어긋나는 얘기이다. 그러나 엄밀하게 따져보면 뚜렷한 교류가 없다고 하더라도 나와 타자 및 세상과의 관계는 계속해서 이루어져가고 있으며, 나 혼자만의 격리된 생활 속에서도 타자들은 여전히 나와 공생(共生)하고 있는 것이다. 즉, 말하자면 교류의 거부도 극단적인 의미에서 교류의 한 양식인 것이다.

인간의 삶은 전적으로 타자와 사물과 세상과의 관계로 이루어진다. 특히 나와 타자의 사이에는 인격적인 만남과 교류가 이루어지기에, 이들이 맺는 관계는 사물이나 세상과 맺는 관계와는 다른 차원이다. 이러한 관계 속에서 '나'는 상대방의 입장에서 나를 보면 타자로 되기에, 공동체의 형성에 있어서는 결코 일방적인 자기중심주의를 내세울 수 없다. 나의 정체성은 따라서 한편으로 내가 나

136

자신에게 "나는 누구인가?"라는 물음 가운데서 찾을 수 있고, 또 다른 한편으로는 타자와의 관계 속에서 찾을 수 있다. 물론 이러한 '나'를 우리는 코스모스와의 관계 속에서도(이를테면 고대 그리스 인들의 '대우주'와 '소우주', 파스칼에게서 우주와 생각하는 갈대 로서) 파악할 수 있으며, 신(神)과의 관계에서 혹은 신 앞에서도 (coram Deo) 숙고할 수 있다.

타자와의 교류를 통해 인간은 자기가 주체인 동시에 타자의 타 자, 곧 타자의 객체로 되는 이중구조 속에 있다는 사실을 체득하게 된다. 타자는 따라서 또 다른 자아인 것이다. 타자와의 관계맺음은 필연적이지만, 동시에 인간은 자연적으로 맺으며 살아간다. 사회적 인 관계망을 헤아려보면 인간은 당장 누구누구의 자녀, 형제, 학생, 선생, 친구, 배우자, 어버이, 동아리, 회원, 동포 등 세밀한 관계망 의 카테고리 속에 놓여 있다.

그런데 우리는 보통 일상 속에서 저 타자의 위상을 망각하고 살 아간다. 특히 오늘날 상업자본주의와 이기주의 및 자기중심주의의 시대에서 타자는 하나의 수단으로 또는 대상과 객체로 전락되어버 렸기에, 올바른 공동체가 이루어지기 만무하다. 우리는 부지불식간 에 타자를 일정한 범주 속에, 편견과 고정관념 속에 집어넣고 또 그렇게 타자를 보고 평가하는 습관에 젖어 있지는 않은지. 이러한 태도는 말할 것도 없이 도덕적으로 미성숙한 치부를 드러내는 것 인데, 탈윤리 현상이 심각한 현대사회에 다반사이다.

타자의 타자됨을 결코 고정관념 속에 묶어서는 안 된다. 인간의 정체가 결코 완전히 드러나지 않기에, 우리는 타자를 지적으로 완 전히 알 수 없는 것이다. 인간은 끊임없이 자유롭게 자기 자신을

만들어가기에, 어떠한 평가기준이나 원리에 입각해서 타자를 고정
시켜서는 안 된다. 타자를 또 다른 자아로, 타자도 나 못지않은 인
격자로 인정하는 태도에 곧 내가 유일무이한 주체이거나 가치척도
가 아니라는 것을 승인하는 윤리가 들어 있다.

7 장
인간성 위기 시대와 윤리

1. 왜 위기인가?

오늘날의 과학기술문명 숭배와 과학기술 최고주의 및 물신주의의 근원은 역설적이게도 근대의 이성중심주의로 거슬러 올라간다. 이성을 바탕으로 이상사회를 건설한다는 근대 계몽주의 이념은 그러나 이 이성의 부식화와 도구화 현상으로 그 부작용이 강력하게 부각되었고,[1] 특히 근대 이후부터 현대의 산업사회에 이르기까지 이성의 왜곡된 일차원성이 현대의 위기를 초래했다는 것은 '비판이론'의 이론가들도 일찍부터 지적하였다. 산업혁명 이래 서구문명의 도정은 모든 영역에서 도구적 이성의 심화 현상이 뚜렷하며,

---

[1] 이러한 현상은 호르크하이머와 아도르노의 『계몽의 변증법』에도 잘 지적되어 있다.

이러한 문명의 도정은 전 세계적으로 이미 확산되어 오늘에 이르고 있다. 도구적 이성이란 보편적 이성의 왜곡되고 일그러진 모습으로서 이성이 과학기술문명과 물질문명 및 부의 축적을 위한 수단과 도구로만 사용되는 것을 말한다.

계몽사상으로 특징짓는 근대의 이념은 과학기술의 경이적인 발전을 앞세워 산업혁명과 산업사회의 형성, 나아가 오늘날의 자본주의의 형성에 이르기까지 인류의 역사에서 유례를 찾아보기 어려울 정도로 부의 축적을 가져왔다. 그렇다면 계몽과 근대성의 이념은 그 정당성을 입증받았고 또 근대가 약속한 유토피아는 도래했는가? 결코 그렇지 않다.

긍정적인 측면 못지않게 생태학적 위기와 환경파괴(이런 현상은 오늘날 전 지구적 재앙으로 일컬어진다), 인간중심주의의 자연에 대한 무자비한 지배와 착취, 고성능 과학무기와 핵무기로 인한 몰살위기, 산업사회에서의 인간소외, 주객전도 현상, 가치관 전도 현상(물질중심주의) 등 수많은 새로운 고통을 가져온 부정적인 측면도 도사리고 있다. 특히 과학기술 및 산업 시스템과 연계된 자본주의는 자연에 대한 지배와 착취를 조직적으로 요구한다. 이러한 요구에 상응하여 인간과 자연의 왜곡된 관계, 즉 자연에 대한 인간의 일방적인 지배(인간중심주의)가 성립된다.

그리하여 서양의 근대 이념은 자연의 고유성과 신비성을 박탈하고, 자연이 오직 인간의 목적을 달성하는 데 도구로, 자원으로 쓰일 것을 강요한다. 결과적으로 자연과 사물, 나아가 인간마저도 효용성이라는 가치평가에 의해 측정되고 착취되는 결과를 초래했다.2) 여기서도 '이성의 부식' 현상이 드러나며 이성이 '도구적 이성'으로 전락되었음이 확연히 밝혀진 것이다.

근대 이념이 빚어낸 부정적인 측면을 목격하고서 호르크하이머(M. Horkheimer)와 아도르노(T. W. Adorno)는 "왜 인류는 참으로 인간다운 상태에 진입하지 못하고 새로운 종류의 야만에로 전락하고 말았을까?"[3]라고 묻고 있다. 이들은 "완전히 계몽된 지구는 큼직한 재앙의 흔적만을 발산하고 있다"고 개탄하는데, 근대의 이념에 입각한 계몽에는 역설적이게도 "계몽의 자기파괴(die Selbstzerstörung der Aufklärung)"[4]가 배태되어 있었던 것이다. 근대 이념이 시작되던 때는 인류를 향해 건넨 유토피아에로의 약속에 메피스토펠레스의 위험한 유혹도 함께 들어 있었음을 몰랐던 것이다.

근대에서 오늘날에 이르기까지 인류는 인간의 '도구적 이성'과 과학적 방법을 맹목적일 정도로 지나치게 신뢰해왔다. 근대의 계몽주의에서 발원한 진보사상은 과학기술문명과 물질문명 일변도를 지향하여 정신문화의 빈곤화를 가져오고 자연에 대한 착취 및 약탈을 일삼으며 전 지구의 생태계 위기는 물론 인류의 "고향상실(Heimatlosigkeit)"(하이데거) 현상을 야기했다. 지구의 그 오랜 역사에서(지구과학자들은 지구의 나이가 49억 년이라고 추정한다) 환경파괴와 생태계 위기의 출발지점과 진원지가 바로 '도구적 이성'으로 무장한 근대의 과학기술문명이라고 할 때, 이는 섬뜩한 문제라고 하지 않을 수 없다.

---

2) Max Horkheimer und Theodor W. Adorno, *Dialektik der Aufklärung*, Frankfurt a. M.: Fischer Verlag, 1969, 10쪽 이하, 16쪽 이하 참조.
3) 같은 책, 1쪽.
4) 같은 책, 3쪽.

계몽과 이성을 바탕으로 한 진보의 이념에 의한 근현대문명에서 나타나는 갖가지의 부작용은 근대성의 모순된 모습을 적나라하게 드러낸다. 서구의 근대에 자행된 전 지구의 식민지화, 노예제도, 아메리카 인디언에 대한 폭력, 아프리카와 아시아의 나라들에 대한 무자비한 식민쟁탈(대부분 스페인과 포르투갈, 영국과 네덜란드 및 프랑스에 의해 주도되고 동양에서는 일본이 이 대열에 끼어들었다), 나치의 홀로코스트, 아우슈비츠 강제수용소, 소비에트연방의 굴락(Gulag: 강제수용소), 두 차례의 세계대전은 근대적 이성을 뿌리째 불신하게 만들었으며 인간이 만들어낸 과학문명의 이기와 (과학기술이 바탕이 된) 대량살상의 무기에 의해 폐허가 되는 비극을 보여주었다.

근대의 유산은 현재진행형이다. 근대와 더불어 출발한 산업혁명, 자본주의와 공산주의 등의 이데올로기는 물질문명을 과도하게 숭배하도록 했다. 물질숭배문화는 헤겔 좌파라고 하는 마르크스와 포이어바흐와 같은 유물론자들에게서 정치적 이데올로기로 승화되어, 20세기 냉전 이데올로기의 원흉이 된 것이다. 온 세상을 유물론으로 색칠하고 인간을 마르크스의 자식들이라고 한다면 비참하기 그지없다. 거기에는 인간다움이나 위대함이 끼어들 공간이 없기 때문이다. 그럼에도 불구하고 오늘날은 동서를 막론하고 물신주의, 물질만능주의, 물질최고주의가 지배하고 있다. 많은 학문들은 물질의 풍요를 위한 수단과 도구 역할을 수행하느라고 혼신을 쏟는다. 이런 거대한 메커니즘에 윤리는 말할 것도 없고 전반적인 정신문화가 외면과 냉대로 일관되는 형편이다.

과학기술문명 중심의 획일화된 세계관은 인류의 정신문화를 황폐화시키고 있는데, 아직도 인류는 이 폐단을 뼈저리게 깨닫지 못하고 있는 실정이다. 더욱이 무역전쟁이 일어나고 있는 현대에 각국가들은 과학기술이 국가적 부를 창출한다는 미명 아래 정치, 경제, 사회, 문화, 교육 등을 모두 동원하여 과학기술문명을 숭배하도록 하는 실정이어서, 세상의 많은 국가들은 오히려 과학기술문명을 가속화시키고 있다. 따라서 21세기뿐만 아니라 언제까지라도 과학기술문명은 그 어떤 예언자나 철학자들의 경고에도 아랑곳하지 않고 숭배될 것으로 보인다.

탄탄한 합리주의로 무장하고 계몽주의로서 세계를 유토피아로 만든다는 19세기에 니체(F. Nietzsche)는 그러나 이에 반하여 새까만 색깔의 니힐리즘을 보았다. 관념으로 사상의 누각을 만들고 거대한 표상으로 유토피아를 건립했지만, 그 속에는 정작 니힐(nihil: 아무것도 없다!)만이 허공을 진동하고, 생동하는 생명은 없었기 때문이다. 저들에게 "죽음을 설교하는 자들…"이라고 니체는 옐로카드를 보였으나 그의 경고에 귀를 기울이는 사람은 없었다. 그러나 역사가 증언하듯 19세기 말부터 20세기에 걸쳐 극히 불안하고 혼미한 세기의 양상이 온 세계에 일어났고, 제1, 2차 세계대전, 세계공황, 이데올로기의 갈등과 같은 것으로 세계사는 죽음의 색깔로 장식되었다.

그런데 저 합리주의와 계몽주의는 인류정신사를 어떻게 변모시켰는가? 근대의 합리주의 이래로 모든 학문의 과학화 내지는 형이하학화 작업이 가속화되어 오늘에 이르고 있다. 이 과정에서 철학이나 윤리학과 같은 학문은 돈이 되는 과목이 아니라고 암암리에 배척되어왔으며, 그 대신 과학과 기술공학은 인류를 풍요로, 유토피아로 만들어간다는 호언장담으로 인해 숭배되어왔다. 그러나 저들이 과학과 기술공학으로 건립한 진보의 낙관론은 승리 타령을 하기도 전에 몰락하는 기분의 황량한 비관론만 진동하고 있다. 그들이 꿈꾸어오던 유토피아는 오지 않고 생태계 파괴와 전 지구적 위기가 수면 위로 떠오르며, 인간성 상실과 삶의 의미 상실만 인류를 압박하고 있다. 과학적 진보를 통해 물질적 진보를, 또한 이 물질적 진보를 통해 인류를 유토피아로 만든다는 진보의 믿음은 이제 도처에서 무너지고 있으며, 오히려 사기극으로 굳어져가고 있다. 이 진보를 향한 싸움에서 인간은 비인간적인 무모한 경쟁에 휘말려들고, 인간 스스로가 수단화되며 소외되어갔지만 약속했던 유토피아는 오지 않는 것이다. 인간은 그리하여 무의미의 세계로, 니힐리즘의 나락으로 떨어졌다. 진보를 향한 질주의 과정에서 이젠 도처에 원료의 한계, 에너지원의 한계, 경제성장의 한계 등 여러 가지 한계들만 노출된다. 진보를 향한 싸움터에서, 물질숭배를 향한 성장 위주에서 경제제일주의, 황금만능주의, 가짜 자본주의, 이기주의, 각종 사회악, 도덕불감증, 탈법과 불법, 빈익빈 부익부의 현상, 환경파괴 등 각종 부작용이 일어났다. 과연 인간은 진보를 통해 행복해졌는가. 인간은 과연 더욱 인간답게 되었는가. 그러나 분명한 것은 삶에 의미를 줄 수 있는 정신적인 가치가 저 진보를 통해 붕괴되어간 것이다.

오늘날 기계문명과 물질문명으로 인류의 정신문화가 황폐화되고 인간의 거처인 자연이 파괴되었으며 인간이 자신의 존재의미를 상실해버린 데다가 진정 가야 할 길을 잃어버린 데에서 그 위기는 너무나 크다. 그래서 '인간성 위기의 시대'니 '인간성 상실의 시대'

라는 말은 어제와 오늘의 얘기가 아니다. 실증주의와 기계문명이 인류를 유토피아로 이끈다는 역사적인 약속은 완전한 사기극으로 되어버린 이때, 그리고 이러한 유토피아의 망상이 인류정신사적 존재의미의 상실 및 존재망각과 연루되어 '니힐리즘'으로 결과를 초래한 이때, 이제 우리는 더 이상 망설이지 말고 이때껏 외면해오던, 아니 저주해버린 철학과 윤리학을 비롯한 각종 인문학에 빗장을 풀어야 한다. 철학을 황폐화시키고 정신을 외면하면서, 정신문화를 고갈시키고서 인간의 존엄성을 지킨다거나 유토피아를 가져오겠다는 태도는 용서할 수 없는 사기극이다. 이제까지 지적한 것 외에도 굵직굵직한 위기의 현상을 지적해보자.

첫째로 "왜 위기인가?"에 대한 응답은 인간의 존재의미의 상실에 있다. 현대인은 자신의 존재의미에 대한 질문도 제기하지 않은 채 살아간다. 삶의 방향감각도 목적도 없이 적나라한 일상성의 굴레 안에서 바둥거리며 살아갈 따름이다. 실존철학자들은 현대인의 두 가지 질병을 지적한다. 하나는 현대인이 자신의 실존을 잃어버리고 살아가는 것이다. 또 다른 하나는 현대인이 자신의 실존을 잃어버리고도 잃어버린 줄 모르는 병이다. 첫 번째의 병은 무실존의 병이고, 두 번째의 병은 무자각의 병이다. 무실존의 질병 가운데서 자신의 고유성과 개별성 및 본래성은 은폐되어버리고 드러나지 않는다. 실존적 의미가 퇴색되어버렸으므로 현대인은 대중화되고 몰개성화되었으며 평균화되어버린 것이다. 평균화되고 대중화된 인간은 다른 인간과 아무런 차이 없이 대체 가능하다. 이러한 비본래성에 처한 현존재를 하이데거는 "세인" 또는 "혹자(das Man)"라고 칭한다.

둘째로 "왜 위기인가?"에 대한 우리의 답변은 인간소외의 스캔들에도 있다. 인간이 무엇인가로부터 따돌리게 된다거나 자기 자신의 본래성에서 벗어나게 될 때 소외의 세계에 떨어지게 된다. 나아가 어떤 인간이 고립되고 격리되어 자기 고유의 삶이 실현되지 못할 때 소외 현상이 일어나고, 또한 자신의 개체적이고 주체적인 삶을 실현하나 결과적으로 철저하게 고립감과 고독감에 놓일 때에도 소외 현상은 드러난다. 이와 반대로 어떤 인간이 지나치게 타인과 사회, 외부세계와 부합하고 동화됨으로써 자신의 개체성과 주체성, 고유성과 자율성을 상실하게 될 때에도 소외 현상이 일어난다. 소외 속에서 인간에게는 자기 자신의 표현과 실현 및 추구가 자기 자신의 본래성과 동일시되지 않는 자기이화(自己異化) 현상이 일어나는 것이다. 낯설고 비본래적이며 이질적인 세력에 끌릴 때 인간은 소외의 섬에 갇히게 된다.

오늘날 우리는 특이한 소외의 시대에 살고 있다. 현대의 산업기술사회는 과학기술을 전방에 내세워 인간을 소외의 뒤뜰로 몰아넣고 있다. 원래 인간이 편하기 위해 만든 과학기술은 이제 인간을 기계의 노예로 전락시켰고, 인간을 지배하는 단계에 들어섰다. 그렇기에 기계가 오히려 주체로 되고 인간은 그 아류로 떨어졌다. 인간의 명령에 따르도록 개발된 기술이 이젠 거꾸로 인간을 명령하고 다스리는 위치에 서게 된 것이다. 이 전도된 순서를 어찌 위기라 하지 않을 수 있으며, 또한 이러한 사회를 문제의 사회라고 일컫지 않겠는가. 거기서 인간은 기술이 더 진보되고 재창출되는 데에 도구로 쓰일 뿐이다. 이 비인간적인 결과에 인간성의 위기가 도사리고 있고, 인간은 갈등과 자기파멸로 향하게 될 것이다. 물질숭

146

배주의는 만발했고 산업기술의 나팔은 늘 요란한데, 인간은 거기에서 자신의 주인의 위치를 빼앗기고 질질 끌려가고 있다. 인간은 산업사회와 기술문명 속에서 자신의 실존을 잃고 그 급류에 떠내려가고 있다. 그리하여 이젠 정열을 쏟아 부어 과학지상주의에 매달리고 부를 낳는 과학기술을 맹목적으로 숭배하기까지 한다. 인간사회는 아예 기술사회로 일면화되었고, 그런 만큼 인간도 일원화와 평준화의 일상세계로 전락되었다. 인간은 기계의 메커니즘에 정신을 팔다가 자기 내면을 들여다볼 여유를 못 갖고 살아간다. 말이야 인간의 생명과 비교되는 것이 없다고 하지만, 크고 비싼 기계는 암암리에 인간의 생명보다 더 고귀하게 여겨지는 실정이다. 인간의 주체성과 자존심은 구겨지고 상처받게 되었다. 주객은 전도되었는데 사람들은 소외되고 상실된 자기의 실존을 못 보고 있다.

셋째로 "왜 위기인가?"에 대한 응답은 인간의 자연상실에도 분명하게 드러난다. 근대의 형이상학과 과학기술이 "자연을 정복"해서 인간의 참된 거주지를 박탈해버린 이 처참한 현상을 하이데거는 인간의 "고향상실(Heimatlosigkeit)"이라고 불렀는데, 이것은 "전 세계적 운명이 되고 말았다"고 그는 한탄한다.

인간은 고대 그리스에서의 자연(Physis) — 무엇보다도 그 자체로 존재하고 스스로 펼쳐서 열고 닫으며, 역동적이고 유기체적이며 살아 있는 — 을 상실하고 말았다.

근대의 과학적 패러다임과 기술공학적 세계관은 자연을 눈에 보이는 굵직한 사물의 총체로 보고, 자연을 도구화했고 무자비하게 착취해온 것이다. 그 결과 오늘날 생태계 위기의 심각성은 극한 상황에 이르렀다. 산업사회의 환경파괴는 인간이 부를 축적하기 위해 자연을 혹사시킨 결과이다. 산소고갈이나 수질오염, 공장폐수, 대량의 쓰레기, 도시의 매연, 오존층의 파괴, 기상이변, 엘니뇨, 스모그, 핵폐기물에 이르기까지 인류의 생존을 위해서 또 다른 결단이 요구되는 때이다.

산이며 들이며 바다가 성한 곳이 없을 정도로 오염되었고, 지리산을 비롯한 수많은 명산들은 행락 시즌이 지나면 쓰레기로 몸살을 앓고 있다. 홍수가 나면 소양호의 3분의 1 이상이 쓰레기로 덮인다는 것은 무엇을 시사하는가? 이렇게 될 때 결국 인간이 자연으로부터 버림받게 될 것을 깨닫지 못하고 있다. 이제 이러한 환경문제의 범위를 우리나라에서 벗어나 좀 더 일반화하여 지구의 주요 환경문제와 그 실태를 항목별로 생각해보자.

(1) 우선 각 나라마다 자동차 매연이 심각하여 호흡기 질환이 늘어나고 있다.

(2) 세계 곳곳에서 기업형 환경파괴가 자행되고 있다. 기업형인 만큼 대량의 토지오염과 수질오염, 공기오염이 자행된다.

(3) 환경오염으로 인해 기후의 변화가 일어나고 있다. 이산화탄소나 메탄 등의 과다방출로 인해 지구온난화가 일어났다. 이에 따라 극지방의 빙하도 녹아내려 해수면이 상승하고 해안 저지대의 침수 현상도 일어난다.

(4) 오존층의 파괴가 심각해지고 있다. 프레온가스에 의한 오존층 파괴로 말미암아 생태계에 해로운 자외선을 흡수하는 지구 오존층의 오존량이 최근 10년마다 3퍼센트의 비율로 감소하고 있다는 통계이다. 남극에서는 북미 대륙의 크기와 비슷한 오존 구멍이

관측되었는데, 이것이 점차 확대되고 있다고 한다. 오존 구멍으로 말미암아 자외선이 과다 투과되어 피부암의 발병과 엽록체의 파괴 및 플랑크톤의 사멸 현상이 일어나 끔찍한 피해가 예고된다.

(5) 생태계의 파괴로 인해 생물종의 멸종 현상이 일어나고 있다. 지상에는 약 140만-1천 만 종의 생물이 존재하고 있다는데, 이 중에서 매년 약 2만 5천-5만 종이 멸종해간다는 얘기다. 그것은 개발에 따른 서식지의 파괴, 유해물질로 인한 오염, 열대림과 밀림의 벌채가 주된 원인으로 꼽힌다.

(6) 세계의 곳곳에 사막화 현상이 일어나고 또 확대되어간다는 보고이다.

(7) 기름 유출과 쓰레기 방출 및 폐수로 인해 해양오염이 심각해져가고 있다.

(8) 식수원의 수질이 오염되어 급기야 우리의 식탁오염으로 이어졌다.

물은 인간의 생명과 뗄 수 없는 관계에 놓여 있다. 물이 없는 곳에는 생명이 없다. 화성이나 수성 등의 별에 생명이 있는가를 조사하기 위해 과학자들은 우선 물이 존재하는가를 검토한다. 그만큼 물이 생명과 직결되기 때문이다. 물은 노자에게서 도(道)로 비유되었고, 탈레스에게는 만물의 근원, 즉 아르케(arche)로 이해되었다. 이런 물이 오늘날 심각하게 오염되어 인간의 생명을 위협하고 있다. 그것은 인간의 이기주의와 무관심, 공동체 생활의식의 결여 때문이다.

오늘날 환경을 보호하자고 슬로건을 내걸고 캠페인을 벌이지만 효과는 별로 없다. 하기야 이런 슬로건이나 캠페인 정도로 사람들의 마음이 움직이겠는가. 일부 환경단체와 초중고의 학생들이 쓰레기를 줍는 운동도 벌인다. 그래도 별로 효과가 없다. 왜 그럴까? 양심범들이 너무 많기 때문이다. 쓰레기를 버리듯 양심을 버리기 때문에 온 세상이 지저분하게 변해가고 있다. 양심과 윤리를 초개같이 여기는 우리 세대가 우리를 위태롭게 하는 적을 우리 스스로 만들고 있는 것이다. 더불어 산다는 공동체의 정신과 생활습관을 자연의 섭리에 순응시키겠다는 의지의 실현으로 연결하지 않으면 환경을 보호하고자 하는 어떠한 노력도 성공할 수 없을 것이다.

넷째로 위기의 현상은 우리의 생활세계에서도 그 실상이 생생하게 목격된다. 윤리학에 민감하지 않아도 우리는 우리 주변에서 일어나는 비윤리의 끔찍함을 흔히 목격하며 살아간다. 향락주의의 팽배, 도덕불감증, 정신문화의 외면과 물신숭배, 천민자본주의의 횡포, "나만 잘 살면 그만"이라는 극단적 이기주의, 공동체와는 별 볼일 없다는 자기중심주의, 각종 흉악범죄와 인명경시풍조, 환경오염의 심각성은 윤리의 진공상태를 잘 대변하고 있다. 이러한 나열들은 너무 고전적 표현이어서 피부에 와 닿지 않는다고? 그렇다면 각종 금융사기, 권력형 비리, 정경유착, 뇌물수수, 돈판에 빠진 법조인과 경찰들, 지존파나 막가파와 같은 강력사고들, 존속살해, 인신매매, 주부윤락, 원조교제, 대형 안전사고들(가스 폭발, 삼풍백화점과 성수대교의 붕괴, 세월호 사건 등)은 어떤가. 이것들은 단순한 부주의나 실수인가? 결코 그렇지 않다. 거기에는 총체적인 부패와 부실이 깔려 있고, 헌 신발짝 버리듯 팽개쳐진 윤리와 구린내나는 비양심, 극한 이기주의 등이 도사리고 있다. 어쩌면 윤리의 무정부상태(anarchy)로 치달았다고 해도 과언이 아닐 것이다. 이는 마치 용수철이 너무 늘어나면 다시는 제구실을 못하는 것처럼, 도덕을 감싸는 끈이 터져버려 더 이상 양심이 거울의 구실을 못하는 경우와도 같다.

이젠 왜곡된 윤리의식이 심각한 지경이다. 큰 사건이 자주 터지다 보니 이제 더 이상 자극을 받지 않으며 "그런가 보다"로 덮어버리고 윤리적 심각성을 의식하지 않는 것이다. 이제 도덕 에너지가 탕진되어버렸는지 위기의 실상에 대해 경각심마저 갖지 않는 형편이다. 문제는 위와 같은 병리현상이 우리 사회를 멍들게 하고 삶의 질을 저하시키며, 도덕문화를 추락시키는데도 아무런 치유도 없이 시간만 굴러가게 한다는 것이다. 충격적인 사건이 터질 때에만 온 나라가 요란하게 법석을 떨다가 조금 지나면 일회용 과열현상으로 막을 내리는 것이 우리의 실정이다. 하기야 경우에 따라선 슬로건을 내거느니 캠페인을 벌이느니 야단을 피우지만, 원인 치료를 하지 않는 이상 전혀 먹혀들 리 만무하고 히스테리만 가중시킨다. 위기 중의 위기는 바로 원인 치료로, 즉 철학적이고 윤리적인 근원으로 시선을 돌리지 않는 것이다. 가정도 학교도 사회도 교육당국도 정책 담당자도 다들 "어떻게 되겠지" 하고 "강 건너 불구경"을 하고 있다.

다섯째로 사회 지도층의 부도덕이다. 시민사회를 올바른 곳으로 이끌어야 할 지도층이 그 부도덕한 행위로 말미암아 오히려 지탄의 대상이 되는 현상이 자주 불거진다. 정계와 재계를 비롯한 각계의 지도층 인사들의 비리와 부도덕이 일 년 내내 언론을 장악하는 것이 오늘날의 현주소이다. "윗물이 맑아야 아랫물이 맑다"는 속담은 예나 지금이나 진리이다.

도덕도 못 갖춘 상태에서 권좌에 오른 사람들은 결코 사람들에게 귀감이 되지 못한다. 정권이 바뀌면 대거 권좌가 바뀌고 그때마다 청문회가 열리면 참으로 가관이 벌어진다. 한때는 마치 사회정의를 부르짖는 사도처럼 행세하던 사람들도 아주 형편없는 부도덕에 노출되는 것이다(부동산 투기, 부당한 금융거래, 병역기피, 위장전입, 논문표절 등). 그때마다 궁색한 변명도 늘어놓는데, 그때는 관행이었다는 식으로 합리화하려고 안간힘을 쓴다.

심지어 "내로남불"(내가 하면 로맨스이고 남이 하면 불륜)과 같은 괴이한 신조어는 썩어서 곪아 터지는 우리 사회의 실상을 그대로 보여준다. 그래도 온갖 변명을 늘어놓으며 권좌를 쥐겠다는 것이 정치 나부랭이들의 양심이다. 오늘날 우리 사회는 정치계와 경제계, 문화계, 교육계, 군경, 심지어 법조계와 종교계에 이르기까지 만신창이가 되었다. 도덕불감증은 니힐리즘을 가속화시키고, 가정과 사회, 나아가 국가를 망하게 하는 주범이다.

2. 인간성 위기 시대의 특징: 철두철미한 형이하학 시대

인간성 위기 시대의 특징은 우선 철두철미하게 형이하학적이라고 할 수 있다. '형이하학적'이라는 개념은 굵직한 물질의 세계나 안목에 펼쳐지는 것에만 의미를 부여하고, 소위 실용적인 것이나 돈이 되는 것 내지는 상품가치가 있는 것, 나아가서는 지극히 일상적인 것에만 가치를 부여하는 것을 말한다. 오늘날 우리 사회의 정신질환은 형이상학 때문이라기보다는 오히려 형이하학에 원인이 있다. 우리 사회는 정치계, 경제계, 학계에 이르기까지 성한 데가 없이 만신창이가 되어 있다. 다 형이하학의 세계에서 뒹굴다가 벗어 나오지 못한 결과이다. 상업자본주의 일변도와 과학제일주의가 빚어내는 정신문화의 고갈이나 인문학의 위기, 물질만능주의와 같은 부정적인 폐해는 일찍부터 지적되었으나 우리는 마치 팔짱을 끼고 먼 하늘 보듯이 방만한 태도를 보여왔다. 우리가 살고 있는 이 시대에는 과학기술과 물질문명을 둘러싼 형이하학 세계만 지평 위로 떠올라 있고 또 그런 세상으로만 색칠되어 있다. 과학기술과 산업사회를 축으로 물질추구에만 전력을 집중하고 또 이에 장단 맞추는 저질문화의 범람 속에서 인간성(Humanität)은 멍들어가고 있다. 더욱 심각한 문제는 인간성이 멍들어가는 것을 모르는 것과 또 멍들어가도 상관없다는 방관적인 태도인 것이다.

이 인간성 위기 시대에는 철저하게 형이하학적이고 비윤리적인 각각의 괴물들이 등장한다. 물질제일주의, 황금만능주의, 배금주의, 과정이야 어쨌든 돈만 벌면 최고라는 천민자본주의 혹은 가짜 자본주의, "나만 잘 살면 그만이다"라는 극단적 이기주의, 한탕주의, 도덕불감증, 향락주의, 놀자판 세상, 공동체 의식 상실, 폭력과 음란의 문화와 같은 자질구레한 용어들은 형이하학적인 실상을 그대로 반영해주고 있다. 인간은 안목에 펼쳐지는 물질세계의 카테고리에 갇혀 형이하학이라는 거대하고 질편한 상실의 늪에 떨어지고 말았다. 모든 가치관 정립과 문화생활의 기준이 물질이다 보니 눈앞에 안 보인다거나 안목의 세계에 펼쳐지지 않으며 손에 잡히지 않는 것(철학!)에 애착이 가기는 만무할 것이다. 그리하여 우리는 오늘날 안목의 세계에 펼쳐지는 것만 진실인 것으로 착오된 철두철미한 형이하학 시대의 중심에 살고 있다. 이러한 분위기 속에서 올곧은 삶이나 가치 있고 의미 있는 삶을 떠올리기는 힘겨운 것이다. 따라서 인간의 문화는 형이하학적인 문화로 퇴진했고, 또한 문화의 탈을 쓴 저질문화와 경박한 유행문화의 늪 속으로 추락했다. 그렇다면 "철두철미한 형이하학 시대"가 무엇으로 장식되어 있는지 숙고해보자.

첫째로 존재와 소유의 뒤집힌 전도 현상이다. 소유가 존재를 위해서 있는 것이 아니라 아예 소유가 존재를 대신하고 있는 현상이다. 끝도 한도 없는 소유귀신에 홀려 일생 동안 바둥거리다가 삶을 마감하는 인생은 얼마나 비참한가. 물론 어느 정도의 소유를 위해 끝없는 뜀박질을 해야 하고 씨름을 벌여야 하는 것도 현대인의 삶이다. 구조적으로 그러한 굴레에 얽매이지 않으면 못 살게 되어 있다. 그러나 그럼에도 존재가 소유의 노예로 추락해서는 안 된다. 존재를 위한 소유인지, 아니면 소유를 위한 존재인지 우리는 명석하게 숙고해봐야 할 것이다. 현대인들은 물질문명의 틀에 갇혀 존재의 의미에 대해 묻지도 않은 채 살고 있다. 그래서 죽을 때까지 소유 속에 허덕이고 물질문명 속에서 시소놀이를 하다가 세상을 떠난다. 오늘날은 소유가 없으면 인간 취급을 받지 못하는 시대가 되었다. 소유가 존재를 대신하고 소유로 말미암아 존재를 인정받으며, 소유가 풍족한 이는 사회에서 숭배의 대상이 된다. 그에겐 벗들도 모여들고 좋은 신랑감으로도 된다. 그래서 사람들은 소유의 마력에 홀딱 반해 끌려 다닌다. 우리 사회는 "돈만 있으면 다 된다"는 표현대로 돈의 막대한 능력이 통하는 사회이고, 그래서 황금만능주의가 팽배해 있다. 우리가 문제시하는 것은 살기 위한 소유이기보다는 소유를 위한 소유이다. 과소비와 향락은 여기에 뿌리를 두고 있다. 소유를 위한 투쟁 가운데 내 존재는 상실되고 인간다운 삶이나 삶의 질에 대한 성찰은 아득한 뒷전으로 물러난다. 소유에는 그에 상응하는 소비가 자동적으로 문제된다. 그래서 우리 사회는 10대 청소년에서 어른에 이르기까지 과소비 때문에 골머리를 앓고 있다. 소비귀신에 홀려 미친 듯이 소비에 정열을 쏟는 결과가 곧 사치향락과 과소비이다.

둘째는 도덕불감증이다. 현대인들은 윤리학이나 철학 같은 것을 아예 좋아하지 않는다. 사회에는 휘황찬란하고 재미나는 것도 많으며, 본능이 미화되고 "돈만 있으면 다 되는 것"도 많은 데 반해, 윤리는 무언가 의무를 지우고 제약하며 절제를 요구하기 때문이다. 사회도, 개인도, 국가도 윤리적 행위를 할 수 있도록 하는 자극이나 동기부여를 제공하지 못하므로 윤리는 쇠퇴하고 인간은 자연스레 차츰차츰 '도덕불감증'으로 떨어진다. 행위하는 주체의 의지가 재미나는 것이나 욕심에만 쏠리면 도덕의 가치가 생동하기는 만무하다. (권력형) 부정축재, 금융사기, 뇌물수수, 한탕주의, "나만 잘 살면 그만이다"라는 이기주의, 절도와 각종 강력사고(지존파, 막가파 등), 존속살해, 인명경시, 뺑소니, 인신매매, 어린이 유괴 및 인질극, 성폭행, 갖가지 윤락풍조, 향락주의, 학교폭력, '빨간 마후라' 사건 등등, 이 모든 해괴망측한 용어들은 도덕이 헌 신발짝처럼 팽개쳐진 것을 적나라하게 밝히고 있다. 돈 벌고 출세하며 잘나가는 놀자판의 세상에 도덕은 오히려 달갑지 않은 것으로, 심지어 방해꾼으로 전락된다. 그래서 흥부보다 놀부가 더 훌륭하게 보이고 재미있어 보이며, "못된 사람이 출세한다"는 것으로 통하고 있다. 탈법이 난무하고 법을 빙자한 각종 사기사건들이 활개 치는 것을 보면 도덕은커녕 법으로도 통제하기 어려운 세상임을 말하고 있다.

셋째로 향락주의 시대이다. '먹자판'과 '놀자판'을 빼면 도시의 형태가 달라질 정도이다. 그래서 도시의 밤은 식색거리로 휘황찬란하다. 이젠 이가 썩어도 단 것만 섭취하겠다는 태도로 향락에 도취되어 있다. 온 도시에는 유흥가가 불야성을 이루고, 특히 인구밀집지역과 신도시들을 향락가로 달군다. 러브호텔이 마구잡이로 늘어나고 아이들의 배움터인 학교 근방에도 우후죽순처럼 생기거나 최근 일산이나 분당과 같은 신도시에서는 주민들과 업주 및 행정관청 사이에 격렬한 다툼도 일어나고 있다. 쾌락을 산업으로 하는 사람들과 순간적 쾌락을 즐기는 사람들에 의해서 유흥가와 놀자판의 세상은 깊어져가고 있다. 그런데 우려할 것은 사회의 전반적인 분위기가 그쪽으로 흐르고 있다는 것이다. "섹시하게 보인다"를 자랑으로 여기고, 문화의 매체들이 주로 짝짓기 놀이와 섹스어필 및 섹스향락을 부추긴다. 10대의 원조교제부터 접대부와 주부윤락까지, 각종 '전화방'부터 '휴게실' 및 술집까지 짝짓기 놀이와 섹스산업이 활개치고, 섹스에 관련된 의약도 대단한 인기를 얻고 있다. 현대는 '에로'(섹스와 음란물)에 중독된 시대이다. 이것은 현대인의 6대 중독(알코올, 도박, 마약, 섹스, 컴퓨터, 주식)에 들어간다. 만약 7대 중독을 얘기하면 짝짓기 놀이를 주로 선전하는 TV 드라마를 꼽을 수 있을 것이다.

넷째는 천민자본주의 내지는 가짜 자본주의이다. 이토록 천한 이름이 붙은 것은 그야말로 아무런 원칙도 없이, 아니 "돈만 벌면

156

최고"라는 오직 한 원칙만 앞세우기 때문이다. 오직 돈을 벌기 위해 온갖 편법이 동원되고, 교묘하게 법망을 피하며, "눈 가리고 아웅", 고객을 유혹하기 위한 온갖 껍데기 선전광고, 오직 돈벌이의 수단으로만 전락되어버린 타자들의 존재, 심지어 "등 치고 간 꺼내어 먹기" 등 별의별 방법이 다 동원된다.

다섯째는 "나만 잘 살면 그만이다"라는 극단적 이기주의이다. 이는 말할 것도 없이 공동체 정신의 상실이다. 타자의 존재가 나와 더불어 살아가는 공동존재가 아니라 '별 볼일 없는 사람'으로 낙인찍힌다는 것이다. 물론 타자가 자신의 이득관계와 얽매여 있으면 단연 이 타자의 존재가치는 전혀 다르게 취급될 것이다. 현대인은 자신의 프라이버시를 신성불가침의 자리에 올려놓는다. 또한 자신의 소위 '행복추구권'에 들어맞지 않으면 가차 없이 저주와 욕설을 퍼붓는다. 더불어 살아갈 수밖에 없는 인간이 자신의 이러한 준엄한 본질을 망각하고 살아가는 것도 현대인의 두드러진 질병 가운데 하나이다. 부당한 상행위나 환경오염을 일으키는 행위, 도로 위의 양보 없는 운전 등도 이러한 공동체 정신의 상실과 연관된다. 행락철이 지나면 온 금수강산이 쓰레기장으로 변하고 백사장이 흑사장으로 되며, 홍수가 나면 소양강물이 쓰레기로 덮이는 것은 무엇을 시사하는가? 그것은 개인들의 윤리의 실종은 말할 것도 없고 공동체 정신의 상실을 적나라하게 보여주는 것이다. 남이 안 보니까, 혹은 쓰레기를 규정대로 처리하기 싫어서 등등 어떤 이유이든 그것은 공동체를 의식하지 않는 몰염치하고 야만적인 행위인 것이다.

여섯째는 가치관 전도의 현상이다. 이것은 가치관이 뒤집혔다는 뜻이다. 고귀한 것이 무가치한 것으로 추락되고, 소멸하는 것과 순간적인 것 등 가치가 별로 없는 것들이 숭배되는 현상을 말한다. 이는 물질주의 시대에, 도덕불감증 시대에 쉽게 일어나는 현상이다. 현대의 기술문명 시대에는 주관과 객관도 전도되었다(주객전도 현상). 정작 인간을 위해서 존재해야 할 기술문명에 인간이 오히려 끌려가고 있다. 또한 이 기술문명이 인간을 지배하고, 경우에 따라서는 인간을 위기로 몰아가고 있다. 맹목적인 과학기술 숭배와 단순한 과학주의는 가치관의 혼란과 인간성 위기를 몰고 온다. 현대인은 새로운 기술문명을 탄생시키기 위해 박이 터져라 골몰한다. 그것은 이 기술문명이 부를 창출하는 데에 거의 절대적인 역할을 하기 때문이다. 그러다 보니 인간이 새 기술의 창출과 생산을 위한 수단 내지는 기계의 톱니바퀴로 전락되고 말았다. 여기에는 인간의 존엄성과 개성 같은 것은 요구되지 않는다.

일곱째로 청소년의 비행이 날로 늘어가고 있다. 어린 학생들이 술 담배를 하는 것은 이제 옛날 얘기이고, 마약에 빠져든 학생과 엽기행각을 벌이는 학생들이 사회를 우울하게 하고 있다. 원조교제를 하는 여학생이 같은 또래의 남학생들과 조직을 만들어 걸려든 남자를 폭행하고 돈을 뺏는다. 그런가 하면 유흥비를 마련하려고 청소년들이 이웃을 죽이고 길을 가는 여자들의 핸드백을 빼앗아 달아난다. 컴퓨터 게임과 인터넷에 중독된 청소년들에게서 섬뜩한 잔혹행위인 엽기문화가 번지고 있다. 그래서 이제는 인터넷을 심지어 "사회악의 백화점"이라고까지 한다. 컴퓨터 게임의 대부분은 가상의 적을 만들어 상대방을 쳐부수고 잔인하게 죽이는 것들로 장식되어 있다. 탈도덕과 생명경시가 교육되고 있는 것이

158

다. 오늘날 "학교가 붕괴되고 있다"는 것은 무엇을 시사하고 있을까? 그것은 무엇보다도 인성과 도덕을 쓰레기통에 집어넣은 결과인 것이다. 물론 이것은 결코 청소년들에게만 문제가 있는 것은 아니다. 왜냐하면 청소년들의 비행은 사회의 모습을 그대로 반영하기 때문이다. 그것은 엄밀하게 말하면 기성세대가 심어놓은 것이다. 폭력만화나 선정적인 영상물 등은 주로 기성세대의 장사치들과 저질 문화인들이 양산해낸다. 오늘날 청소년들은 컴퓨터 중독에 걸려 있다. 이 중독은 도박, 알코올, 섹스, 마약, 주식과 함께 6대 중독에 속한다.

여덟째로 각종 강력사고가 시시때때로 일어나고 있다. 흉악범죄가 툭하면 터지고 인명은 초개처럼 취급된다. 오늘날 우리 사회에는 인명경시풍조가 만연해 있다. 생명을 담보 잡고 놀이와 사건을 펼치는 일이 너무나 많다. 심지어 존속살해도 가끔씩 일어난다. 남을 죽이는 것이나 스스로 목숨을 끊는 것도 너무나 예사로 저지른다. 하루가 멀다 하고 죽이고 죽는 사건들로 얼룩져 있다. 지존파나 막가파와 같은 강력사고가 수시로 터지고 임신 8개월의 여성이 남의 딸을 유괴해서 죽이며, 성적을 비관한 학생들이 아파트에서 뛰어내려 목숨을 끊는다. 보험금 때문에 죽고 죽이며 자식에게 부담이 되지 않겠다고 노인이 자살한다. 생명을 끊거나 파괴하는 것은 이웃과 공동체를 슬프게 하고 멍들게 한다. 그러나 어떤 계급이나 감투도 생명보다 높지는 않다. 어떤 훈장이나 권력도 생명보다 더 고귀할 수는 없다. 돈도 성적도 마찬가지다. 사람들은 이것 때문에 존재의 고귀함도 잊고 산다.

아홉째는 환경오염의 심각성이다. 생태계가 위기에 처했다. 자연을 오로지 자원의 보고로만 여기고 착취하며, 대지를 살아 있는 가이아(Gaia)로 여기지 않는다. 철학자 하이데거는 자연에 대한 인간의 이러한 태도를 "고향상실"이라고 한다. 인간은 고향을 잃었다. 고향을 잃고 어디로 갈 것이며, 어디에서 거주할 것인가? 없다. 산천이 오염되었다는 것은 이미 인간의 정신문화가 오염되었다는 것을 전제로 한다. 국토가 쓰레기장으로 변하고 우리의 식수가 오염되었으며 바다가 썩어가고 있다. 역설적이게도 자연을 정복하겠다는 인간이 도리어 정복당한 셈이 되고 만 것이다. (필자는 이러한 사실을 자주 언급하지만) 자연을 학대한 부메랑 효과를 고스란히 인간이 떠안아야 하기 때문이다. 자연을 대상으로 승부를 펼치겠다는 것은 미친 짓이나 다름없다.

우리가 앞에서 지적한 아홉 가지의 인간성 위기 시대의 특징 외에도 과소비의 만연과 사치풍조, 심각한 빈부격차의 문제, 가정윤리의 파괴, 가정교육과 사회교육의 부재, 노인문제, 한탕주의, 황금만능주의, 편법주의와 적당주의의 난무, 안전불감증 등등 제반 병폐들이 오래전부터 유행병처럼 번져 우리 사회를 오염시키고 있다. 우리는 도덕이 상처를 입는 것을 일상생활에서도 쉽게 발견할 수 있다. 먼저 자리에 앉겠다고 승객들이 미처 내리기도 전에 전철 안으로 밀고 들어가는 일, 노인에게 자리를 양보하기 싫어 자는 척하는 일, 휴지를 아무 데나 버리는 일, 자신만 빨리 가겠다고 경적을 눌러대며 곡예운전을 하는 일, 정당한 대상자를 밀쳐내고 편법으로 취업하고 승진하는 일, 이익만 생기면 유해한 식품도 파는 일, 교통사고로 의식을 잃은 사람의 지갑을 주워 가려고 눈이 벌게진 사람들, 군대에 가기(보내기) 싫어 별별 불법을 동원하고(소위

"장군의 아들"과 "신의 아들") 심지어 멀쩡한 신체를 훼손하는 일, 돈에 눈이 어두워 청소년을 상대로 음란 비디오나 출판물을 판매하는 일, 원조교제나 윤락에 빠져들어 가정을 파괴하는 사람들 등등 다 열거할 수조차 없다. 그런데 고통스러운 일은 사람들의 마음이 괴팍스러워 자신의 불륜은 어떤 수를 써서라도 합리화하겠다는 것이고, 남이 그럴 경우는 가차 없이 '네 탓'을 부르짖는다는 것이다. "내가 하면 로맨스이고 남이 하면 불륜"이라는 자기기만성에 빠져 현대인은 자기반성을 하지 않는다.

참으로 무서운 것은, 이제 윤리 자체에 의미를 두지 않고 또 윤리의식마저 퇴색되어버렸다는 것이다. 이것은 결국 인간 포기의 길로 들어서는 것과 다름없다. 우리는 어느 하루라도 사고가 터지지 않는 날이 없을 정도로 매일 흉악한 뉴스를 접한다. 너무 자주 그러한 사고가 터지다 보니 이제 사람들은 만성이 되어 그 심각성을 생각하지 않는다. 이제 사람들은 더 이상 자극을 받지 않으며 판단력조차 흐려진 상태이다. 심지어 자신의 부도덕에도 경각심을 갖지 않고 "다 그런 거야"라는 식으로 합리화하며, "상대방도 다 그래"로 얼버무리고 오히려 자신을 두둔하고 위로한다.

3. 탈윤리에로 유혹하는 사자(使者)들

우리가 앞의 "철두철미한 형이하학 시대"에서 논의해보았지만, 왜 이토록 철저하게 윤리가 땅에 떨어지고 무가치한 폐품으로 처리되며 터부시되는지 놀라지 않을 수 없다. 물론 반성 없는 우리가 책임을 떠안아야 할 것이다. 이 책임이란 결국 우리 스스로가 우리의 삶의 질을 저하시키고 저질문화와 인간성의 위기 속에 허우적거릴 수밖에 없다는 것이다. 그런데 우리가 반성을 하지 않는 반면에 우리의 외부에서는 윤리에 융단폭격을 가하는 각종 저질문화들이 도사리고 있는 것이다. 각종 저질문학, 상업문학, 저질예술 등등이 문학과 예술이라는 이름을 빙자하여 인간의 감각과 말초신경을 자극하며 스트레스 해소라는 명목 아래 온갖 폭력과 선정을 토해내고, 불륜을 미화하는 짓을 남발하고 있는 것이다. 어느덧 사회의 풍조는 잘나가고 못된 사람들을, 까지고 되바라지며 빼질거리고 튀는 자들을 우상시한다. 그리고 많은 젊은이들이 이 대열에 끼어보고자 안달을 부린다. 아니, 못 미쳐서 환장병이 걸렸다고 할까. 여기서 우리의 윤리를 도둑질하는 좀도둑이 무엇인지 파헤쳐보고, 우리로 하여금 탈윤리로 이끄는 스파이들이 무엇인지 추적해보자.

첫째로, 저질문화의 정신문화 정복이라고 할 수 있다. 예술을 빙자한 각종 사이비 예술과 향락주의가 예술공간을 점령해가는 것처럼 문화를 빙자한 저질문화가 우리 사회를 주름잡고 있다. 우리는 저질문화의 뒷골목으로 밀렸다. 흥미 본위와 쾌락만능주의로 문화는 저질화되어가고 있는 셈이다. 대중들은 쾌락과 흥미만 추구하고 영화와 TV 제작자들과 출판 및 음반 업자들은 이들의 구미에만 관심을 가져 (소비와 수요를 늘이려는 속셈도 가세하여) 문화의 저질화를 심화시키고 있다. 드라마의 카테고리는 우리의 일상세계를 둘러싼 소재들, 이를테면 우리의 생활관이나 세계관, 나아가서 문화관이나 처세관, 정신적 역량이나 수준을 중심으로 온갖 양태들을 되도록 적나라하게 그리고 흥미롭게 꾸민 것이다. 사람들은 일상적인 소재로 드라마를 꾸미지만 특별히 호기심과 흥미,

관능을 부추기는 양념을 더하여 우정과 사랑, 욕망과 갈등, 폭력과 불륜, 질투와 증오 등등 각양각색의 맛을 내려고 한다. 사람들은 가끔 정상을 비정상으로 비틀고 또 비정상을 적당히 미화시켜 정상으로 올리는 수작을 벌인다. 그들은 그러나 집요하게 남녀의 짝놀이와 짝짓기, 에로스의 선전에 골몰한다. 주된 소재가 연애풍속도이고 불륜도 미화시키며, 이혼은 심심풀이이고, 이런 틈에 생긴 아이는 짝놀이를 위한 장난감의 역할로 등장했다가 럭비공의 신세로 처리된다. 그러니 저질 영화와 드라마는 성을 미끼로 하여 사람들의 영혼을 뒤집는 데 주력한다. 저질문화의 왕국에는 인기, 돈, 사치, 껍데기 문화, 향락문화와 놀자판을 부추기는 요술들이 들어 있으며, 정신문화를 쇠퇴시키는 독소와 탈선의 욕구를 당기게 하는 흥분제도 들어 있다.

막장드라마가 판을 치는 것은 어제오늘의 얘기가 아닌데, 그럴 만한 이유도 배후에 잘 감춰져 있다. 이제 막장드라마가 마치 지극히 정상적인 것처럼 인기의 방점을 찍고 있는 추세이다. 이런 막장드라마를 비롯해 각종 오락, 개그, 연예인들을 대상으로 하는 신변잡기에 탐닉하는 것은 시청률에 목을 매는 방송국(광고수입)과 광고효과를 노리는 기업, 그런 막장드라마를 쓰는 작가 사이에 미묘한 공조체제가 큰 역할을 하는 것이다. 물론 이런 막장드라마가 제공하는 것은 대체로 시청자로 하여금 중독증에 걸리게 하는 싸구려 재미인 것이다. 방송국은 매체이기에, 가끔 불륜 브로커 역할도 하는 것이다.

저질문화의 왕국은 성벽이 높고 든든하여 부수어지지 않는다. 사람들은 스스로 이런 막장드라마의 카테고리를 왕국으로 만들고

쫄깃쫄깃한 그 세계 속에 안주한다. 사람들은 이 막장드라마의 세계에 빠져, 깊고 높고 넓은, 또한 우리가 추구해야 할 교양과 정신문화의 세계를 오히려 외면하고 배척한다. 어찌된 셈인지 저 쫄깃쫄깃하고 흥미진진한 드라마의 세계에 빠지면 날개가 잘린 것처럼 도무지 밖으로 날아 나오지 못하는 것이다. 이미 막장드라마의 카테고리가 그들의 둥지이고 세상이며 또 세상을 재는 잣대로 되어버렸다. 그러나 이 카테고리는 인간의 정신을 깊고 고매하게 한다거나 인간성을 승화시켜주지는 않는다. 바로 여기에 안타깝고 슬픈 부분이 들어 있다.

지금은 인간성이 위태로운 어두운 시대인데도 향락주의를 밝혀주는 네온사인은 밝게 켜졌다. 오늘날 문화의 매체들이 전하는 대로 향락문화가 번창해 있다. 어찌된 셈인지 비너스 찬가와 에로스 숭배로만 가득 찼다. 여러 가지 매체들(소설, 만화, 잡지, 영화, 연극, TV 드라마, 컴퓨터, 음악 등)을 통해서 음란과 성을 증폭시키고 불륜행각도 미화시켜서는 짝놀이와 짝짓기, 흥미와 오락으로 가득 채운다. '뉴키즈 사건'이나 '빨간 마후라'의 제작 같은 것은 쾌락문화와 저질문화의 결실로 봐도 될 것이다. 세상이 향락문화와 놀자판으로 기울다 보니 유흥비를 마련한답시고 청소년들이 도둑질을 하고 이웃을 상대로 강도짓을 하며 윤락가에 넘나든다. 물론 이는 어른들이 저질러놓은 향락문화를 답습하는 것에 불과할 것이다. 이 모든 것이 저질문화가 일구어놓은 비참한 인간상이다. 이러한 현상은 정신문화의 텃밭을 뒤집어 니힐리즘의 꽃을 피운 것이지만, 이는 또한 어두운 우리 시대의 자화상인 것이다.

둘째로, 물질숭배주의이다. 세상이 경제제일주의로, 성장일변도로, "돈만 있으면 다 된다"로 색칠되어 있으니 오로지 안목의 세계에 굵직하게 들어오는 물질적인 것만 가치의 세계에 활개를 치고, 정신적인 것은 안목의 세계에서 쫓겨나거나 물질을 위한 도구와 수단으로 전락된 것이다. 사람들은 근대 이후로 과학기술과 산업의 발달로 부를 쌓고 물질을 추구해왔으나 정신이나 삶 자체, 인간성(Humanität)을 위해서는 소홀히해왔다. 사람들은 물질추구에만 쏠려 있으므로 인간성을 추구하는 윤리나 환경의 회복, 공동체 생활 같은 것에는 관심 두기를 꺼리고 재미도 못 느낀다. 사회는 마치 물질을 좇아 달리는 경주마들의 뜀박질터처럼 변해버렸다. 인간이 좇는 물질이 오히려 주가 되고 인간은 그 물질의 노예로 전락되고 말았다. 그래서 "인간적인 너무나 인간적인"이라는 말은 "물질적인 너무나 물질적인"이라는 슬로건으로 대치되었다. 부가 축적된 흡족이야말로 현대인에게 곧 행복으로 통한다. 거기엔 "무엇이 행복인가?"라는 질문도 통하지 않는다. 왜냐하면 그 행복을 구성하는 조건들이 지극히 안목의 세계에 펼쳐지는 지상적이고 일상적인 것으로만 가득 찼기 때문이다. 현대인은 물질문명의 포만증에 나뒹굴고 정신의 배고픔을 전혀 인지하지 못하고 있다. 역사의 법칙이 어떻든, 역사의 굴렁쇠가 어떻게 굴러가든, 분명한 것은 철두철미하게 물질세계로 치닫는 것이다. 모든 인간적 에너지를 동원해서 새롭고 값있는 물질세계에로의 진격인 것이다. 물질을 숭배하면서 도덕불감증에 놓이다 보니 천민자본주의가 등장하지 않을 수 없을 것이다.

셋째로, 과학기술문명 최고주의이다. 인류가 기술과 기술문명을 숭배해오면서 주객전도 현상에 놓이게 되고, 사물을 축으로 하는 형이하학의 세계에 처박혀 뒹굴게 되어, 인간의 본래성을 망가뜨리고 상실해버린 것은 실존철학의 경고가 아니어도 우리는 잘 알고 있다. 인류는 동서양을 막론하고 마법에 홀린 상태로 기술문명을 절대화하고 또 보편화하고 있으며, 더 나아가 신격화하고 있다. 이제 인간의 안락과 부를 가져오는 것만 '삶의 질'을 재는 척도로 되는 셈이다. 모든 국가의 정부들은 이 기술문명으로 '선진국' 혹은 '강대국'을 만들려는 데 시녀 역할을 하고 있다. 이러한 과정에는 환경파괴를 향한 경쟁이 도사리고 있다. 그리하여 환경오염, 지구온실화, 기상이변, 오존층 및 생태계의 파괴, 핵무기를 비롯한 고성능 살상무기의 양산과 같은 악마적 현상을 인류는 거의 강제적으로 떠안아야 하는 결과를 초래했다. 그러나 국가도 개인도 이런 위기를 자신의 실존문제와 연관시키지 못하고 있다. 그것은 국가로서는 부국과 강대국이 되는 것만을 앞세우고, 개인으로서는 안락과 부를 추구하는 데만 가치를 부여하기에, 저런 위기를 심각하게 받아들이지 않는 것이다. 따라서 이러한 참상은 위에서 지적한 기술과 기술문명(또 이들은 근대부터의 과학숭배 내지는 과학제일주의와 연루된다)에서 파생됨을 우리는 알 수 있다. 이처럼 과학기술문명에 갈채만 보내다가, 이를 맹신하고 숭배만 하다가 인류는 자신이 기계의 노예로 전락하는 것과 소외의 뒤뜰로 몰리는 것을 잊어버렸고, 이 과학기술이 자체 내에 한계를 내포하고 있음을 잊었으며, 인류를 파멸로 끌고 가는 위태로운 요소를 갖고 있음을 망각했다.

기술이 지배하는 시대에는 모든 것이 기능화된다. 모든 것이 기능하고, 이 기능은 더 확장된 기능을 좇는다. 그리하여 기술이 인간을 (삶의 거처인) 대지로부터 내쫓고 뜨내기로 만든다. 우리는 이제 단순한 기술적 관계망 속에 있다. 이제 전 지구를 규정하는 기술문명은 극복되기 어려운 지경으로 되어버렸다. 기술문명과 기술의 보편화로 말미암아, 기술의 절대적인 지배로 말미암아 각 문화가 갖고 있는 고유성은 상실되어가고 의미의 원천들은 고갈되어가며 자연과 인간의 친숙성은 예측 불허의 무시무시한 미래로 미끄러져가게 되어, 결국 우리의 삶의 토대는 침식될 위기에 처하고 말았다. 하이데거에게서 "고향상실(Heimatlosigkeit)"이라고 일컬어지는 이러한 현상들은 결국 우리의 삶에 의미를 부여하였던 고유한 존재이해의 해체를 뜻한다. 따라서 우리는 기술과 기술문명이 존재망각과 내면적으로 밀접한 관계에 있음을 직시해야 한다. 이 '존재망각' 내지는 '존재상실', 즉 형이하학의 본질은 니힐리즘이며, 또 이 니힐리즘은 현대의 과학기술에서 그 절정을 이루고 있다. 이러한 니힐리즘 가운데에 세계의 황폐화와 인간의 몰개성화, 평균화가 일어나고 있다.

넷째로, 참을 수 없는 사상의 빈곤 현상이다. '사상의 빈곤'은 우리 사회의 요란한 메아리이다. 대학과 국가의 침체는 곧 '사상의 빈곤'에서 유래된 것이 아니고 무엇이겠는가. '사상의 빈곤'에 대한 문제는 우리 사회의 정치, 경제, 문화, 교육 등 모든 부분에 놓여 있다. 우리의 젊은이들은 철학책 읽기를 싫어한다. 아니, 철학에 빗장을 잠그고 살기에 아예 읽지를 못할지도 모른다. 우리에겐 철학의 향연이 없고 '사상의 빈곤'에 내동댕이쳐진 앙상한 모습만 남아 있다. '사상의 빈곤'에서 대학과 국가의 발전을 기대한다는 것은 황무지에서 장미꽃을 피우겠다는 것과 다를 바 없다. 왜 우리는 선진국이 되는 것을 마치 국가의 이념이라도 되는 것처럼 염원하는데 IMF와 같은 한파만 몰아치는가? 결국 과학기술의 후진도 '사상의 빈곤'과 연관되는데, 우리는 이 후진을 로열티로 땜질하고 그 대신 기능주의만 발달시켜놓았다. 과학 또한 철학을 떠나서 존재하는 학문이 아닌 것이다. 과학을 하는 인간이 사유활동과 이성을 가지고 수행하는 한 철학의 영역에 들어 있는 것이다. 특히 창조적인 사유활동(철학!)이 전개되지 않는 곳에 과학의 성숙이나 발전은 기대될 수 없다. 즉, 과학은 창조적인 사유로 말미암아 새로운 장을 열고 발전될 수 있는 것이다. 그러나 우리에게는 사상과 과학이 상당히 분리되어 있다. '철학의 빈곤'이 말하듯이 우리는 그런 사상적 훈련과 교육을 못해왔다. 우리에게는 정신과학과 자연과학은 문과대학과 이공대학의 격리 이상으로 서로 별 볼일 없는 것처럼 분리되어 있다. 우리의 과학도들은 문제를 잘 풀고 뉴턴 공식도 잘 외우며, 우리의 어린 학생들은 국제수학경시대회에 나가서 상위권을 석권한다고 사회가 호들갑을 떤다. 또 기능이나 기술에도 우수하여 국제기능올림픽대회에서 우수한 성적을 거두는데 왜 창조적인 것은 나타나지 않는가? 심각한 문제다.

창의성이란 학문을 연구하는 주체의 가이스트(Geist)가 능동적이고 자유로우며(얽매이거나 방해받지 않으며) 예민해서 오묘하고 새로운 세계를 발견하는 데 있는 것이다. 창조적 사유에 말미암지 않고서는 고매한 정신문화와 과학기술의 발전은 말할 것도 없고 숭고한 예술작품의 탄생도 기대할 수 없다. 창조적인 사유활동을 거치지 않으면 '첨단과학'이나 '첨단산업'은 태동되지 않을 것이며, 그 결과 하부산업 내지는 기능주의에 머물게 되고 나아가서는

168

로열티에 의존하는 처지로 전락되므로 우리는 '첨단'을 기대할 수 없다. 소위 경제발전을 위한 새로운 아이디어라는 것도 다름 아닌 창조적 사유의 소산인 것이다. 따라서 창조적 사유가 경제발전의 근원적인 원동력으로 된다는 것은 자명한 사실이다. 이러한 분명한 사실을 알고서도, 또한 창작물이 없어서 로열티에 의한 기술의 도입에 의존하는 현상을 빚어내고 있으면서도 창조적 사유를 조장하고 개발하는 철학을 전적으로 홀대하고 외면한 채 기능 위주와 기술 우선의 정책만을 고집한다는 것은 침체와 추락을 자초하는 결과인 꼴이다. 그러나 너무나 많은 사람들이 창조적 사유를 관장하는 철학, 특히 형이상학의 세계를 알지 못하고 또 교육행정이나 정치일선에서 책임을 떠맡은 전문가조차도 저런 세계의 심각성을 모르기 때문에 아무런 개선도 없이 세월만 흘러 보내고 있다. 창조하는 사유로 새로운 세계를 조명한다는 것 자체가 눈에 띄지 않는 형이상학의 세례를 받고 있다는 사실을 시사해주고 있다. 그러면서도 형이상학이 눈에 안 보인다고 해서, 안목의 세계에 펼쳐지지 않는다고 해서, 당장 손에 잡히는 수익이 없다고 해서 배척당하고 있다. 이 말은 곧 사람들이 철두철미하게 형이하학적이고 안목의 세계에 펼쳐지는 기능 위주의 예사로운 영역에만 심혈을 기울이고 있다는 것이다.

4. 왜 윤리를 실천해야 하는가?

오늘날과 같이 워낙 도덕불감증이 심각한 시대에는 "착한 일을 하는 사람이 오히려 손해를 보지 않느냐?"라는 질문을 던지는 사람들이 많다. 물론 그런 경우도 더러 있다. 그러나 진실로 착한 사람은 — 손해를 봐서도 안 되겠지만 — 저러한 공식을 초월해야 한다. 착한 사람이 찾는 행복은 가짜나 싸구려 행복이어서는 안 된다. 공리주의의 "양적 쾌락주의"(벤담)와 같은 저질 쾌락주의는 윤리의 모토가 되어서는 안 된다.

"왜 윤리를 실천해야 하는가?"의 물음은 무언가 무한의 자유를 갈망하는 현대인에게 행동의 제약으로 와 닿지 않을까? 지성에 눈을 뜬 사람에게는 그러나 결코 그렇지는 않다. 아리스토텔레스에 의하면 윤리학의 목적도 행복(Eudaimonia)이라고 한다. 그런데 이 '행복'이란 개념의 어원은 '좋은(εὖ, good)'이라는 의미와 '정신' 혹은 '신성(δαιμόνια, Geist, Gottheit)'이라는 의미가 합성된 것으로 상당히 정신적인 내용이 바탕으로 되어 있다.

아리스토텔레스가 삶의 목적을 행복에 두는 것은 솔직한 태도로 보이고, 우리도 충분히 공감할 수 있는 것으로 보인다. 행복은 그에게서 최고선인데, 이때의 행복이란 결코 쾌락이나 명예나 재산이 가져다주는 것이 아니며 덕도 아니라고 한다. 덕은 행복에 가까이 있으나, 엄밀하게는 행복에 이르게 하는 하나의 상태일 뿐이다. 아리스토텔레스에 의하면 행복이란 인간이 가진 고유한 기능인 로고스가 발휘되면 저절로 실현되고 주어진다는 것이다.

우리의 철학사에서 쾌락주의라고 알려진 에피쿠로스학파도 기실은 저급한 쾌락 — 저급한 쾌락은 결국 우리를 불행과 근심의 요인이 되게 하기도 하고 비참하게 만드는 경우도 많다 — 이 아니라 상당한 정신적 쾌락으로서 지적 쾌락과 미적 쾌락을 추구한 것이다.

170

윤리가 제공하는 행복은 오늘날 관능과 욕구충족을 부추기는 세상에서 싸구려(저질) 재미보다는 훨씬 높은 차원으로 안내해준다. 수준 높은 자유와 행복은 윤리를 통해 성취될 수 있는 것이다.

"왜 나는 윤리를 실천해야 하는가?"의 물음은 윤리 내부에서의 개별적인 물음과는 차원을 달리한다. 이를테면 "나는 약자와 가난한 자를 도와야 하는가?" 또는 "낙태를 금지하는 데에 찬성할 것인가 혹은 반대할 것인가?", "나는 자선단체에 협력할 것인가 혹은 그렇게 하지 않을 것인가?" 등등 수많은 윤리적 물음에는 개별적인 윤리적 관점이 전제된다. 그러나 "나는 왜 윤리를 실천해야 하는가?"의 물음은 윤리 그 자체에 대한 물음이다. 따라서 이러한 물음은 나의 관점이나 입장, 특히 나의 기분과 이익을 초월하는 윤리의 보편적 물음이다. 이 같은 물음은 개인적 관점과 근거를 넘어서서 보편적 규정에 근거하여 행위해야 할 이유를 묻고 있는 것이다. 막무가내식으로 살아가는 존재가 아닌 이상, 우리는 보편적 윤리의 근거를 찾고 또 이러한 관점에서 행위해야 할 것이다. 우리가 억지를 부린다거나 자기의 이익만을 고려하지 않는다면, 우리는 훌륭하게 보편적 윤리를 정립하고 또 지킬 수 있을 것이다. 인간의 실천이성과 양심은 항상 자신의 통념(개인의 이익이나 특정한 관점을 포함하여)을 초월하여 보편을 따르도록, 즉 윤리적으로 행위하도록 요청한다. 물론 이를 따를 것인가, 아니면 (의도적으로) 묵살할 것인가는 개개인의 됨됨이에 따라 결정될 것이다.

인간은 윤리가 문제시되는 존재이다. 인간이 아닌 다른 존재자들, 이를테면 신이나 천사, 동물이나 식물, 별이나 바위에게는 윤리가 문제시되지 않을 뿐만 아니라 윤리적 행위를 해야 할 아무런 강요를 받지 않는다. 신(절대자)은 "최고의 존재"라거나 "최선의 존재"라고 일컬어지기 이전에 인간이 왈가왈부할 수 있는 성질의 존재자가 아니기 때문에 윤리적, 비윤리적이라는 말 자체가 소용 없다. 반대로 동물의 경우는 흔히들 말하듯이 (지음을 받은 대로) 본능에 의해 움직이기에 도덕적 행위를 할 주체정신이나 자유의지나 보편지향성이 결여되어 도덕적 생활이 애초부터 불가능하다. 동물들이 길 위에서 교미를 하거나 배설을 해도 어쩔 수 없고, 또 늑대나 사자가 포악하여 다른 동물들을 잡아먹어도 우리로선 윤리의 잣대를 들이댈 수 없다. 그렇기에 오직 '이성적 존재'인 인간만이, 자신의 자유를 제약받으면서도 또 이 제약으로부터 자유로워질 수 있는 존재인 인간만이, 사회를 구성하여 더불어 살며 질서를 창조해야 하는 인간만이 윤리적 행위를 실천할 수 있는 (또한 실천해야 하는) 것이다. 이러한 특수성은 곧 윤리가 인간의 본질에 속함을 말하고 있다. 따라서 인간은 인간적이기 위해서 윤리적이어야 하고 윤리를 떠나서는 '인간'이라고 할 수 없다. 윤리는 '인간의 조건(conditio humana)'에 필수적이다. "제발 사람 좀 되어라"라는 말은 그냥 태어났다고 해서 사람이 되는 것이 아니라 사람의 자격에 걸맞게 되어야 하는 것을 시사하고 있다. 그런데 모든 인간에게는 예외 없이 윤리적 행위를 하도록 (윤리적 행위를 할 수 있고 또 해야 하는) 양심이 주어져 있다. 그렇다면 여러 가지 정신적 결함이 정신의학상의 문제가 되는 것처럼, 양심의 결함이나 미비한 작동도 정신의학과 결부되어야 한다. 이렇게 윤리가 '인간의 조건'이고 인간의 본질을 이루기에, 예외 없이 모든 인간에게, 어떤 일을 추구하며 살아가든 어떤 직업에 종사하든, 문제로

172

되는 것이다. 정치가, 상인, 과학자, 법률가, 교육자, 학생, 기타 등등 모든 형태에 '윤리'는 붙어 있다. 즉, 모두가 도덕적 판단을 해야 하고, 자신의 행위에 대해 책임을 져야 하는 것이다.

인간이 윤리적 실천을 해야 할 또 다른 특별한 이유는 인간의 사회적 존재됨에서 확인할 수 있다. 개인이 도덕적으로 성숙되고 덕망이 쌓이며, 인격이 도야되고 성인군자로 되는 것, 나아가서는 "양심을 입법으로 하여"(칸트) 법 없이도 사는 선량한 사람이라면 확실히 아름다운 인간으로 보인다. 윤리를 '당위'의 차원을 넘어 스스로 원해서 실현하고, 또 윤리를 아름다운 경지로 승화시킨 삶은 인간의 위대함을 그대로 드러낸다. 그러나 이렇게 특별히 윤리의 고매한 단계에 오르는 것은 의무적이 아니다. 그것은 요망사항이고, 자유에 의해 스스로 그런 단계로 승화되는 것이리라. 그러나 이에 반해 인간의 사회적 존재됨은 의무적으로 윤리를 실천해야 할 당위를 전제로 한다. 이 인간의 사회적 존재됨으로 말미암아 인간은 마땅히(당위!) 윤리를 실천해야 하는 것이다. 개인은 또 다른 개인들과, 타자와 더불어 공존하기 때문이다. 만약 세상에 나 혼자만 산다면(결코 혼자 살 수 없겠지만), 그리고 만약 내가 윤리적으로 행위하길 싫어한다면, 그렇게 할 수도 있을 것이다. 그러나 이 세상은 나의 세상이라기보다는 오히려 절대적으로 타자들의 세상이기에, 나는 내 마음대로 행위할 수 없다. 흄에 의하면, "우리는 우리가 욕구하고 있는 것에서 출발한다." 그러나 우리는 나의 욕구 때문에 사회의 질서를 혼란시키거나 타자를 나의 욕구의 수단으로 삼아서도 안 된다. 그것은 흄의 "욕구하는 우리"도 희생되길 원치 않기 때문이다. 우리는 이타주의를 원리로 삼지 않더라도 최소한 타자를 비윤리적으로 취급해서는 안 된다.

　세상은 말할 것도 없이 나의 놀이터가 아니다. 또한 세상은 나의 존재로 말미암아 드디어 존재의미를 갖는 것(근대 주체주의의 오만!)도 아니다. 나는 세상의 관계망 속에 포함되어 있지만, 그러나 세상은 내가 이 세상의 존재의미를 부여하든 혹은 부여하지 않든 상관없이, 나와 무관하게 나름대로 존재하는 것이다. 내가 존재하지 않는다고 해서 세상이 존재하지 않는다고 말할 수 없다. 이러한 세상에서는 따라서 당연히 나와 너를 비롯한 우리 모두를 공존할 수 있게 하는 질서가 필수불가결이다. 공존해야 하는 곳에는 당연히 윤리가 문제시된다. 인간은 사회를 떠나서 살 수 없는 존재이다. 인간은 타자와 더불어 살아가야 하는 존재이기 때문이다. 나혼자만 혹은 나와 같은 패거리만 사는 것이 아니다. 많은 사람들이자신들의 자유와 개성과 행동양식의 다양성으로 살아가기에, 거기는 서로를 해치지 말아야 하는 윤리적 당위가 존재하지 않을 수없다. 내가 타자에 의한 비윤리로부터의 폐해를 역겨워하고 받아들일 수 없는 것처럼 타자의 경우도 마찬가지인 것이다. 물론 그러한 폐해를 수용하겠다는 태도는 다른 차원에 속한다. 따라서 인간과 사회 및 윤리는 서로 공속관계에 놓여 있다. 인간의 타자와의공존관계 및 공속관계는 사회질서를 위한 윤리가 필수적임을 시사하고, 이러한 윤리는 나만의 의도나 취미, 기호나 재미와는 상관없이 유지되어야 하는 것이다. 사회의 질서와 규범으로서의 윤리가업신여겨진다거나 흔들릴 때, 그 사회는 혼란에 빠지게 되고 저질화되는 것이다. 인간이 사회적 관계에 놓여 있지 않다면 결코 윤리적 행위를 하도록 강요받지 않는다. 인간이 사회적일 수 있는 것은 윤리의 덕택이고, 사회를 인간적일 수 있도록 하는 것도 윤리이다. 따라서 인간과 사회 및 윤리의 공속관계는 하나의 통일적인 현실성이라고 볼 수 있다. 인간이 없는 사회나 사회적이지 않은 인간을 생각할 수 없듯이, 윤리 없는 인간사회는 그 근원부터 잘못된 것이다.

현대인은 그러나 유감스럽게도 나와 너, 우리가 더불어 살아가고 공존해야 하는 것을 추구하기는커녕 묵살하고 살아간다. 나와 너, 우리를 아우르고, 모든 국가와 민족, 종교와 이데올로기를 초월하는 보편성의 윤리를 현대인은 지향하지도 않고 또 특별한 관심을 표명하지도 않는다. 그 대신 현대인은 자기의 프라이버시와 색깔을 신성시하고 자기의 이익과 행복을 추구하는 것을 거의 불문율로 승화시켰다. 타자들을 내가 돈벌이하고 부자가 되는 데에, 내가 출세가도를 달리는 데에 수단으로 취급하는 것도 현대인의 야비한 속성이다. '제 잘난 멋에 사는 사람'과 '자기도취증(Narzissmus)'에 빠진 사람은 또 얼마나 많은가. 아무런 자기반성도 없고 공존의 윤리와 조화도 없이 그저 고삐 풀린 망아지처럼 현대인은 살아간다. 제 멋대로의 세상에는 윤리가 걸림돌로, 방해꾼으로 보일 수밖에 없다. 그래서 공존의 윤리는 마치 굴레와 멍에로 여겨지는 데에 위기의 씨와 비극이 들어 있는 것이다. 윤리를 굴레로 여기는 사람의 천박함은 그러나 이 굴레를 벗어 던지고 야생동물처럼 산다고 해도 결코 행복해질 수 없을 것이다. 부메랑 효과가 늘 따르기 때문이다.

사회적 지평에서의 윤리는 '책임윤리'를 통해 구체적으로 드러난다. 자신의 행위에 대해 책임을 지는(져야 하는) 태도이다. 이것은 그러나 지극히 당연한 것이기에 군이 윤리학적인 근거이론을 끌어들여 변증할 필요는 없다. 그것은 타자가 나에게 부당하고 무책임한 비윤리적 행위를 가해올 때, 내가 이를 온당치 않게 여기기 때문이기도 하다. 자신이 저지른 행위에 대해 책임을 져야 하는 것은 기본이고 상식이며 인간의 본성에 속하는 기초윤리이다. 책임질 수 없는 일을 저질러서는 안 된다. "저질러놓고 보자"는 식의 태도는 따라서 윤리의 기본이 안 되어 있는 야만이고 비인간적 행위이며, 용서할 수 없는, 정신병적인 질환이다. 오늘날 사회에서 일어나는 대부분의 사고들은 이 '책임윤리'와 관련이 있다. 책임질 수 없는 일을 저질러놓고서 바깥세상이 시끄럽거나 위태로우면 '복지부동'하고, 들통이 나면 '오리발'을 내밀거나 '네 탓'으로 돌리는 몰염치를 행사하며, 끝까지 책임을 회피하려다 한계에 봉착하면 '닭발'을, 세상이 잠잠하게 되면 '문어발'을 꺼내어 다시 활동한다. 그런데 만약 막다른 골목에 몰리게 되면 "왜 다른 사람들도 다 그렇게 하는데 나만 지적하느냐?"라고 대들고 "재수가 없다"는 식으로 공격적인 태도를 보인다. 그래서 야비한 현대인들은 자기 책임에는 외면하고 '네 탓'으로 돌리는 데는 천부적 재능을 드러낸다. 무책임은 곧 공동체 생활의 상실이고 파괴인 것이다.

요나스(H. Jonas)의 『책임의 원리』는 책임을 곧 원리로 승화시킨 위대한 윤리학의 모범을 보여주고 있다. 일찍이 플라톤은 "철인의 책임"을, 그리고 칸트는 "책임의 윤리학"을 전개했고, 슈바이처는 "생명 앞에 책임"을, 후설은 "사유의 책임"을 강조했다. 국가의 흥망도 윤리에 의존한다고 철인들은 말한다. "국가의 멸망은 윤리의 타락 때문이다"라고 플라톤은 『국가』에서 밝히고, 또 19세기의 역사학자 랑케(Leopold von Ranke)도 "민족의 흥망을 결정하는 것은 경제력도 아니고 군사력도 아니다. 국토의 크기도 아니다. 그것은 도덕적 에너지다"라고 한다. 폼페이의 멸망이나 소돔과 고모라의 멸망, 로마의 멸망은 말할 것도 없고, 고구려와 백제와 신라의 멸망을 떠올려보고 고려와 조선의 멸망을 생각해보면 위의 플라톤과 랑케의 말은 지극히 합당한 것으로 보인다. 물론 예외도 있을 것이다. 윤리적인 기초가 튼튼하지 못할 때 건강한 정치가 된다고 볼 수 없는 것은 만고의 진리이리라. 윤리로 질서가 유지되는 사회와 국가는 분명 우수한 사회요 우수한 국가이다.

누차 지적했지만 "왜 윤리를 실천해야 하는가?"의 당위성을 현대인들은 결코 심각하게 받아들이지 않는다. 아니, 냉담한 무관심을 표명할 수도 있을 것이고, 심지어 싫어할 수도 있을 것이다. 거기에서 아름다움을 찾지 못하는 정신이 빈곤한 자들이나 안목의 세계에 급급한 자들 및 이기주의자에게는 당연할 것이다. 윤리를 등진 비윤리의 세계라면 더욱 행복해질까? 겉보기에는 자유의 확장으로 보이고 많은 행복이 보장될 것같이 보일지 모르나, 그것은 신기루일 것이다. 그것은 오히려 방종과 불행의 화산이 되어서 저 신기루의 자유와 행복을 삼킬 것이다. 이것은 마치 자연을 정복한다는 미친 짓이 항상 그 부메랑 효과로 나타나 오히려 정복당하는 것과 같은 꼴이다. 언제 자연을 정복했던가? 정복당하는 것은 그러나 자연이 아니고 인간 자신이다. 인간이 저지른 짓만큼 자연은 인간에게 돌려준다. 바로 이러한 자연에서처럼 윤리에도 부메랑 효과가 존재하는 것이다. 비윤리는 따라서 결국 인간 자신을 갉아먹는 좀인 것이다.

8 장
인간의 심연

1. 인간에 대한 물음

이 세상엔 풀리지 않는 수수께끼가 많지만 인간 자신만큼 미스터리에 둘러싸인 것은 드물 것이다. 우리가 제목을 '심연'이라고 붙인 것은 그 바닥이 결코 다 드러나지 않는다는 뜻에서이다. "인간이란 무엇인가?"는 예나 지금이나 또 앞으로도 물어져야 하는 진지한 철학적 근본물음이다. 물론 이러한 물음은 인간의 본질에 관한 물음이고 또한 의미 물음이기에 정답을 요하는 그러한 물음은 아니다. 그러나 이 물음은 다른 여러 개별 학문들의 경우와는 달리 ― 경험적인 개별 학문들은 인간을 특정한 대상으로 취급하지만, 그러나 인간은 끝까지 대상화되지 않고 객관화되지 않으며 사물화될 수 없는 독특한 부분을 갖고 있으므로 ― 인간의 총체성과 본질을 묻는다.

　그런데 인간의 본질 혹은 인간의 정체를 밝히기는 여간 어려운 일이 아니다. 아니, 절대적이고 결정적인 인간에 대한 정의는 없다. 모두 인간의 일면을 말할 따름이다. 단도직입적인 인간 규명이 불가능하다는 것은 말할 것도 없고, 인간이 품고 있는 단순한 의도마저도 밝혀낼 수 없는 사실을 우리는 속담을 통해서도 확인할 수 있다. 이를테면 "열 길 물속은 알아도 한 길 사람 속은 모른다", "무 속과 사람 속은 쪼개봐야 안다", "개구리가 뛰는 방향과 사람의 마음은 알 수가 없다" 등이다. 이 모든 우스갯소리와도 비슷한 말들은 그러나 인간의 속성을 쉽게 파악할 수 없다는 것을 시사한다.

　인간의 본질을 꿰뚫어 보려면 인간의 속성과 습성 등 가까운 주변부터 고찰해야 할 것이지만, 이와 동시에 그의 어두운 부분과 멀고 초월적인 부분도 봐야 할 것이다. 인간의 보편성과 동일성을 발견하기 위해서는 먼저 차이와 개별성을 파악해야 하기 때문이다. 우리가 어떤 대상의 정체를 파악하려 한다면 그 대상을 분석하여 (이를테면 성분, 성질, 기능, 특징 등) 그것이 무엇인지를 대체로 이해할 수 있다. 즉, 대상의 정체는 현상 분석으로 거의 완전히 해명될 수 있으며 아무런 본질문제를 남기지 않는다. 그러나 문제가 인간일 경우에는 그 상황이 전혀 달라진다. 예컨대 인간을 몸과 마음으로, 육체와 영혼으로 구성된 존재라고 규정한다 해도 체질 분석이나 심리 분석만으로 인간의 정체가 남김없이 해명된다고 단정할 수는 없다. 즉, 밖으로 드러난 행동은 단순한 신체적 동작이 아니며 내밀한 심리현상까지도 어떤 배후적 존재가 지시하거나 야기한 것으로 이해될 수 있다. 다시 말하면 신체현상과 심리현상의 주체라고 할 수 있는 어떤 원인이나 배후자가 이 현상들의 본질을 형성하는 것으로 이해될 수 있기 때문이다. 그렇기에 인간의 경우는 현상(신체현상, 심리현상 등) 분석만으로는 인간의 정체가 해명되지 않는 본질의 문제가 남아 있다. 인간은 자기의 정체가 무엇인가를 언제나 문제로 삼고 물을 수밖에 없다. 인간의 존재에 대한 물음은 다 해명되는 문제가 아니라 그 존재 자체가 다름 아닌 물음이며 물음의 형식으로 존재하는 문제 자체인 것이다.

2. 경이로운 존재

그렇기에 인간은 참으로 경이로운 존재이다. 그 무엇으로도 그의 심연과 총체성을, 그의 본질을 다 드러낼 수 없다. 인간은 신(神)이 아니지만 신적인 속성을 갖고 있고(이를테면 창조성, 자유, 불멸하는 영혼의 소유 등), 또 동물이 아니지만 동물적 속성도 갖고 있다. 더 나아가 인간은 천사가 아니지만 천사의 속성을, 악마가 아니지만 악마의 속성을 갖고 있다. 인간은 본능을 갖고 있지만 그러나 그것에 얽매여 살지 않을 수도 있고, 또 빵이 없으면 못 살지만 빵만으로는 살 수가 없다. 인간은 "신의 형상(imago Dei)"을 갖고 있으며 "만물의 영장"이라 일컫고, "불멸하는 영혼의 소유자"(플라톤)로서의 고귀한 존재이지만, 악마와 늑대의 짓을 자행하고 생지옥을 그려내기도 하며, 번뇌와 생로병사의 덫에 걸려 있는 존재이기도 하다. 따라서 인간은 한없이 비참할 수도 있으며 또한 한없이 숭고할 수도 있다. 신을 닮고 불멸하는 영혼을 소유한 인간의 모습은 기독교와 플라톤에게서, 인간의 본성이 선하다는 것은 루소와 맹자에게서, 또 이와 반대로 인간의 본성이 악하다는 것은 순자와 홉스에게서, 인간의 슬프고 고뇌에 찬 모습은 부처와 쇼펜하우어에게서, 또 밝고 예정조화된 세계상은 헤겔과 라이프니츠에게서 각각 그 모습을 볼 수 있다.

인간은 코스모스에 속해 있지만 그 스스로가 그리스인들이 정의한 대로 '소우주'이다. 과연 소포클레스가 『안티고네』의 합창단을 통해 말한 대로 "세상엔 경이로운 것이 많긴 하지만, 인간보다 더 경이로운 것은 없다." "인간이란 무엇인가?"의 질문에 대한 답변은 결코 인간학의 그물망에도 다 걸려들지 않는다. 즉, 인간의 심연은 결코 다 드러나지 않기에 남김없이 다 파악되거나 규명되지 않는 것이다. 그러므로 우리는 최소한 인간 파악을 극단으로 끌고 가지 말아야 할 것이며, 명쾌하고 유일한 답을 얻으려고 고집을 피우지 말아야 할 것이다. 만약 인간을 자연과학적인 대상으로만 파악할 경우 인간의 정신과 영적 의미, 존엄과 위상, 양심과 도덕적 가치, 자유와 의지 등의 문제가 너무 가볍게 처리될 위험이 있고, 또 이와 반대로 인간의 자연과학적인 것을 배제시키면 너무 추상적이고 비실제적인 면으로 흐를 위험이 있는 것이다. 또한 인간의 위대함을 드러낸답시고 인간을 우주 내에서 절대자의 위치로 끌어올려도 온당하지 않고(과학을 등에 업은 자들의 주장), 이와 반대로 인간 이하의 사물의 형태로 끌어내려도 안 된다(유물론의 망나니 짓). 물론 이토록 극단적인 것을 피한답시고 막무가내로 평균적인 것을 지향해서도 곤란하다. 따라서 인간의 심연이 다 드러나지 않는 만큼 철학적 노력도 계속되어야 할 것이다.

인간의 본질을 전래의 철학적 카테고리(이를테면 아리스토텔레스와 칸트의 '범주')로서 다 파악할 수 없기에 오히려 이러한 카테고리나 개념으로 다 파악될 수 없는 인간의 특성을 하이데거는 "실존범주(Existenzial)"로 밝히고 있다. 인간은 창조적 행위를 하여 끊임없이 새로운 것을 드러내며, 역동적이면서 개방적이고, 또한 자유를 갖고 있기에 궁극적으로는 모든 규명과 범주, 속박과 얽어맴으로부터 벗어나 있는 것이다. 인간의 본질을 파악하고 이해하는 데 있어서 그 한계가 있는 것은 그의 심연이 다 드러나지 않는 것뿐만 아니라, 그가 이 세상에서 미완성의 존재방식으로 존재하기 때문이기도 하다. 그는 이 세상에서 이렇게 혹은 저렇게 살아야 할 고정된 틀을 갖고 있지 않다. 그가 도달되어야 할 어떤 일정한 혹은 완성된 지점은 없는 것이다. 그는 끊임없이 자신의 삶을 실현해가는 이른바 "되어가는 존재"인 것이다. 이처럼 미완성의 존재방식으로 자신의 삶을 실현해가는 "되어가는 존재"야말로 인간의 본질을 밝히는 한 속성이라고 할 수 있겠다. 인간의 존재방식은 완성되어 있는 것이 아니라 오히려 끊임없는 실현을 통해 되어가야만 하는 존재인 것이다.

그러나 이렇게 인간을 규명하기 어렵고 그 어떤 카테고리에 얽어맬 수 없음에도 불구하고 인간학은 철학의 여러 영역 가운데서도 으뜸이 되는 것이다. 과연 칸트가 지적한 대로 인간학은 "철학의 근본물음"이고 중심 과제이다. 잘 알려져 있지만 칸트는 네 가지의 철학적 "근본물음"을 설정하는데(*Logik*, A 25), 첫째는 "나는 무엇을 알 수 있는가?", 둘째는 "나는 무엇을 해야 하는가?"이고, 셋째는 "나는 무엇을 희망해도 되는가?", 넷째는 "인간이란 무엇인가?"이다. 첫째 물음의 답은 형이상학과 인식론이고, 둘째의 답은 도덕이며, 셋째는 종교이고, 넷째는 인간학이다. 그러나 첫째부터 셋째까지의 물음은 결국 마지막 물음에 관계하기에, 이 셋의 물음들은 네 번째의 물음으로 귀착한다. 막스 셸러(Max Scheler)는 인간학의 문제를 더욱 절박하게 여기고 평생 동안 이 과제에 '몰두'했다. 그는 1914년 「인간의 이념에 관하여」라는 논문에서 "철학의 모든 중심적인 문제는 '인간이란 무엇인가?'라는 물음으로 귀착한다"고 역설했다.

3. 전래의 인간본질 파악

철학사에서는 인간의 본질을 파악하려고 여러 모로 정의를 내려보고 있지만, 그러나 이것도 인간의 본질에 대해 한 면을 밝혔을 따름이지 전적인 그리고 유일무이한 규명은 아닌 것이다. 그만큼 인간의 본질을 총체적으로 드러낸다는 것이 여의치 않다는 것을 의미한다. 우리는 그 수다한 규명들을 열거해보기로 한다.

-- 우선 인간의 학명이라는 '호모 사피엔스(Homo sapiens)'를 언급해보자. 이것은 인간이 영리하고 이성을 가진 존재라는 의미로서 인간을 동물로부터 구별하는 헬레니즘 세계의 인간관이다. 여기서 이성(Logos)이 신적인 로고스로 해석되면 기독교적 인간관과도 접목될 가능성이 있다.

-- 고대 그리스에서는 인간을 '소우주(Mikrokosmos)'로 규명했다. 인간은 물론 총체로서의 우주에 속하지만 동시에 인간 자신이

'소우주'로서 우주의 위상을 갖고 있는 것이다. 그렇기에 인간은 결코 다른 예사로운 사물과 존재자처럼 우주의 내부 구성물에 불과하지는 않다. 그것은 인간 스스로가 소우주임은 말할 것도 없고, 그의 자유에 의해 우주의 운명도 변화될 수 있는 그런 가능성이 있기 때문이다. 그러나 본래의 우주를 대우주(Makrokosmos)로 보고, 여기에 비해 코스모스적 성격을 갖추었지만 '소-(Mikro-)'로 인간을 규명한 것은 결코 인간이 대우주 앞에 교만할 수 없음을 시사하고 있다. 이러한 고대 그리스적 인간 규명에는 인간을 코스모스(세계)와 근본적으로 이질적인 존재로 보지 않는 입장은 말할 것도 없고, 또한 서구의 근대가 저지른 죄악인 코스모스를 지배하고 정복하는 오만도 들어 있지 않다. 인간은 코스모스로부터 와서 다시 거기로 되돌아간다는 것이 그리스인들의 인간 규명에 잘 드러나 있다. 인간은 결코 코스모스의 지배자나 관장자가 아닐 뿐만 아니라 동시에 단순한 부속물도 아니다.

-- "인간은 만물의 척도"라고 프로타고라스(Protagoras)는 주장했는데, 이때 '인간'은 보편적 인간이 아니라 임의의 인간으로 알려져 있다. 이 말은 개개의 사물이 나에게는 나에게 나타나는 그대로 존재하고, 너에게는 너에게 나타나는 그대로 존재한다는 의미가 내포되어 있다. 이런 맥락에서 프로타고라스의 말은 "모든 것이 인간을 위해 존재한다"라는 진술로 귀착된다.

-- 기독교와 헤브라이즘 및 신학에서는 인간을 신의 피조물(esse creatum)로 이해한다. 특히 기독교에 의하면 인간은 신으로부터 창

조된 자이고, 사탄의 유혹에 타락했으며, 그리스도의 십자가 속죄를 통해 그에게 구원의 가능성이 주어진다. 또한 최후의 심판으로 세계의 종말도 설명되고 있다. 이 외에도 기독교에서는 인간을 "신의 형상을 가진 자(imago Dei)"로, "만물의 영장"으로, 육과 영에 의한 이중구조(Doppelnatur)의 존재로, 죄인이면서 신의 사랑을 받는 자로 파악하고 있다.

  -- 플라톤에게서 인간은 불멸하는 영혼의 소유자이고, 이데아의 담지자이며, 영혼과 육체의 이왕국적 존재이다. 플라톤에게서 인간은 숭고한 영혼으로 말미암아 신(神)이 아니지만 신과 닮은, "신의 형상"을 가진 존재로 된다. 그의 대화록 『파이돈』은 인간의 영혼이 불멸함을 소크라테스의 목숨을 걸고 증명한다. 이 외에 그의 대화록 『국가』와 『파이드로스』에도 영혼의 불멸함을 증명하기 위한 처절한 싸움이 전개되고 있다.

  그런데 기독교와 플라톤 및 아우구스티누스에게서 영혼의 의미가 강하게 부각되어 있지만(불멸하는 비물체적 실체로서), 우리는 육체가 무의미하다거나 무가치하다는 식으로 판단해서는 안 된다. 그것은 기독교적으로는 인간의 육체가 다른 피조물과는 달리 신으로부터 손수 지음을 받은 것이며, 신으로부터 숨결을 받아 삶을 견지하는 것이기도 하고, 그리스도의 성육신의 경우에 드러나듯 육체를 통해 구체적인 역사의 현장으로 오심이 입증되었기 때문이기도 하다. 달리 말하면 육체는 그리스도의 육화(Inkarnation)를 받아들일 만큼 고귀한 의미를 내포하고 있는 것이다.

  플라톤의 경우에 육체가 영혼의 표시(sōma sēma)이며, 영혼을

끄는 수레이고, 또 영혼에 염려를 끼치지만, 그러나 결코 학대의 대상이나 무가치한 것으로 받아들여지지 않았다. 단지 육체는 병들고 영양실조에 걸리며 욕구충족을 끊임없이 요구하고 스스로 유한하여 끝내 죽게 된다는 사실 때문에 그렇게 받아들여진 것이다. 그러나 "정신의 영혼"이 머리에 자리하고, "용감한 영혼"이 가슴에, "정욕의 영혼"이 아랫배와 하체에 터 잡고 있다는 비유는 (『파이드로스』) 육체의 확실한 존재의미를 드러내고 있다. 영혼과 육체는 서로의 존재를 끌어안고 있으며 서로 매여 있다. 서로 주고받는 상관관계에서 육체와 영혼은 일체를 이루고 있다. 나의 몸은 나의 영혼과 마음, 인격이 존재함을 구체적으로 드러내는 실존적 표시이다. 따라서 몸을 통하여 나는 특정하고 구체적인 한 인간이 되며, 몸을 통해 나는 세상에 닻을 내리고서 세상과 상호관계를 유지하는 것이다. 몸과 더불어 인간은 세상 안으로 들어오며 몸과 더불어 우리는 죽는다. 언어와 대화, 사랑과 미움, 성공과 실패, 행복과 불행, 삶과 죽음 등 모든 발전과 변화와 상황이 이 육체와 더불어 일어난다.

그런데 서구의 중세는 이러한 육체를 — 수도생활과 고행과 금욕에 드러나듯 — 경악스러울 만큼 학대하였고, 육체적인 노동을 천대시하였다. 물론 불교의 윤회와 업보의 사상이나 유교의 문치사상에도 육체를 경멸하고 천시하는 요소가 들어 있다고 할 수 있다. 그런데 이와 극단적인 반대 현상으로서 정신혐오증과 쾌락주의, 자기중심주의, 상업자본주의에서는 육체를 상품화하고 또 숭배하는 실정이다. 그래서 인류는 예나 지금이나 육체와 영혼이나 정신 사이에 조화로운 관계를 유지하지 못하고 살아간다.

-- 아리스토텔레스는 인간을 "이성적 존재"(좀 더 정확한 번역으로는 "로고스를 가진 존재(zōon logon echōn)")로 또한 "사회적, 정치적 존재"("폴리스 생활을 하는 존재(zōon politikōn)")로 규명했는데, 이러한 규명은 우리에게 꽤 잘 알려진 편이다. 물론 이러한 아리스토텔레스의 인간에 관한 규명도 다른 규명들과 같이 인간본질의 한 단면을 드러낸 것이겠지만, 썩 많은 인간의 단면을 드러낸 보기로 보인다. 또한 이러한 규범은 인간을 다른 생명체와도 구분하게 한다. 그런데 이러한 다른 생명체와의 구분이 위계질서를 강조하여 인간에게 터무니없는 특권으로 이어져서는 안 된다. 물론 아리스토텔레스도 차이를 밝히는 데 주력했지, 그러한 위계질서를 강조하지는 않았다. 우리가 우려하는 바는 포스트모더니즘 같은 사조가 '이성'이라는 용어에 딱지를 붙여 가차 없이 난도질을 하고 처단하겠다는 태도이다. 그러나 그리스의 '로고스'는 결코 근대의 합리주의적인 '이성'과는 다른 것이다. 따라서 '이성중심주의'를 성토하고 타도하겠다는 포스트모더니즘의 일방적인 막가파식 공격은 뭔가 많은 문제를 안고 있는 것이다. 현대의 과학기술문명을 야기하고 물질문명과 산업사회를 태동시켜 오늘날과 같은 혼란의 시대로 끌고 온 것은 근대의 이성중심주의라고 할 수 있을 것이다. 더욱이 고대의 철인들은 '이성'을 도그마화하지 않은 것이다. 또 포스트모더니즘은 제1, 2차 세계대전과 같은 참혹한 현상의 원인을 서구의 '이성'에서 찾고 있는데, 이것 또한 잘못된 것이다. 제2차 세계대전과 같은 전쟁이 터지고 잔인한 비극이 오간 것은 '이성'이 저지른 것이라기보다는 오히려 비이성과 반이성이 그랬기 때문이다.

-- 데카르트는 인간을 "사유하는 실체(res cogitans)"와 "연장(延長)적인 존재자(res extensa)"로 분리하였다. 후대의 인간학은 데카르트의 이러한 분리를 비판하고 단일한 존재로서의 인간학을 지향한다.

"근대철학의 아버지"라고 일컬어지는 데카르트에게서부터 이미 인간의 주체성은 극대화되기 시작한다. 데카르트는 자기 자신의 존재확실성을 구하는 데에서 시작하여 모든 영역에 이 확실성을 우선 과제로 삼았으며, 모든 확실성의 근거를 인간의 자아의식, 즉 자아의 확실성에서 찾았다. 잘 알려진 그의 명제인 "나는 생각한다. 고로 존재한다(cogito, ergo sum)"는 곧 데카르트에게서 "철학의 제일원리"이다. 즉, 데카르트에게서 (또한 근대철학에서) 생각하는 자기 자신으로부터 자신이 존재한다는 사실이 여타 모든 확실성의 토대가 되는 것이다.

데카르트의 주체중심주의적인 시도는 철학사적으로는 커다란 변화를 가져온 것이다. 즉, 중세는 신(神)의 확실성으로부터 자아의 확실성을 이해했으나, 데카르트에게는 이와 같은 방식이 뒤집혀 있는 것이다. 다시 말하면 중세의 오랜 신중심주의에서 벗어나 인간중심주의에로의 전환을 가져온 것이다. 중세 암흑기를 벗어나는 데에는 긍정적인 기여도 했겠지만, 그러나 인간 주체를 맨 앞에 내세우는 인간중심주의를 절대화하는 데에 큰 기여를 했으며, 이는 인류의 정신문화에 엄청난 혼란과 과오를 가져온 것이다. 현대 문명은 그 증상을 잘 드러내고 있다.

-- 파스칼(B. Pascal)은 그의 『명상록』에서 인간을 "생각하는 갈

대"로 규명했는데, 이 규명은 우리에게 잘 알려져 있다. 갈대로서의 인간은 한없이 유약하지만, 그러나 '생각하는' 갈대로부터 인간의 위대함을 파스칼은 포착한 것이다. 우리는 다음 장(章)에서 이러한 파스칼의 규명을 따로 논의할 것이다. 위에서 파스칼도 '생각'이라는 용어를 썼지만, 그러나 그의 '생각'(사유)은 데카르트에게서처럼 지나치게 인식론적이고 관념론적인 것이 아니다. 오히려 그의 '생각'은 오히려 인간의 실존적 모습을 드러내주고 있다. 데카르트의 경우는 명석하고 판명한 사유를 통하여 인식론적이고 관념적인 확실성을 획득하는 것이지만, 그러나 인간의 실존적 안전성이 얻어지는 것은 아니다. 이에 반해 파스칼의 '생각'은 인간 자신의 이해와 실존적 위치를 말해주는 것이다. 그에게는 데카르트의 경우와는 달리 합리적인 이성만으로 인간이 다 설명되는 것이 아니었다. 데카르트는 심지어 인간의 영혼을 의식과 동일시했고 또 영혼의 기능을 전적으로 사유에 귀속시켰다. 파스칼은 그러나 이성(Reason)과 대조되는 '마음(Coeur)'을 중심에 두었다. '마음'은 인간의 인격적이고 영적인 중심이고 인간의 가장 내밀한 활동 중심이며, 타자들과 인격적 관계를 맺는 출발점이고 실재세계를 전체적으로 파악하는 장소이다. '마음'은 이성이 모르는 자기 고유의 논리를 갖고 있으며(logica cordis), 진리를 인지하는 곳이기도 하다. 심지어 "인간이 진실로 자신을 알 수 있는 것은 이성의 오만한 활동에서가 아니라 오히려 이성의 순박한 순종에 의해서, 즉 종교에 의해서이다"라고 파스칼은 말한다. 그렇기에 이성의 최종적인 한 걸음은 자신을 초월하는 무한한 세계가 있다는 것을 인정하는 일이라고 파스칼은 역설한다.

또한 파스칼은 인간을 "중간자"라고도 파악했는데, 그것은 인간이 무한히 큰 것과 무한히 작은 것 사이의, 영원과 순간 사이의, 신과 동물 사이의 중간에 위치한 피조물이라는 것이다. 광대무변한 대우주에서는 지구나 태양마저도 미세한 한 점에 불과할 것이다. 그렇다면 인간은 여기에 비하여 어떤가? 그야말로 허무에 불과할 정도인 것이다. 그런데 이와 반대로 미약한 유기체의 세계로 눈을 돌려보자. 이러한 유기체가 또한 분해되고 분해되어 원자에 이르게 될 것이고 나름대로 미세한 세계도 무한에 가까울 것이다. 이러한 양극의 무한 사이에서 인간은 불균형이고 중간자이며 위대함이자 동시에 비참함이다. 즉, 인간은 이 우주 가운데서 무한에 비해서는 허무에, 또 허무에 비해서는 전체에 해당하여, 곧 허무와 전체 사이에 놓여있는 중간자이다. 이 중간의 위치에서 인간은 사물의 근원도 또 그 종말도 헤아릴 수 없다. 인간은 그가 세상으로 이끌리어 나온 허무도 또 그가 삼켜지는 무한도 볼 수 없다. 인간은 이들 양자의 비밀을 알지 못하는 절망 속에서 다만 사물의 중간의 외양만을 볼 따름이다.

-- 카시러(E. Cassirer)는 그의 『상징 형식들의 철학(*Philosophie der symbolischen Formen*)』에서 인간을 "상징적 동물(animal symbolicum)"로 규명했다. 카시러에 의하면 상징을 형성하는 능력이야말로 인간의 본질적 특성인 것이다. 인간은 언제나 상징적 세계에 있으며 또 상징 개념 속에서 감각과 정신적 능동성 사이의 매개를 발견한다.

-- 베르그송(H. Bergson)을 비롯한 몇몇 철학자들은 인간을 "공작인(工作人, Homo faber)"으로 규명한다. 인간은 무언가 만들어내는 속성을 갖고 있다. 이 무언가를 만들어내는 것은 생산적 행위이고 일종의 창조적 행위인 것이다. 따라서 이러한 행위는 인간으로 하여금 동물과 구분을 짓게 하는 요인이 된다.

-- 실존철학은 전적으로 인간의 실존과 본질과 "본래성"(하이데거)에 대해 묻기에, 따라서 실존철학의 인간 규명에 관한 논지를 한마디로 설명하기는 어렵다. 그래도 대략 요약하여 (이해를 위해 거의 억지로) 그 논지를 참고해보면, 인간은 자신의 실존과 존재의 미를 묻는 존재라고 규명한다. 실존철학은 어떤 한 인간의 실존이 궁극적으로 그 누구와도 대체될 수 없는 고유성과 특수성, 유일성과 일회성, 독립성과 자유 및 창조성과 초월성에 악센트를 둔다. 사르트르는 "인간은 스스로 만드는 존재이다"라고 하며 "인간은 자유에로 처단되었다"라고까지 선언한다. 실존철학에 의하면 인간은 스스로 자신을 만들어가는 존재이고 그 밖엔 아무것도 아니다. 이것이야말로 실존철학의 제일원리라고 할 수 있다. 인간은 스스로 실현하고('자기실현') 결단하며 책임지고 창조하면서 존재하는 것이다.

-- 셸러(M. Scheler)는 특별히 인간의 "인격적 정신"을 드러내었다. 셸러는 인간의 어느 한쪽을 강조하거나 소홀히 하지 않고 다양한 측면에서 파악하지만, 그래도 자연계 내에서의 다른 피조물과 두드러진 차이를 드러내는 인간의 인격과 정신을 강조했다. 인간

은 인격자로서 자신의 도덕행위의 책임과 의무와 자유를 갖는 것이다. 셸러의 '인간'은 다른 피조물처럼 환경의 직접성에 얽매여 있지 않을 뿐만 아니라, 충동에도 얽매여 있지 않고, 오히려 그것으로부터 자유롭다는 것이다. 그는 자유에로 던져져 있고 세계에로 열려 있다. 즉, 그는 개방성 속에서 사는 것이다. 셸러에게서 인간의 정신적 인격은 다른 피조물과 확연하게 구분되는 특징으로서 이 정신적 인격으로 말미암아 ('정신'이 곧 신적인 것의 본질을 이루기에) 인간은 신적 존재에 참여하고 있는 것이다.

-- 겔렌(A. Gehlen)은 인간을 "결함을 지닌 존재(Mängelwesen)"와 동시에 "문화적 존재(Kulturwesen)"로 파악한다. 겔렌에 의하면 동물은 고도의 전문성과 확실한 본능을 가진 존재이지만, 인간은 이에 반해 비전문성과 미완성 및 빈약한 본능으로 말미암아 "결핍된 존재"이다. 이를테면 실제로 인간보다 날쌘 동물은 많으며, 일부 동물의 날카로운 이빨과 발톱은 인간을 능가하고, 특히 동물의 새끼들은 태어나고 얼마 후에 기립하고 또 성숙하지만 인간의 경우는 여기에 비교도 안 되는 형편이다. 따라서 인간은 생존하기 위해 이러한 결핍을 대체하고 보상하지 않으면 안 된다. 바로 인간의 높은 정신적 성취와 문화적인 업적으로 저러한 결핍을 대체하고 보상하는 것이다.

-- 란트만(M. Landmann)도 인간의 문화적인 면을 부각시킨다. 그에 의하면 인간은 "문화의 창조자이면서 피지배자(Der Mensch als Schöpfer und Geschöpf der Kultur)"이다. 그렇다. 인간은 끊임

없이 문화를 창조하고, 또 이 창조된 문화에 의해 지배를 받는다.

  -- 아포스텔(L. Apostel)은 "담화하는 인간(Homo loquens)"으로서 인간의 특징을 규명한다.

  -- 이 외에도 인간을 "경제적 사유와 행위를 하는 존재(Homo oeconomicus)"로, "놀이를 하는 존재(Homo ludens)"(J. 호이징가)로, "일을 해야 하는 존재(Homo laborans)"로 규명하는 인간학도 있는데, 다 온당한 파악으로 보인다.

  -- 20세기 말의 엘리아데(M. Eliade)는 "인간은 종교적 존재(Homo religiosus)"라고 하여 특이하게 인간을 규명했다. 그러나 엘리아데의 목소리는 마치 예언자의 메시지처럼 현대인이 과학기술문명과 산업사회 및 물질문명으로 말미암아 잃어버린 '성스러운 것'을 되찾도록 하는 경고이기도 했다. 따라서 엘리아데의 종교적 존재로서의 인간은 성스러운 것과 초월적인 것, 신적인 것과 '전적으로 다른 것', 초자연적인 것과 초인간적인 것과의 유기적인 접속이 없다면 못 산다는 것을 일깨워준다.

  우리는 위의 인간에 관한 다양한 파악처럼 특별히 인간이 '윤리적 존재'라는 것을 부각시킬 필요가 있다. 이는 우리가 앞에서도 언급했지만, 인간에게만 윤리가 문제시되고 인간만이 윤리적 당위를 갖기 때문이다. 동식물과 신에게는 '윤리적'이라거나 '비윤리적'이라는 규명이 별로 의미 없는 것이다. 그러나 인간에게는 윤리의 문제가 본질적으로 붙어 있는 것이다.

그런데 특별히 윤리적 측면에서 인간의 본성을 선하게 본 철인이 있고, 또 이와 반대로 인간의 본성을 악하게 본 철인이 있다. 전자의 경우엔 서양의 루소와 동양의 맹자가 해당되는데, 이들은 인간의 본성을 선하다고 하여 '성선설'을 주장했다. 이들에 의하면 인간은 본래 선한데, 사회와 인간이 만든 문화가 악하여 악에 물들게 되었다는 것이다. 또 이와 반대로 영국의 홉스(그는 『리바이어던』에서 소위 "만인의 만인에 대한 투쟁"을 지적했다)와 중국의 순자는 인간의 본성이 악하다고 하여 '성악설'을 주장했다. 이들에 의하면 인간은 본래 악한데 교육과 질서를 통해서 선량하게 된다는 것이다.

인간의 본성에 관한 이들의 학설을 우리는 어느 한쪽에만 비중을 둘 수 없을 정도로 사회 속에서 그 뒤얽힌 현상을 목격한다. 세상에 악이 전혀 없다면 악을 본받거나 배우지 않을 것이다. 그렇다면 현전하는 악은 사람들에 의해 누적되어온 것이다. 그런데 모두 선량한 사람만 산다면 맹자나 루소의 말도 맞을 것 같지만, 인간이 저절로 선량하게 되지 않는 이상(즉, 가르침을 받고 선량하게 키워져야 하는 만큼) 순자와 홉스의 말도 맞을 듯하다. 우리는 그러나 위의 두 학설을 정밀하게 실험할 수 없다.

또한 그 누가 인간을 선하게 보든 또는 악하게 보든, 인생을 긍정적으로 보든 또는 부정적으로 보든, 낙관적으로 보든 또는 비극적으로 보든, 인간은 어떤 형태로든 자신의 구체적인 삶과 부딪혀야 하며 여기서 도피할 수는 없는 것이다. 인간은 스스로 자신의 삶을 전개해야 하도록 '던져진(geworfen)' 존재인 것이다.

4. 창조하는 존재로서의 인간

우리는 특별히 인간의 창조하는 행위를 부각시킬 필요가 있다. 인간은 마치 악마적이고 동물적인 속성을 갖고 있는 것에 반해 천사의 속성도 가진 것처럼, 파괴적이거나 비창조적인 행위에 반하여 창조적인 속성도 갖고 있기 때문이다. 물론 우리는 인간이 이러한 양쪽의 속성을 가졌다는 것을 밝히는 것보다 오히려 창조할 수 있다는 그 가능성 자체와 위대성에 의미를 부여하는 것이다. 인간의 창조하는 능력에서도 우리는 이른바 "신의 형상(imago Dei)"을 읽을 수 있다.

철학에 문외한인 경우라도 인간의 본질이 밖으로 드러난 외형적 모습이 전부라고 답할 사람은 없을 것이다. 인간은 결코 단순한 밖으로 드러난 존재자인 것은 아니다. 오히려 이와 반대로 그는 외형적 형상들을 구별하여 질서 있게 또 독자적으로 파악하는 주체이기도 하다는 점에서 이 외부적 형상의 세계를 초월해 있다고 볼 수 있다. 즉, 인간은 외부적 형상(Form)을 넘어 이 형상에 대한 형성력(das Vermögen der Formbildung)을 갖고 있으며, 현상을 초월해 현상 구성 능력을 갖고 있는 것이다. 현상은 생성과 변화의 세계에 놓여 있지만 인간은 그러나 생산하고 변형시키는 주체라는 점에서 이미 이 현상의 세계를 넘어서 있다. 물론 우리 인간도 예외 없이 현상계에 속해 있어 이런 세계에서 전적으로 벗어나 있지 않다. 즉, 우리도 생성, 변화, 소멸이라는 자연법칙에 따르고 있다. 그러나 그럼에도 우리는 현상계를 초월해서 현상을 변화시키고 건축하고 정립하는 능력을 갖고 있는 것이다. 자연의 생성과 변화는 저절로 일어나는 사건이지만 도구와 기계의 제작 및 생산은 그 목적이 인간에 의해서 주어진 것이다. 문화활동과 같은 정신적인 영역도 마찬가지다. 물론 저러한 도구와 기계의 제작이 늘 좋은 것만은 아니다. 그 대신 인간은 얼마든지 좋지 않은 것을 배척할 수 있는 능력도 갖고 있다. 인간이 어떤 목적에 따라 생성, 변화시킬 수 있다는 의미에서 인간을 창조적 주체라고 부를 수 있는 것이다.

플라톤과 기독교의 철학을 잘 전수하여 르네상스 인간학을 꽃피운 피코 델라 미란돌라는 "인간은 자기 자신을 조작한다"라고 설파하여 창조적 주체로서의 인간관을 잘 밝히고 있다. 창조하는 능력을 가진 인간이야말로 감히 신적 속성을 가졌다고 말할 수 있다. 신과 인간 이외의 존재자는 창조하는 능력을 갖고 있지 않다.

창조하는 주체인 인간은 어떤 자기 목적이나 궁극목적에 따라 창조하는 행위를 한다. 생산, 변혁하고 변화시킬 수 있다는 것을 우리는 '의지의 실현', '자유의 실현' 및 '선택'과 같은 말로 표현할 수 있는데, 이것은 곧 창조할 수 있는 행위를 나타내고 있다. 따라서 자유를 실현할 수 없다거나 의지를 실현할 수 없으며 선택의 자유가 없다는 것은 곧 창조행위의 억압이고 인간성의 말살인 것이다. 인류정신사에 늘 그래왔던 것처럼 인간이 소위 정치 이데올로기나 종교의 도그마주의 및 도덕전체주의 등에 사로잡혀 다른 세상을 볼 기회가 없다거나 또 스스로 비본래성에 갇혀 있을 때, 즉 정신이 억압과 부자유로 말미암아 생동하지 못할 때 인간은 창조할 수 없는 것이다. 헤겔이 "정신의 본질은 자유"이고 "인간의 가이스트(정신)가 자유롭지 못하면 창조할 수 없다"고 한 말은 옳다. 인간은 창조적 주체이다.

5. 초월하는 존재로서의 인간

인간을 초월하는 존재로 파악하는 것이야말로 다른 인간 규명과는 달리 심원한 본질 규명임에 틀림없다. 이러한 규명은 인간을 다른 존재자와 비교에 의해서 밝힌 것이기보다는 인간이 가진 자체의 속성에 대한 이해에서 비롯된 것이기 때문이다.

인간은 직접적으로 주어진 상태에서만 만족하고 안주하며 살아가지 않는다. 그는 자신의 현재의 주어진 상태까지 경험하거나 의식한 것들에 퍼져 앉아 안주하지 않고 초월해나간다. 그의 자유와 지성, 의지는 그가 주어진 직접성에 묶이는 것을 용납하지 않는다.

앞에서 우리가 밝힌 바대로 창조적 주체로서의 인간에겐 초월을 실현하는 능력도 주어져 있다. 아니, 인간 자체가 이미 초월적 본래성을 갖고 있는 것이다. 자연이 동시에 초자연이고 하늘이 동시에 초하늘인 것처럼(그 높이와 깊이 및 정체를 결코 합리적인 방법으로 밝힐 수 없다!) 인간 또한 인간이면서 동시에 초인간적이라고 할 수 있는 것이다. 어떠한 합리적인 방법으로도 인간의 심연은 다 드러나지 않으며 그의 본질이 다 파헤쳐질 수 없다. 초월을 논의할 때 사람들은 보통 신적인 것과 절대적인 것, 영원한 것과 불멸하는 것에로의 초월을 지적한다. 그러나 어떤 한계를 넘어(허물고) 무엇에로 나아가는(비상하는) 초월 자체가 이미 신적인 것이다. 인간이 신적인 속성을 갖고 있다는 데에는 이러한 초월성도 그 한 예이다.

곰곰이 생각하면 '철학함' 자체에도 이미 초월이 내재되어 있다. 그것은 이미 통념과 안목에 펼쳐지는 세계를 벗어나 철학적 사유의 세계에로의 초월이 전제되어 있기 때문이다. 플라톤은 이러한 초월에로의 충동과 원동력을 에로스(erōs)라고 했다. 플라톤의 철학과 기독교에는 이러한 초월이 잘 각인되어 있다. 자유와 도덕과 창조적 사유를 발휘하여 불멸하는 실재로서의 이데아의 세계에로 (기독교에서는 신을 향해) 초월을 감행하는 인간의 모습이 플라톤의 철학에 잘 부각되어 있는 것이다.

그런데 '초월'에는 단순한 방향 돌림만 문제된 것이 아니고, 존재의미와 가치, 숭고함과 초인간적 통찰이 함께 내재하고 있다. 초월을 통하여 인간에게 변화가 일어나는 것이다. 이렇게 인간이 개인적이고 현실적인 상황을 초월하여 포착한 가치와 의미와 숭고함을 논리실증주의와 과학의 잣대로 평가해선 안 된다. '초월'을 논리실증주의자들은 형이상학의 카테고리에 묶어 배척하려 한다. 자연과학자들 또한 그들의 분석과 관찰이라는 그물로 포착할 수 없다. 그러나 그들은 어리석게도 사유 자체가 이미 시공을 꿰뚫는 초월성을 갖고 있다는 것을 모른다. 또한 엄밀히 고찰하면 철학적인 질문은 말할 것도 없고 많은 인생과 학문들의 질문에는 이미 어떤 새로운 앎과 체험을 향한 그 무엇(이를테면 의향 등)이 들어 있기에 저 질문 자체를 넘어서려는 초월이 내포되어 있는 것이다. 우리는 '초월'의 테마를 "동굴세계로부터의 탈출"이라는 장(章)에서 좀 더 자세하게 다룰 것이다.

9 장

"생각하는 갈대"의 위대함

아리스토텔레스는 인간의 본질을 "로고스를 가진 존재(zōon logon echōn)"라고 규명한다. 이를 사람들은 흔히 "이성적 동물"이라고 번역하는데, 이런 번역은 위의 그리스어를 라틴어 'animal rationale'로 번역한 데에서 유래한 것으로서 썩 좋지 않은 번역이다. '로고스(Logos)'는 '이성(Ratio, Vernunft, Reason)'보다는 훨씬 포괄적인 뜻을 갖고 있다. 그리스 철학에서는 이 보편적인 로고스를 인간도 갖고 있다고 말하는 데 비해, 근대철학에서의 이성은 아예 인간의 소유물로 되어버린다. 아리스토텔레스에 의하면 인간이 곧 로고스의 능력을 갖고 로고스적으로 사유하는 존재라는 것이다. 이를 좀 더 극단적으로 말하면, 인간이 만약 로고스를 갖고 있지 않다면 정상적인 인간이라고 할 수 없다는 뜻이 저 아리스토텔레스의 인간본질 규명 속에 들어 있는 것이다.

로고스는 원래 고대 그리스의 철인 헤라클레이토스의 기본사상이다. 그가 처음으로 로고스의 개념을 철학의 테마로 삼았다. "만물은 흐른다(panta rei)"라는 만물유전사상을 헤라클레이토스가 전개한 것을 우리는 잘 알고 있다. 헤라클레이토스는 영원한 흐름 속에서 무언가 영원히 살아 있는 것을 보았다. 그는 이렇게 말한다. "이 세계란 정도에 따라 불타오르기도 하고 꺼져가기도 하는 영원히 살아 있는 불이었으며 현재도 그렇고 미래도 그럴 것이다." 그런데 이 "영원히 살아 있는 불"이야말로 그에게서 '로고스'인 것이다. 로고스는 만물에 있어서 보편적인 것, 공통의 척도를 말하고, 생성을 있게 하는 척도요, 꺼지지 않고 영원히 살아 있는 불이다. 로고스는 만물을 다스리는 신의 법칙으로서 인간의 법률이나 질서, 법의 권력도 여기에서 약간 흘러나온 것에 불과하다. 로고스는 생성을 조종하는 세계의 법칙이고 세계이성이다.

　　따라서 로고스는 이성보다는 훨씬 포괄적 성격을 갖고 있으며 동시에 인간의 이성도 이 로고스의 부분임을 알 수 있다. 그렇기에 인간이 이성적 능력을 갖고 있다는 것은 저런 로고스를 인간도 갖고 있다는 뜻이다. 더욱이 논리학을 철학의 한 분야로 집대성한 아리스토텔레스의 '논리학(λογική, Logik, logic)'이란 용어는 바로 저 '로고스'에서 파생된 개념인 것이다. 따라서 논리학에는 로고스의 논리성, 지성, 합리성, 의미 등의 뜻이 내재해 있는 것이다. 논리학은 철학을 하는 데 있어서 — 절대적인 것은 아닐지라도 — 적절한 도구가 됨에 틀림없다. 논리학에는 황당하고 불합리한, 허황되고 당치도 않는 사유를 해서는 안 된다는 명령이 들어 있다. 물론 논리학으로 인간과 세계의 비밀을 다 풀 수는 없는 노릇이기에 논리실증주의처럼 논리학만을 절대시해서는 안 될 것이다. 이 논리학으로 아티카의 철인들(소크라테스, 플라톤, 아리스토텔레스)은 평생 당대 소피스트들의 상대주의와 회의주의에 맞섰던 것이다.

인간은 자신의 지적인 내용과 행동규범을 반성함으로써, 소극적으로는 세상에 적응해가는 한편, 적극적으로는 사회적 현실과 주변 환경을 인간 자신에 유용하도록 개조해나가는 능력을 보유하고 있다. 인간과는 다른 동식물들은 이런 능력을 갖고 있지 않다. 그들은 처음부터 지음을 받은 대로 예나 지금이나 똑같이 살아간다. 그들은 창조적인 생활을 할 수 없다. 인간의 사고는 그러나 과거에 대해 반성적이고 비판적이며 동시에 미래 지향적이고 독창적인 것이다. 여기에도 인간의 '사유의 위대함'이 그대로 드러나 있다. 과연 소크라테스의 말대로 "음미되지 않는 삶은 가치 없는 삶"이며, 플라톤의 말대로 "사유의 게으름은 가장 고약한 질병"이라고 할 수 있다. 또한 하이데거의 언명대로 "숙고하는 사유(besinnliches Denken)"는 우리로 하여금 존재에 접근할 수 있는 힘을 부여하는 것이다. 사유가 우리 인간에게서 큰 의미를 갖는다는 것은 로댕의 "생각하는 사람"이라든가 우리의 반가사유상(국보 78호, 국보 83호)에도 잘 드러나 있다.[1]

---

[1] 이 반가사유상은 안타깝게도 아직 세계에 잘 알려지지 않았지만, 최근 들어 해외의 세계적 박물관에 전시됨으로써 그 진가가 알려지기 시작하고 있다. 『동아일보』 2014년 3월 5일자의 보도에 의하면 뉴욕의 메트로폴리탄 박물관에 전시된 반가사유상에 관람자들이 감탄사를 멈추지 않았다고 한다. 미국의 언론은 이 반가사유상을 두고 "세계적 수준의 세련미. 그 아름다움이 할 말을 잃게 만든다"라고 평가했다고 한다. 반가사유

우리는 잠자는 시간을 제외하고는 늘 생각하며 산다. 생각(사유, 사고)2)을 하지 않는 사람은 없을 것이다. 개인의 범위를 넘어서는 공동체도 이런 '생각'을 등질 수 없다. 학문의 모든 영역뿐만 아니라 예술 분야도 철저하게 사고와 깊이 연루되어 있다. 문화나 문명도 사유의 힘에 의한 것이며, 이들의 발전도 철저하게 사유와 연루되어 있다. 구석기시대에서 신석기를 거쳐 철기시대, 나아가 오늘날의 정보화시대라는 것들도 일종의 사유의 혁명과정이라고 해도 지당할 것이다. 물론 여기서 우리는 사고를 통째로 긍정적인 것으로만 생각해선 안 된다. 나쁜 생각이나 파멸로 이끄는 사고도 종종 존재하기 때문이다. 그렇기에 사고 그 자체는 중립성을 견지하고 있지만, 우리가 이 사고를 어떻게 쓰느냐에 따라 엄청난 결과를 가져올 수 있는 것이다.

그런데 자세히 보면 생각은 항상 "무엇에 대한 생각(ti kata ti-

상은 원래 석가모니가 태자 시절에 인생무상을 느껴 고뇌하는 명상 자세에서 기원한다. 반가사유상은 오른쪽 다리를 왼쪽 무릎에 올린 채 깊은 사유에 빠져 있는 모습을 표현하고 있으며, 그 자태 또한 매우 우아한데다 달관하고 해탈한 모습의 미소는 성스러움을 불러일으키기까지 한다. 실존철학자 야스퍼스는 이 한국의 사유상을 찬찬히 살펴본 뒤에 크게 감동한 나머지 절찬을 아끼지 않았다. "이 사유상이야말로 고대 그리스나 고대 로마의 그 어떤 조각 예술품과 비교할 수 없을 정도로 매우 뛰어난, 감히 인간이 만들 수 없는 살아 있는 예술미의 극치이다."

2) 혹자는 사유를 생각과 구분하여 "깊은 생각"이라고 규명하기도 하지만, 그러나 파스칼의 "생각하는 갈대"나 로댕의 "생각하는 사람"에서와 같이 '생각'도 충분히 사유 내지는 사고라고 할 수 있다. 여기선 '생각'과 '사유' 및 '사고'를 구분하지 않기로 한다. 이들 용어들의 한자어를 풀이하면 각자 나름의 뉘앙스를 갖지만, 질적 차이를 드러내는 것으로 보이지는 않으며, 모두 독일어의 'denken'이나 영어의 'think'로 번역된다.

nos, Denken über etwas)"이라는 구조를 갖고 있다. 말하자면 여기서 '무엇(etwas)'이 빠져 있는 생각은 없을 것이고, 만약 이런 '무엇'이 빠져 있다면 그것은 정상적인 생각이라고 할 수 없는 것이다. 이런 독특한 사유의 구조를 현상학자 후설(E. Husserl)은 "지향성(Intentionalität)"이라고 규명한다. 사유는 반드시 어떤 지향하는 내용을 갖는 것이다. 더욱이 이러한 지향성을 가진 생각은 대체로 무언가 알려고 하는, 즉 지(知)를 향한 생각과 지혜를 터득하려는 목적을 갖고 있다. 그 대상이 아름다운 것이라고 해도 일단 아름다운 것에 대한 생각은 알려고 하는 구조를 갖는 것이다.

그런데 '생각'에는 특이하게도 질적 차이도 있는 것이다. 말하자면 생각 자체에 한마디의 용어로 두루뭉술하게 표현하기 어려울 정도로 그 깊이의 단계와 차이가 있는 것이다. 이를테면 단순한 일상적 견해에 해당하는 통념에서부터 망상, 억측, 추측, 단순한 신념, 지적 사유, 예지(통찰)적 사유 등이다. 플라톤의 『국가』에서의 '선(線)의 비유'가 잘 드러내듯 고대 그리스인들에게는 사유의 심층에 따라 용어 자체가 다른 것이다.

플라톤에 의하면, 사유의 가장 낮은 단계는 억측이나 망상에 해당하는 "에이카시아(eikasia)"인데, 이는 허상을 실재로 착각하는 단계이다. 플라톤의 '동굴의 비유'에서의 동굴 주민들이 동굴 벽에 비친 그림자를 실재라고 우기는 것과 같은 단계인 것이다. 그 다음의 단계는 단순한 신념에 불과한 "피스티스(pistis)"인데, 진위 여부도 따지지 않고 믿어버리는 단계인 것이다. 이들 두 단계를 플라톤은 "통념의 세계" 혹은 "감성계(kosmos horatos)"라고 칭한다. 그 다음의 단계는 추론적, 오성적 사고의 단계라고 할 수 있는 "디

아노이아(dianoia)"이고, 그 다음은 가장 높고 깊은 사유의 단계라고 할 수 있는 "노에시스(noesis)"인데, 이는 이데아의 세계를 통찰할 수 있는 사유능력이다. 이들 상위의 두 단계를 플라톤은 "예지계(kosmos noetos)"라고 칭한다.

그런데 이러한 플라톤의 사고의 깊이에 대한 분류는 다소 낯설게 들리지만, 자세히 들여다보면 우리에게도 친근한 표현들이다. 단지 우리가 이런 사유의 심층을 음미해보지 않고 묵살한 채 일상 속에 파묻혀 살기 때문에 낯설게 여겨지는 것이다. 이를테면 가장 낮은 "낫 놓고 기역 자도 모르는" 단계는 억측이나 망상이 지배하는 단계라고 할 수 있고, 그 다음은 "똥을 된장"이라고 해도 믿어버리는 어리석은 단계(혹은 천방지축의 단계), 그 다음은 사물을 조리 있게 꿰뚫어 보고 따져보는 단계, 또 그 다음은 깨달음의 단계 등으로 분류해볼 수 있는 것이다.

사고의 능력에는 또 다른 특징이 있다 그것은 사고의 종류이다. 우리는 늘 이런저런 생각을 하지만, 철학은 이 생각 자체가 어떤 성격과 종류인지 분석해내고 있는 것이다. 이를테면 지나간 일을 떠올리는 사고능력으로서의 기억과 사물을 꿰뚫어 보는 능력인 직관, 또 논리학에서 가장 중요한 사고능력인 추리력이 있는데, 이는 주어진 사실(명제, 정보, 관찰, 단서 등)로부터 새로운 사실을 이끌어내는 사고능력인 것이다. 이 외에도 자유롭게 떠올리는 사고능력인 상상력과 자유롭게 짜 맞추어보는 능력인 연상력, 판단하는 능력인 판단력, 비범한 사람이 가지는 사고능력인 초능력, 새로운 것을 발견 내지 발명하는 능력인 창의력 등이 있다.

이제 사유를 통한 인간의 위대성을 드러낸 파스칼의 말에 귀를 기울여보자. 파스칼은 인간이 사유함으로써만 위대해진다고 보았다. 바로 그의 유명한 "생각하는 갈대"인 것이다. 인간을 무한하고 불가사의한 우주와 견주어보면 초라하기 그지없다. 시간과 공간으로 우주와 비교해보면 아예 비교 불가능하다고 할까. 지극히 초라한 유한자로서의 인간은 무한한 우주의 면전에서 무화(無化)되어 버리고 자신을 잃어버린다.3)

이러한 파스칼의 섬뜩하고 절망스러운 성찰은 그러나 결코 단순한 회의주의적인 진술이 아니라, 과학적이고 냉엄한 사실에 입각한 것임에 틀림없다. 다음과 같은 메시지도 이런 절망을 잘 밝혀준다.

"모든 사물은 무로부터 생겨나서 무한을 향해 나아간다. 누가 이 놀라운 진행과정을 제대로 이해할 수 있겠는가. 우리는 결코 사물의 참된 본질을 파악하지 못한다. 단지 언제나 사물의 한가운데 파묻혀 있는 느낌으로, 사물의 근원이나 목표를 알 수 없다는 영원한 절망 속에 빠져 있을 뿐이다. 나는 어디서든지 그저 어둠만을 볼 뿐이다. 자연은 나에게 의심과 불안의 동기가 되지 않는 것은 아무것도 제공하지 않고 있다."4)

이러한 파스칼의 메시지에는 도무지 알 수 없는 무한과 무화(無化)라는 미궁 속으로 미끄러질 수밖에 없는 인간의 비참함, 영원한 절망 속에서의 인식의 불가능성이 적나라하게 드러나 있다. 이러

---

3) B. Pascal, übertragen und herausgegeben von E. Wasmuth, *Über die Religion*, Frankfurt a. M.: Insel, 1987, Kap. II, VI 참조.

4) W. 바이셰델, 이기상·이말숙 옮김, 『철학의 뒤안길』, 서광사, 1990, 189쪽.

한 상황에서 인간의 사유는 마치 난파당한 배처럼 불가사의 속에서 길을 잃어버리고, 자신마저 무(無) 속으로 던져지고 만다. 인간은 무한과 절대적인 무(無)라는 두 심연 사이에 거처하는 존재로서 절대고독과 근원적인 불확실성 및 불가해성 속에서 자신의 비참함만을 응시할 따름이다. 그는 자신의 운명에 경악하게 될 것이고 자신이 어디서 왔는지 또 어디로 가는지도 알지 못하는 상태에서 이 세상을 떠나게 되면 절대적인 무(無)나 노한 신의 손 안에 떨어질 것만을 어렴풋이 짐작할 따름이다.5)

이러한 메시지를 추리해볼 때 인간이야말로 자연계에서 가장 불가사의한 존재이고 그것이 곧 우리의 본래 위치인 것이다. 그러나 이토록 철저하게 절망스러운 메시지가 인간에 대한 파스칼의 최후 진술은 아니다. 역설적이게도 인간은 바로 이러한 자신의 비참함과 무기력함을 알고 이해하며 극복하는 데에서 존엄한 존재에로의 계기를 마련하는 것이다.

주지하다시피 파스칼은 인간을 자연계에서 지극히 유약한 갈대에 비유하였다. 갈대는 작은 바람에도 흔들리고 태풍이 몰아치면 그저 쓰러질 따름이다. 그런데 이 '갈대'라는 단어 앞에 '생각하는' 이란 수식어가 붙어 유약한 갈대를 전혀 다르게 만든다. 즉, 인간은 갈대이지만 뭔가 다른 것을 갖고 있는 것이다. 인간은 갈대처럼 유약한지라, 인간을 죽이려면 온 우주가 봉기할 필요조차 없다. 하나의 물방울이나 기포로도 충분한 것이다. 그러나 만약 우주가 봉기하여 인간을 죽이려 한다면, 인간은 이 우주와 맞서고 사유로써

---

5) B. Pascal, *Über die Religion*, 38쪽 이하 참조. Albert Béguin, übersetzt von Franz Otting, *Pascal*, Hamburg: Rororo, 1985, 117쪽 이하 참조.

이 우주를 꽉 움켜쥐는 것이다. 여기에 생각하는 인간의 위대함이
들어 있는 것이다.

인간은 우주에 비해 비교도 할 수 없는 미미한 존재이고 또 죽
어야 하는 존재이지만, 곧 죽어야 하는 자신의 비참함을 아는 데에
서도, 또 우주가 자신보다 우월함을 아는 데에서도 존엄한 존재로
거듭나는 것이다. "온 우주가 일어나 그를 죽인다 해도 인간은 그
를 죽이는 우주보다 더 위대하다. 왜냐하면 인간은 그가 죽는다는
것을 알며 우주가 자기보다 어떤 점에서 우월한지를 알고 있기 때
문이다."6)

그런데 파스칼은 인간이 처한 전적인 난처함과 나약함 및 불확
실성을 밀쳐내고 또 다른 기적과도 같은 반전을 시도한다. 그것은
인간의 인식과 이성도 전적인 한계에 봉착하고 말기에, 이러한 인
식과 이성의 세계에서 벗어나 다른 세계로 비상하는 것이다. "이
성의 최후의 단계는 이성을 초월하는 무한성이 있다는 것을 인정
하는 일이다."7) 그렇기에 파스칼은 이성을 동반한 모든 지적인 활
동의 가능성을 내몰아버리고, 그 대신 믿음과 믿음의 장소인 마음
으로 방향을 돌린다. '마음'은 이성이 할 수 없는 일을 할 수 있는,
더 근원적인 카테고리인 것이다.

파스칼에 의하면, 마음은 이성이 인식하지 못하는 영역을, 나아
가 이 이성의 근거까지도 갖고 있으며, "신을 느끼는 것은 마음이
지 이성이 아니다."8) 이러한 파스칼의 이성에서 마음에로의 방향

---

6) W. 바이셰델, 이기상 · 이말숙 옮김, 『철학의 뒤안길』, 190쪽.
7) 같은 책, 196쪽.
8) 같은 곳; Albert Béguin, *Pascal*, 144쪽 이하 참조.

전환은 훗날 칸트가 수행한 시도, 즉 형이상학의 과제에 직면하여 이론이성에서 실천이성에로 방향을 전환한 것의 선례를 보여준다.

그런데 영원하고 무한한 신에로의 믿음은 하나의 모험인데, 그 모험은 그러나 인간이 어떤 경우에도 손해를 보지 않는, 경우에 따라서는 큰 축복이 따를 수 있는 모험인 것이다. 여기에도 그의 확률론이 적절하게 뒷받침하고 있다. 말하자면 유한한 인간이 무한의 세계로 뛰어들 때 신이 존재하여 인간의 운명을 좌우하는가의 문제인 것이다. 신이 존재하는 세계와 신이 존재하지 않는 세계가 경우의 수로 나타난다. 이때 우리 인간에게 지상에서 주어진 선택 혹은 과제는 신을 믿는가, 믿지 않는가이다. 만일 인간의 운명을 좌우하는 신이 존재하고, 우리가 신을 믿었다면, 그야말로 천국에서 무한한 행복을 누리는 것이다. 그리고 우리가 신을 믿었는데, 무한의 세계를 관장하는 신이 존재하지 않는다면, 우리는 특별한 행복이나 불행도 없는 평범한 상태에 떨어지거나 절대적인 무의 세계로 빠질 것이다.

그런데 위의 경우와 반대로 우리가 신을 믿지 않고 신앙을 거부했는데, 인간의 운명을 좌우하는 신이 존재한다면, 그야말로 지옥의 나락에 떨어지거나 무한한 고통의 세계로 떨어질 것이다. 물론 우리가 신을 믿지 않았는데, 인간의 운명을 좌우하는 신이 존재하지 않는다면, 우리의 내세는 행복도 불행도 없는 혹은 천국이나 지옥도 없는 그런 상태에 처하게 될 것이다. 만약 우리가 분별력이 있다면, 신을 믿는 쪽에 내기를 거는(모험을 하는) 것이 훨씬 유리할 것임은 확률론으로 분명한 것이다.

	신이 존재하는 경우	신이 존재하지 않는 경우
신을 믿는 경우	영원한 행복 (∞)	평범한 상태 (0)
신을 믿지 않는 경우	영원한 고통 ($-\infty$)	평범한 상태 (0)

위의 도표에서 나타나듯이 첫째 줄의 경우는 $\infty + 0 = \infty$, 둘째 줄의 경우는 $-\infty + 0 = -\infty$이다. 신을 믿는 경우의 수는 최고의 기대치가 영원한 행복(∞)이고, 그 다음은 평범한 상태(불행이나 행복이 아닌 상태)인 것이다. 이에 비해 신을 믿지 않는 경우의 수는 최고의 좋은 기대치가 신이 존재하지 않는 경우의 평범한 상태이고, 영원한 저주나 고통($-\infty$)으로 떨어질 확률이 존재한다는 것이다.

이때껏 우리는 파스칼의 "생각하는 갈대"를 통하여 사유하는 인간의 위대함을 목격하였고, 특히 미미하고 초라하며 유한한 세계에 갇힌 인간의 운명이 이성을 초월한 마음과 믿음에서 기적과도 같은 반전을 이루어내는 것을 간파하였다. 인간은 일상적인 삶 속에서 이러한 사유의 위력을 잊고 살아간다. 그런데 이러한 태도야말로 마치 숨이 넘어갈 때만 산소의 위대함을 느끼는 것처럼 어리석다. 우리의 주변에는 실로 기적 같은 것이 굉장히 많다. 사유도 그러한 기적 중 하나일 것이다. 이러한 사유의 몇 가지 특징을 고찰해보자.

첫째, 사유는 적극적이고 능동적이며 활동 그 자체이다. 사유는 수동적이지 않으며 음성적이지 않으며 마이너스적 성격을 갖고 있지 않다.

둘째, 사유는 선험적 성격을 갖고 있다. 사유는 인간의 원초적이고 무조건적인 행위로서 이런 행위의 근거에 대해서 더 이상 환원해서 물을 수 없는 특징을 갖는다. 사유는 말하자면 어떤 이론적이고 실천적인 일의 최초 시발점이고 경험 이전에 일어나는 사건이다. 즉, "나는 생각한다"는 "나는 존재한다", "나는 의도한다", "나는 살고 있다"와 같이 무조건적이고 무전제적인 것으로서, 모든 다른 이론이나 실천적인 활동과 경험이나 체험이 일어날 수 있는 토대이면서 출발점이다.

셋째, 사유는 억압받지 않는다. 이것은 사유가 얼마든지 자유로울 수 있다는 것이다. 이 말은 위의 첫째 특징과 비슷한 경우로서 사유는 어떻게든 능동적인 활동을 한다는 것이다. 독재자나 악마가 우리를 억압하고 우리의 자유를 뺏을 수 있다. 그러나 우리의 사유는 그 독재자에 반해 그 어떠한 증오나 욕설이나 앙심을 품을 수 있는 것이다. 이를테면 갈릴레이는 지동설을 주장하다가 법정에 끌려가서 가혹한 형벌을 받았다고 전해지고 있다. 그는 그러나 끌려가면서 "그래도 지구는 돈다"라고 중얼거렸다고 한다. 사유 자체는 억압받지 않음을 잘 밝혀주는 보기이다. 물론 인간의 사유는 어떤 외부적 요인이나 사유하는 주체의 상태와 밀접한 연관을 갖고 있다. 그러나 그럼에도 사유는 수동적으로 끌려간 것이 아니라 자발적인 능동성으로서 사유하는 주체에 참여했던 것이다.

넷째, 사유는 초월적이다. 사유는 시간과 공간의 장벽을 꿰뚫고 나간다. "사유하는 것은 초월한다는 것을 의미한다."(E. 블로흐) 생각해보라. 초월하는 사유가 기적 같지 않은지. 나는 지금 방구석에 처박혀 있지만 나의 사유는 시간과 공간을 뛰어넘고 벽을 꿰뚫어, 예를 들면 남대문 시장의 (또한 그 어떤 곳이라도 내가 체험한 곳이라면) 그 어떤 지점을 훤하게 알아내는 것이다. 우리는 과거로 돌아갈 수 없지만 우리의 사유는 우리의 어린 시절의 구체적 사실로도 갈 수 있다.

이러한 사유의 위대함을 고려할 때, 철학은 우리의 입에 빵을 물려주지 않지만, 삶의 의미를 마음에 심어주고 또 우리에게 날개를 달아주어 그 어떤 곳이든 날아가게 해준다. 철학은 '경이 (Thaumas)'의 딸 이리스(Iris)로서 하늘과 땅을, 인간과 신을 중매한다는 것이 여기에서도 적나라하게 드러난다. 철학은 물론 빵의 고마움을 알고, 또 빵을 만드는 사람의 정성과 사유 속에도 내재한다. 그렇기에 "배고픈 소크라테스"를 철학의 대명사로 보는 것은 착각이다. 그러나 인간은 빵으로만 살 수는 없다. 그렇지 않다면 인간은 다른 동물과 별반 차이가 없는 것이다.

인간은 빵에만 제약을 받는 것이 아니라 사회적인 상황과 자연적인 환경, 역사적인 상황에도 제약을 받는다. 이를 한마디로 요약하면 인간은 세계 내의 존재인 것이다. 그렇지만 인간은 자기의 세계를 인식함으로써 이 세계를 초월한다. 인간은 자기의 삶의 토대인 시간과 공간의 울타리를 허물고 넘나든다. 그렇지만 이러한 것이 무슨 신비스럽고 공상적인 것이 아니라, 사유의 자유로운 활동인 것이다. 인간은 세계 내에 존재하면서 세계를 초월한다. 인간은 세계와 무관하게 존재할 수 없다. 그러나 동시에 그는 세계 속에 매몰되어 살 수는 없다. 그는 역설적으로 세계를 초월함으로써 자신의 실존을 획득하고 자신의 창조적 주체성을 확인하는 것이다.

인간은 자신의 자아나 자신의 경험관, 세계관이 한결같이 세계 내에서(세계에 의해) 형성되었음에도 불구하고, 사유를 통하여 이 세계의 제약을 초월한다. 여기에서의 '세계'란 인간을 둘러싸고 있는 시공간뿐만 아니라 문화, 역사, 사회, 자연환경 등 모든 상황을 말한다.

그런데 철학 자체가 "시대의 아들"(헤겔)이면서 동시에 시대를 초월하는 것이다. 우리는 소크라테스가 시장바닥에서 사람들과 나누었던 대화를 결코 옛날애기로만 생각하지 않는다. 그것은 오늘날에도 살아 움직이기 때문이다. 이러한 성격을 일컬어 '철학의 항구성(Philosophia perennis)'이라고 한다. 그러면서도 철학은 결코 어떤 완결된 상태로 존재하지 않으며 결단코 '게임 셋'되지 않는다. 철학은 항상 "도상(途上)에 있기"(야스퍼스) 때문이다.

모든 이론적이고 실천적인 작업의 시발점으로서의 사유, 곧 선험적이고 초월적인 사유의 위대성이 확인되었다면 우리는 우리의 삶의 현장에서 소위 '이성적 사유'를 할 필요가 있다. 이성적 사유는 진리성과 정당성, 도덕성 등 모든 조건들을 고려하여 비판적 성찰을 가함으로써 우리의 삶을 참되고 건전하게 운영할 수 있는 것이다. 여기서 참된 생활이란 결코 우연이나 무책임한 방종에서 이루어지는 것이 아니라, 이성적 사유를 통한 참된 진리인식과 실천에서 이루어지는 것이다.

10 장
동굴세계로부터의 탈출

1. 동굴세계를 들여다보기

　"동굴은 도대체 무엇이며 또 동굴세계로부터의 탈출은 도대체 무엇을 의미하는가?"라고 혹자는 의아해하며 물을 것이다. 동굴은 우리가 여기서 특별히 플라톤의 대화록 『국가』에 나오는 '동굴의 비유'를 번역하여 인용하지만, 그것은 다름 아닌 우리가 살고 있는 인간 세상인 것이다. "왜 이렇게 살기 좋은 세상을 동굴이라고 보는가?"라고 묻는다면, "글쎄다, 단도직입적으로 대답하긴 용이하지 않지만…"이라고 절반 정도로 대답을 하기로 하자. 물론 세상이 전적으로 다 그렇다는 것은 결코 아닐 것이다. 그리고 오히려 되물어보자. 과연 우리가 사는 이 세상이 동굴과 같은 모습을 하고 있을 때가 없느냐고. 우리는 과연 인간다운 세상에 살고 있는지 묻고서 찬찬히 그 의혹을 벗기면서 들어가보자.

앞의 "인간성 위기 시대와 윤리"라는 장(章)에서 논의해보았듯
이, 분명히 우리가 살고 있는 이 시대는 인간성의 위기가 도래한
시대이고 플라톤의 '동굴세계'와 다름 아니다. 물질만능주의와 물
질최고주의, 도덕성의 상실, "나만 잘 살면 그만"이라는 극단적 이
기주의, 상업문화와 저질문화로 퇴폐화되어가는 인간의 정신, 식색
거리로 가득 찬 도시와 향락주의, 성이 상품화되고 섹스지상주의
를 부르짖는 저질문화, "수단 방법을 가리지 않고 돈만 벌면 최고"
라는 천민자본주의, 이웃을 두려운 시선으로 봐야 하는 공동체 정
신의 상실, 기계문명의 중독으로 인한 가치관의 전도, '과학만능주
의'와 '과학최고주의'를 넘어 종교의 자리에 군림한 과학 일변도의
세상과 정신문화의 황폐화, 인간의 거처인 자연이 오염으로 치닫
는 현실, 위험수위를 넘어가는 사회악의 증가와 심각해져가는 청
소년의 비행, 삶의 의미를 상실한 도박, 음주, 마약, 섹스, 게임, 주
식 등의 중독현상 증가, 사회를 선도해야 할 사람들의 탈선, 탈법,
부도덕과 무지의 일상화, 그리고 정치, 경제, 문화, 사회, 교육 등
성한 곳이 없는 안타까운 형편 등 우리를 야만의 수렁으로 끌고
가는 동굴세계의 증상은 도처에 번창해 있다!

그렇기에 과연 플라톤의 표현대로 "야만의 수렁"에 우리의 영혼
이 빠져버렸다고 할 수 있을 것이다. 거기에는 그러나 우리 자신의
책임도 큰 것이다. 왜냐하면 이와 같은 동굴세계가 굴러가는 것은
곧 이러한 세계를 굴러가게 하는 나와 같은 동굴 주민이 있기 때
문이다. 그것은 엄밀하게 성찰하면 내가 이 동굴세계의 회원이고
고객이며, 내가 이 동굴세계를 번창하게 하는 지원자일 수도 있기

214

때문이다. 나는 소름이 끼칠 정도로 내 영혼을 황폐화시켜가면서 저 동굴세계의 바퀴를 돌리고 있을지도 모른다. 따라서 동굴세계에 갇혀 있는, 인격적으로 미성숙할 뿐만 아니라 무지와 편견의 늪에서 허우적거리는 사람들을 대상으로 이를테면 놀자판과 유흥판이 벌어지고 식색거리가 번창해가는 것이다. 본능에 탐닉하고 사로잡힌 사람들의 돈을 노리는 상업이 우리의 도시에 번지레하게 퍼져 있다. 10대 원조교제단과 주부 윤락단, 야생동물 밀렵꾼들, 현대의 저질문명이 빚어낸 각종 중독환자들도 문제이지만 이러한 세계를 굴리는 소비자들도 같은 동굴세계의 바퀴를 돌리고 있는 셈이다. 그뿐인가. 눈에 잘 띄지 않고 노골적이지 않지만 '예술'과 '문화'의 이름을 빙자하여 펼쳐지는 상업행위가 잘 굴러가는 것은 무엇 때문일까? 저질 영화와 저질 드라마, 저질 비디오와 저질 연극, 삼류소설과 저질 만화 등 별난 저질의 형태들은 관능과 쾌락의 노예 소비자들 때문에 번창해가고 있는 것이다. 그리하여 동굴의 세계는 점점 깊고 넓게 확장되어간다.

그러면 우리는 어떻게 이토록 암담한 동굴세계에서 탈출할 것이며, 어떻게 영광의 엑소더스(Exodus)를 성취할 것인가? 우리는 어떻게 '야만에 매몰된' 우리 자신을 발견할 것이며, 험상궂게 일그러진 우리의 자화상을 볼 것인가? 그렇지만 이런 우리의 자화상을 읽지 못하면 우리는 결코 엑소더스를 꿈꿀 수 없을 것이다. 우리는 도대체 어떻게 여기에서 '철학의 센세이션'을 일구어낼 것인가? 그렇다면 우선 동굴의 세계 안으로 들어가보자.

2. '동굴의 비유'와 동굴세계에 대한 스케치

플라톤의 『국가』 제7권에 나오는 '동굴의 비유'(514a-517a)는 소크라테스와 글라우콘의 대화로 진행된다.

소크라테스 : 그러면 우리 인간의 본성이 교육(철학교육!)을 받았을 경우와 그렇지 못한 경우에 대하여 다음과 같은 상태에서 비교해 보게. 즉, 땅 밑에 있는 동굴 모양의 거처에서 살고 있는 사람들을 생각해보게. 이 지하동굴은 태양의 빛을 향해 열려 있는 길다란 입구를 가지고 있네. 이 동굴 안에 있는 사람들은 어려서부터 어떤 한 지점에 손발과 목까지도 묶여 살아온 까닭에, 이들을 묶어놓은 사슬에서 풀려나지 않고서는 고개를 돌릴 수 없네. 그 때문에 이들은 같은 곳에 머물면서 앞만 내다볼 수밖에 없지. 그런데 이들 머리의 위쪽과 등의 뒤쪽으로부터 멀리 떨어진 곳으로부터 희미하게 타는 불빛이 그 사이에 놓인 이런저런 물건들을 비춰 이들이 볼 수 있는 동굴 벽에 그림자를 만들고 있는데, 이들은 이 벽에 나타난 그림자들을 보고 있다네. 즉, 이 희미하게 타는 불과 동굴 주민들 사이에는 뒤쪽에 하나의 길이 있고, 이 길에 연하여 담장이 쌓여 있다고 생각해보게. 바로 이 담장을 따라 걸어 다니는 사람들은 제각기 여러 가지 기구들을 머리에 이고 다니기도 하며 수군수군 지껄여대기도 하는가 하면, 혹은 아무 말도 없이 걸어 다니기도 하는 등 갖가지 꼭두각시놀이가 벌어지고 있네. 이 얼마나 놀라운 광경이겠는지, 또한 이들 동굴 주민들의 처지를 상상이나 해보게.

글라우콘 : 선생님은 저에게 이상한 곳에 있는 묘한 동굴 주민들을 보여주고 계십니다.

소크라테스 : 그들은 다름 아닌 우리와 비슷한 사람들이네. 그런데 자네는 그들이 그들의 정면에 위치한 동굴 벽에 불빛으로 던져진 그

림자 이외에 무언가 다른 것을 본 적이 있으리라고 생각하는가?

글라우콘 : 만약 그들이 고개를 돌리지 못하도록 강요당하고 있는 한, 그런 일은 불가능할 것입니다.

소크라테스 : 운반되고 있는 물체들에 대해선 어떠할까? 이 경우에도 마찬가지겠지?

글라우콘 : 물론이겠죠.

소크라테스 : 그렇다면 그들은 자신들이 보고 있는 바로 그 그림자들을 존재하고 있는 실물이라고 여기지 않겠는가?

글라우콘 : 그렇게 생각하지 않을 수 없겠죠.

소크라테스 : 그런데 그들이 갇혀 있는 동굴의 바깥 위쪽으로부터 소리가 울려온다면 어떻게 될까? 즉, 동굴 주민들은 동굴 안의 벽을 따라 지나쳐 다니는 사람들 중의 누군가가 말소리를 낼 때마다 이 소리를 스쳐 지나가는 그림자가 내는 소리가 아닌 다른 무엇인가로 생각하겠는가? 즉, 이 동굴 주민들은 동굴 안을 지나가는 물체의 그림자의 소리로 여기지 않을까? 어쨌든 동굴 밖을 지나가는 사람들의 목소리로는 도저히 생각하지 못할 게 아닌가?

글라우콘 : 도저히 그렇게 생각하지 못할 것입니다.

소크라테스 : 결국 그러한 조건과 상황에서 동굴 주민들은 오직 여러 가지 인공적인 물건들의 그림자만을 진실한 것이라고 생각할 걸세.

글라우콘 : 전적으로 그럴 수밖에 없지요.

소크라테스 : 그런데 이번에는 그들이 사슬에서 풀리는 과정과 까막눈의 신세에서 구제되는 과정을 고찰해보게. 즉, 그들에게 다음과 같은 일이 일어나면 그 까막눈의 신세가 저절로 어떤 상태로 될 것인지 생각해보라는 걸세. 만약 이들 동굴 주민들 중의 한 사람이 사슬에서 풀려나서 갑자기 자기의 자리에서 일어나 고개를 돌리고 이리저리 걸어 다니며 불빛을 바라보도록 강요받는다고 한다면, 그는 이 모든 것을 심한 고통으로 수행할 수밖에 없을 것이며 또한 밝은

광채로 인해 눈이 부신 나머지 이전에 동굴 속에서 그 그림자만을 보아왔던 실물조차 바라볼 수가 없을 게 아닌가? 그런데 만약 누군가가 그에게 이르기를, 이전에 그가 보아온 것은 한결같이 아무것도 아닌 것(無)이었지만 이제는 그가 실재하는 것에 좀 더 가까워졌을 뿐만 아니라 좀 더 진실한 의미에서의 존재의 본의(本義)를 드러내어주는 사물을 대하게 되었으므로 이제야 그가 사물을 올바르게 볼 수 있게끔 되었다고 확언한다면, 그는 과연 무슨 대답을 하리라고 생각하는가? 게다가 또한 누군가가 예전에 등 뒤에서 지나가던 도구(인공물)들을 이제 하나하나 가리키고서, 이것이 무엇인지 대답하도록 요구한다면, 그는 오히려 알지도 믿지도 않을 게 아닌가? 이 경우에 그는 오히려 이전에 보았던 것(그림자)들이 지금 그가 보고 있는 것들보다 더 진짜라고 생각하지 않겠는가?

글라우콘 : 그럴 테지요.

소크라테스 : 그리고선 누군가가 그에게 직접 불을 보도록 강요한다면, 그는 눈이 아픈 나머지 오히려 이전에 아무 고통 없이 볼 수 있었던 사물에로 발길을 돌려버리지 않을까? 그러고는 그 편이 지금 그에게 드러난 것보다 더 구체적으로 명확하다고 여기지 않을까?

글라우콘 : 그럴 겁니다.

소크라테스 : 그런데 누군가가 그를 이 동굴세계로부터 강압적으로 가파르고 험한 통로를 지나 입구로 밀어내어 햇빛을 보게 할 경우, 그는 이 강압을 심히 고통스럽고 불쾌하게 느낄 것이고 반항을 하겠지만, 무엇보다도 햇빛을 보게 되면 광채 때문에 눈이 거의 멀 지경에 처한 나머지, 지금 진짜로 존재하는 것이 주어졌지만 전혀 인식할 능력이 없지 않겠나?

글라우콘 : 그럴 테지요. 당장에는, 눈이 햇빛에 익숙하게 되기까지는, 불가능하겠지요.

위에서 인용된 글이 바로 플라톤이 인간의 실존과 인식에 관하여 그의 『국가』에서 서술하고 있는 유명한 '동굴의 비유'를 요약한 것이다. 이 비유를 통해서 플라톤은, 철학이 없는 우리의 일상적이고 통속적인 삶이란 한낱 동굴생활과 같은 것으로서 감각을 통하여 우리에게 보이는 주변세계란 실로 무의미한 환영(幻影)과도 같은 것임을 밝힌다. 여기에 나온 동굴은 어디에 있을까? 그것은 어떤 우리에게 알려진 혹은 미지의 지하의 동굴이 아니고, 우리가 살고 있는 이 세상이 바로 비유에서의 동굴이다. 더더욱 우리를 당황하게 하는 것은 이들 동굴 주민이 다름 아닌 우리와 같은 사람인 것이다. 위의 대화에서 사람이 동굴에 갇혀 있다는 것은 편견과 무지, 고정관념과 통념 등으로 말미암아 스스로 결박당해 있다는 것이다. 여기에서의 무지(無知)와 까막눈의 의미는 단순한 일상적인 지식과 상식의 영역을 넘어 인생 전반에 걸친 인간의 됨됨이, 교양과 덕성과 인품이며 인간성의 성숙에 견주어 일컬어진 말이다. 즉, 이 모든 영역에 미성숙하거나 본래성에서 탈선해버린 처지를 지적하는 것이다.

이처럼 본래성에서 벗어나 편견과 고정관념, 자기중심적인 사고와 통념에 사로잡혀 살아가는 것이 우리 인간들의 실상인지도 모른다. 그래서 플라톤은 인간을 동굴에 갇혀서 움직이지도 못하는, 부자유한 동굴 주민으로 본 것이다. 왜 이 아롱다롱한 세상이 동굴로, 내로라하는 사람이 동굴 주민으로 받아들여졌을까? 더욱이 사슬에 묶여 움직일 수 없다는 것은 곧 편견과 무지로 말미암아 인간이 자기의 본래성과 실존에 이르지 못하고 있다는 것이고, 또한 감각과 현상세계(안목에 펼쳐지는 세계)의 굴레에 사로잡혀 있다는 것이다.

　이 동굴 속의 주민들은 어릴 때부터 사슬에 묶인 채 한 장소에만 앉아 있어 뒤를 돌아볼 수가 없이 항상 그들의 앞쪽에 있는 동굴 벽만을 바라보고 있는 처지에 놓여 있다. 그리고 이들의 뒤에는 높고 먼 곳에 희미한 불이 타고 있는데, 이 불은 곧 이 불과 동굴 주민들 사이에 놓여 있는 여러 물체들을 비추고서 이들이 바라보는 벽에 그림자를 만들고 있다. 그런데 저 불과 동굴 주민들 사이에는 길 하나가 멀리 뒤쪽으로 나 있어, 이 길을 따라 사람들이 여러 물체들을 나르고 있다. 결박된 주민들은 동굴 벽의 스크린에 나타난 그림자만을 보면서 일생을 살고 있는 것이다. 따라서 이들이 지각할 수 있는 현실성이란 그림자밖에는 없다. 이들은 이 그림자를 만드는 실체를 파악하지 못하고 허상을 참으로 존재하는 실재(實在)로 인식하여 무언가를 확실히 알고 있다고 고집을 부리면서 착각의 삶을 살고 있는 것이다. 위에서 허상을 실재라고 고집하는 것과 대수롭지 않은 것(냉철하게 숙고하면)으로 말미암아 서로 저주하고 시기하며 생사를 가르는 싸움을 펼치는 것은 인간의 세상에 늘 일어나는 것으로, 이를테면 나의 통념과 너의 통념이, 나의 신념과 너의 신념이 끊임없이 다투고서 그 끝장이 나지 않는 것을 시사하기도 한다.

　그런데 이들 동굴 주민들이 실재한다고 우기며 옹고집의 주장을 펼치고 있는 것은 기실 사물의 그림자에 불과한 것이다. 자신들의 등 뒤에서 타오르고 있는 불빛이 만들어내는 그림자가 그림자인 줄 모른다는 사실에, 게다가 이 그림자가 참된 실재라고 생각하고 우기는 데에 이들의 비참함과 가련함이 자리 잡고 있다. 즉, 동굴 주민들은 그림자를 보면서도 이 그림자가 다른 어떤 것에 의해 만들어진 것을, 이 그림자의 원천을, 말하자면 불의 존재를 파악하지 못하고 있는 것이다. 이렇게 볼 때 동굴 주민들이 비참하고 가련한 것은 그들이 동굴 안에 갇혀 있기 때문만이 아니라, 그림자를 그림자로 못 보고 참된 실재로 본다거나, 자신들을 둘러싸고 있는 사물들과 자신들의 처지마저도 알지 못한다는 것이다. 동굴 주민들은 한술 더 떠서 이 그림자의 움직임에 대해 또 그들 뒤에서 이동하는 사물들의 소리에 대해 서로 이것이라는 둥 혹은 저것이라는 둥 상상과 착각을 늘어놓고서 이를 진리로 여기며 자족하고 있는 것이다. 이러한 동굴 주민의 상황을 고려해볼 때 소크라테스의 "너 자신을 알라"는 얼마나 긴요한 철학의 금언인지 스스로 밝혀진다.

'동굴의 비유'에서 두 번째 단계에 들어오면 어떤 동굴 주민에게 특별한 변화가 일어난다. 그를 얽어매고 있던 사슬이 풀리는 것이다. 사슬이 풀린다는 것은 동굴 주민이 그의 구속 상태로부터 자유로워진다는 것을 의미한다. 즉, 여기 갇힌 자들 중 한 사람이 사슬을 풀게 되고 자신의 뒤에 있던 불과 동굴 벽에 그림자를 만드는 사물들을 보게 된다. 그러자 처음엔 믿어지지가 않는다. 그리하여 그는 오히려 이전의 동굴 바닥에서 보았던 그림자들과 메아리를 더욱더 진리라고 우긴다. 그러나 그는 자신의 눈으로 이것저것을 보면서 한 가지 중요한 사실을 알게 된다. 바로 그가 이때껏 동굴 바닥에서 보아왔던 그림자가 어떤 다른 것에 의해 만들어진 그림자라는 사실을 확인하게 되는 것이다. 동굴 주민은 이제 그림자가 아닌, 그림자를 만들고 있는 사물 자체에 관심을 기울인다.

그러나 '동굴의 비유'의 두 번째 단계에서 동굴 주민이 자신을 얽어매고 있는 사슬로부터 풀려난 것은 해방이라기보다는 오히려 해방을 향한 입문에 불과한 것이다. 즉, 말하자면 동굴 밖과 동굴 밖에서 이글거리고 있는 빛을 향한 방향 전환이 이어져야 하는 것이다. 그런데 이러한 방향 전환은 결코 쉽지 않다. 오히려 이 시도는 대부분 실패로 돌아가고 만다. 왜 그럴까? 그것은 비록 동굴 주민이 사슬로부터 풀려났지만, 뚜렷한 자유의식과 해방의지, 용기와 결단, 모험정신과 철학적 에로스가 결여되어 있기 때문이다. 그래서 그는 벌어지는 상황에 용기를 잃고 되레 이전의 구속 상태로 되돌아가고자 한다. 따라서 단순히 사슬이 풀렸다고 해서 완전하고 진정한 해방이 주어진 것은 아니다. 그것은 절반의 자유에 불과할 것이고, 동굴 탈출의 전체 과정에서 보면 해방에 대한 실패라고 할 수 있다. 진정한 해방의 시작은 동굴 안을 탈출하는 것이다. 동굴 밖과 동굴 밖에서 이글거리고 있는 빛을 향해서 나아가는 것이다.

'동굴의 비유'의 세 번째 단계에서는 동굴 안의 상황과는 달리, 이 동굴을 박차고 진정한 자유와 해방을 향해 나아가는 모습이 그려진다. 앞의 두 번째 단계에서 동굴 주민이 이전의 구속 상태로 되돌아가려고 했기에, 자유와 해방을 향해 방향 전환을 하기는커녕 옛날의 구태와 낡은 습관에로의 향수를 고집하기에, 동굴 탈출에는 적잖은 노동과 수고와 고통이 수반된다. 아니 동굴 주민의 의사를 묵살하는 강요도 따른다. 그것은 한마디로 "알을 깨는 아픔"이 요구되는 것이다. 이윽고 그는 강요에 의해(즉, 타자의 안내를 통해) 가파르고 위험한 길을 꿰뚫고 동굴 입구를 찾고는 동굴 밖으로 나오게 된다. 물론 동굴 주민은 이러한 길의 안내와 강요에 엄청난 불만과 반항을 행사한다. 그것은 자신의 습관이 찢어지는 것이라 더욱 그렇다. 그는 차라리 까막눈에 젖은 옛 습관에로 되돌아가려고 한다.

동굴 밖으로 나온 그는 이제 눈이 부시어 아무것도 볼 수가 없다. 차츰 빛에 익숙해질 때까지 그는 그림자와 물속에 있는 사물이며 밤하늘의 별과 같은 희미한 실재의 모습들을 보게 된다. 그런데 이 단계도 그리 쉽지 않다. 그는 밤의 어둠 속에 갇힌 흐릿흐릿한 사물의 모습을 보는 데서 벗어나지 못할까 하는 초조감에 휩싸이기도 한다. 밤의 정적과 어둠 속에서 길을 잃고 헤매며 두려움에 몸서리치면서 이리저리 홀로 기웃거려본 사람이 아니고서는 저 나그네의 심정을 헤아리지 못할 것이다. 이 모든 과정을 인내와 용기로 극복하고 난 뒤에 그는 분명하게 실재하는 사물들을 보게 된다. 그는 만물이 태양의 빛으로 말미암아 생성하고 자라는 사실을 알게 된다. 그뿐만 아니라 우리가 저 빛을 통해 생성하고 자라는 생물로 말미암아 영양공급을 받아 살게 되는 것과 또한 사물을 볼 수 있는 것까지 알게 된다. 그리고 마지막으로 이 빛이 태양으로부터 유래함을 알게 된다. 그는 태양이 동굴 밖의 모든 존재하는 실재들뿐만 아니라 동굴세계에 존재하는 것들의 궁극적 원인이라는 사실을 알게 되는 것이다. 태양을 본다는 것은 정신적인 면에서 '선의 이데아'를 보는 것을 비유하고 있다.

동굴을 벗어나는 과정에서 그의 인도자(인간은 스스로 구원할 수 없다)가 그에게 행한 강요에 대해 이때껏 불평을 터뜨려왔으나, 이제 그는 놀랍게 변화된 자신의 처지를 다행스럽게 생각한다. 자신의 처지를 큰 다행으로 생각하는 진솔한(!) 판단은 그의 인도자가 행했던 강요에 대한 정당성과 합법성을 이제야 부여하게 되는 것이다(그것도 자기 스스로). 동굴 탈출의 험난한 과정 때문에, 경우에 따라서는 동굴 밖으로 나아가야 할 주민을 강요한 나머지 몰인정의 아픔으로 말미암아 탈출을 포기했다면 어떻게 될까? 그의 인도자는 인간적인 감정과 온갖 장애를 꾹 참고 버텨내었을 것이다. 그런데 동굴 주민이 탈출하는 변화의 전 과정이 결코 쉽게 되는 것이 아니라, 오랜 시간 동안의 싸움과 모험으로 이루어진다는 것이다. 그것은 결코 어떤 갑작스러운 인식의 분출이 아니라, 수고와 용기와 투쟁이 전제되어 실현되는 상승의 길이다.

이러한 과정을 다 극복하고서 동굴 밖의 밝음 가운데에 있게 된 인간의 자유는 이전에 그가 동굴 안에서 사슬의 풀림으로 말미암아 얻게 된 미미하고 불완전한, 불구속 상태의 소극적인 자유와는 비교도 안 될 뿐만 아니라 질적으로 다른 자유이다. 그것은 적극적이고 능동적인 자유로서 인간에게 안정과 기쁨과 초연함을 동반한다. 여기서 해방을 획득한 자유인이란 누구인가? 자유인이란 동굴 안의 구속 상태로부터 동굴 밖의 빛과 밝음의 세계로 탈출하여 진리의 빛 가운데서 사물의 참된 모습 그 자체, 즉 플라톤이 '이데아'라고 부르는 것을 꿰뚫어 보고 그 모습을 간파할 수 있게 된 자, 말하자면 플라톤적 의미에서의 '철학자(philosophos)'를 일컫는다. 동굴을 탈출한 자유인은 진리의 빛 가운데 거주하면서 사물을 있는 그대로 직시한다. 진리의 빛 가운데서 그의 눈은 점차 자기도 모르게 진리의 밝은 빛을 닮게 된다. 바로 여기에 철학함의 의미가 들어 있다.

철학함은 바로 이러한 형안의 눈을 획득하려 한다. 플라톤적 의

224

미에서 진정한 철학자란 진리의 빛에 동화하여 사물의 진상을 꿰뚫어 볼 뿐만 아니라, 어둠과 무지, 부자유를 몰아내는 예지의 형안을 획득하는 자이다. 이 형안의 획득이야말로 진리에 대한 사랑 안에서 철학적인 에로스를 갖고 철학함을 실행하는 모든 사람들이 목표로 삼는 것이다. 철학함을 통해 우리의 눈이 밝아지면 밝아질수록 진리의 빛은 더욱 선명하게 비치며, 또 이렇게 진리의 빛이 선명하게 비칠수록 그 안에 거주하고 있는 우리 역시 더욱 자유로워지는 것이다. 플라톤의 '동굴의 비유'에는 이처럼 인간의 인식하는 눈과 그의 인간됨이, 진리를 꿰뚫어 보는 힘과 그의 자유가 맞물려 있기에 소위 존재와 인식이라는 것은 불가분의 관계로 연결되어 있다. 후세는 이러한 플라톤 철학의 특징을 간파하지 못했다.

동굴세계의 바깥에서 이제는 이전의 세계가 참된 실재의 세계가 아님을 깨달은 그는 실로 더 이상 부자유한 동굴 주민이 아니다. 그는 이제 자유인으로서, 그리고 진리를 깨달은 지자(知者)로서 새롭게 태어난 (혹은 변화된) 사람과도 같이 전혀 다른 태도를 취하게 된다. 즉, 그는 이제 동굴 속에 갇혀 있는 동료들에 대한 깊은 연민을 느끼고서 그들에게 변화된 자신의 모습을 보이고 또한 바깥의 실재세계를 전하려고 동굴 속으로 내려간다. 여기서 플라톤은 이웃과 타자에 대한 배려와 사랑뿐만 아니라 깨달은 자의 책임을 확실하게 드러낸다. 동굴 바깥에로의 상승의 길(anabasis)과 아래에로의 길(katabasis)이 동시에 천명되어 있는 것이다. 이 부분은 사회학적이고 종교적인(즉, 이웃에 대한 사랑) 의미를 강력하게 부각시킨다.

그러나 빛 가운데에 있다가 어둠 속으로 들어간 그는 아직 어둠에 적응되지 않은 시력 장애로 불편한 모습을 동료들에게 보이게 되어 오히려 놀림을 받는다. 더욱이 옛 동료와 동굴 벽의 그림자 알아맞히기의 놀이에서 패하여 비웃음을 사고 '왕따'로 되고 만다. 그래서 그의 동료들은 말하기를 동굴 밖을 나가는 것이야말로 시력을 상실하게 한다고 결론짓고서, 동굴 탈출을 권유하고 시도하는 그를 궁지로 몰아넣고 급기야는 죽이려고 한다. 그의 간절한 설득과 권유는 공허한 메아리로 들려오며, 그는 미움과 멸시를 받게 되고 죽음의 위협에 놓이게 된다. 이런 희생자는 바로 소크라테스와 같은 사람인데, 인류정신사에는 이처럼 진리와 엉터리가 뒤바뀌고 정의와 불의가 뒤틀리는 경우가 허다하며 그 희생자 또한 빈번한 것을 우리는 세계사를 통해 알고 있다.

　우리의 세계사에는 불행하게도 소크라테스와 같은 (혹은 비슷한) 운명을 가진 철학자들이 많다. 피타고라스의 처형, 비아스(Bias)와 아낙사고라스와 같이 추방당한 철인들, 은자(隱者)로서의 헤라클레이토스, 노예시장에 팔리고 추방당한 플라톤, 사형선고를 받은 아리스토텔레스 등 그리스의 고대 철인들만 해도 그 불행하고 슬픈 역사를 적나라하게 보여준다. 그들은 통념에 사로잡힌, 동굴 안에 갇힌 동료들을 구제하려고(광명의 세계로 인도하기 위해) 거기로 들어갔으나, 자신들의 동료에 의해 쓰디쓴 독배를 마시고 말았다. 통념이 거대한 힘으로 지배하는 영역에서 우리의 철학자들은 무력하게 되고 놀림감으로 전락하고 만다. 급기야는 죽음에 노출되는 상황도 벌어지는 것이다. 그렇기에 철학자는 고독하다. "쓸쓸하게 거리로 내몰리는 것이 철학자의 운명이다."(니체)

　자유인으로서의 철학자가 시대와 혹은 권력자와 혹은 통념으로 무장한 대중과 불화를 일으키고서 죽을 운명에 처하는 것은 어떤 의미에서 불가피한 것으로 보인다. 물론 오늘날의 철학자에겐 철학적 진리를 위한 순교라거나 철학적 신념으로 말미암은 수난 같은 것은 찾아보기 어렵다. 그렇기에 플라톤적인 의미에서 (특히 여기 '동굴의 비유'에 드러난 것을 고려해볼 때) "철학자는 더 이상 존재하지 않는다"고 우리는 말할 수 있다. 더욱이 오늘날의 철학자는(지식인 모두!) 사회가 저질로 치닫고 도덕이 땅에 떨어지며 사람들이 저질문화와 제 눈앞의 재미나 이득에만(이기주의) 도취되어 있는데도 훈고학이나 문헌학의 수준에만 머물러 있으며, 자신의 교수 자리 지키기(이를테면 소위 '업적 평가'만을 위해)에만 매달리고 있는 실정이다. 그들은 더 이상 고독해하지 않고 안온한 삶을 영위하고자 한다.

우리가 저 '동굴의 비유'에서 읽을 수 있는 것은, 인간이 사슬에서 풀려나는 것이란, 즉 자유란 결코 거저 주어지는 것이 아니라 획득되어야 하는 것이다. 인간은 사슬에 묶인 채, 혹은 편견과 무지의 상태에서, 더 나아가 자연상태에서 결코 자유로울 수 없음을 이 비유는 잘 밝혀주고 있다. 바로 여기에 철학의 강력한 요청이 지적되는데, 이를 통해 우리는 플라톤 철학의 의미를 읽을 수 있다. 철학은 인식뿐만 아니라 실존, 해방(해탈), 영혼의 상승, 초월 등 여러 복합적인 의미를 내포하고 있다. 철학은 특별히 플라톤에게서 '경이(Thaumas)'의 딸 이리스(Iris)로서 하늘과 땅을, 신과 인간을 중매하는 역할을 한다. 동굴 바깥의 세계로, 이데아의 세계로 안내하는 철학은 "야만의 수렁에 묻혀버린 영혼의 눈을 끌어올려 점차 빛의 세계로, 위로 상승하게 하는 것"이다(『국가』, 533cd).

바로 여기에 우리를 감동하게 하는 위대한 철학의 센세이션이 놓여 있다. 인간은 동굴의 세계를 박차고 나가야 한다.

그런데 도대체 우리는 어떻게 동굴 탈출을 감행하고 또 어떻게 이와 같은 철학의 센세이션을 성취할 것인가? 그리고 무엇보다 어디서 도대체 영광의 탈출을 시작할 것인가? 아이러니하게도 저런 처참한 동굴 주민이 바로 나와 같은 사람임을 깨닫는 데에, 즉 어처구니없는 상황에 내동댕이쳐진 못나고 험상궂은 자화상을 발견하는 데에, 다시 말하면 아직 지혜와 희망과 철학이 필요하다는 것을 터득하는 데에 의미심장한 구제 가능성이 놓여 있는 것이다. 이러한 사실을 깨닫고 터득한 것이 곧 동굴세계를 박차고 나가야겠다는 동기부여이고 전제인 것이다. 우리의 영혼이 이데아의 세계로 비약하는 것이야말로 저 동굴의 밑바닥을 박차고 일어서서 더 밝고 높은 곳에 실재하는 세계로 상승한다거나 또는 적어도 시선을 그쪽으로 돌리는 것과 같은 것이라고 하겠다.

그런데 도대체 이 '이데아(idea)'란 무엇일까? 우선 이데아는 결코 어떤 단순한 '개념'이나 '관념' 내지는 '형상'이 아니다. 이들 번역은 플라톤 철학을 이해하지 못한 데에서 비롯된 용어들이다. '형상'은 아리스토텔레스의 이데아를 번역한 것이고, '관념'이란 번역어는 '실재성'이 결여된 의미를 내포하고 있기에 오히려 '이데아'와 반대되는 뜻이다. '개념'은 아예 이데아와 무관하다.

동굴의 세계를 박차고 나가지 못한 사람들의 이론에 의해 플라톤 철학은 많이 오해되었다. 영어의 '아이디어'라는 용어의 출처가 저 '이데아'라는 것을 생각해본다거나 또 흔히들 사용하는 '플라토닉 러브'니 '아카데믹 러브'와 같은 용어를 생각하면, 플라톤 철학의 왜곡이 얼마나 심각한지 우리는 알 수 있다. '이데아'라는 말은 플라톤이 나타내고자 하는 용어가 그 당시에는 없어, 자신이 새로 만든 용어이다. (원래는 '보다'라는 동사 'horan' 내지는 'blepein' 의 아오리스트형 'idein'을 명사화한 것이다.) 이 '이데아'와 같은 용어로 플라톤은 '에이도스(eidos)'라는 낱말을 쓰고 있다. 중요한 것은 우리가 당장 어떤 번역어가 적합한 것인가를 고르는 것보다 (물론 적합한 번역어가 있다면 좋겠으나) 오히려 이 '이데아'라는 용어를 번역하지 않은 채 그대로 두고, 그 뜻을 그의 철학에서 찾는 것이 더욱 바람직한 것으로 보인다.

'이데아'는 그러나 '동굴의 비유'에서 잘 드러나듯 근원적이고 참다운 실재를 뜻하며, 불멸의 원형이고, 초월적이며 본래적이고 가장 완벽하며 강력한 실재를 나타낸다. 또 이 '동굴의 비유'와 연결된 '태양의 비유'에서 '선의 이데아(idea tou agathou)'가 태양임에 비해 '이데아'는 빛에 해당하는 것을 파악하면, 우리는 이데아의 존재를 쉽게 이해할 수 있다. 태양과 빛의 관계가 그 위상과 존엄성에서 차이가 있지만, 그 일과 역할은 비슷한 것과 같이, '이데아'와 '선의 이데아'도 또한 이러한 관계를 갖고 있는 것이다. 빛이 없으면 결국 아무것도 존재할 수 없다는 것을 떠올리고, 빛이 모든 밝음과 '볼 수 있음'의 근원이고 또한 모든 생명체에 영양공급을 한다는 것을 파악하면 우리는 이데아의 개념을 이해할 수 있다.

3. '동굴의 비유'의 특징

플라톤의 '동굴의 비유'에 드러난 철학적인 의미와 특징을 몇 가지로 분류하여 고찰해보기로 하자.

첫째로 '동굴의 비유'는 두 세계를 구분하고 있다. 즉, 동굴 안의 세계와 동굴 밖의 세계의 양분인 것이다. 이 두 세계를 보통 감성계(kosmos horatos, mundus sensibilis)와 예지계(kosmos noetos, mundus intelligibilis)로 나타내기도 한다. 그러나 이러한 구분은 결코 어떤 절대적인 단절을 뜻하는 것이 아니다. 따라서 이러한 두 세계를 이원론적인 입장에서 보는 것은 온당치 못하다. 플라톤에 게서 '동굴의 비유'는 '태양의 비유'와 연결되어 있고, 동굴의 입구이면서 출구인 이 장소는 두 세계의 경계선이면서 동시에 역설적으로 전이가 가능한 중개 지점인 것이다. 그렇다면 여기서 전자(前者)의 세계는 우리의 일상적인 세계, 즉 통념과 현상의 세계를 의미한다. 여기는 습관과 감각, 통속과 일상이 지배하는 세계이기 때문에 실재를 파악하지 못하는 그림자의 세계인 것이다. 이 감성계엔 끊임없이 변화와 혼동이 지배한다. 그렇기에 이 세계는 인식론적이고 존재론적이며 가치론적인 어떤 확실한 기준과 근거를 찾을 수가 없으므로 불확실한 감각의 세계로 규정되는 것이다. 반면에 동굴 밖의 세계는 참다운 실재의 세계요 진리의 세계이다. 여기는 항구적이고 불변하는 존재의 세계이므로 우리의 이성적 인식의 대상이며 윤리적 가치판단의 기준이 되는 정신계 및 예지계의 세계이다. 이를 넓은 의미의 이데아의 세계라고 한다.

둘째로 인간이 동굴 속에 묶여 있는 자라는 비유는 인간이 무지와 편견으로 말미암아 자유롭지 못하다는 뜻이다. 동굴 주민은 감각과 속된 생각들(doxa)에 사로잡혀서 감각적 인식을 진리라고 고집하고, 실재의 세계, 즉 이데아의 세계에 관심을 기울이지 않고, 세속적 욕망에 사로잡혀 착각 속에서 생활하고 있음을 의미한다.

셋째로 사슬에서 벗어나서 동굴 밖으로 나가는 비유는 새로운 세계로, 진리의 세계로, 이데아의 세계로의 발걸음이 시작되었다는 의미이다. 이는 찰나적 삶이 아닌 진리와 영원의 세계로 향하는 구도자적 삶인 것이다. 그런데 동굴 안에서 쇠사슬을 끊고 밖으로 나가려는 의지는 인간 자신이 본래 고향을 찾아가려는 욕구, 즉 에로스(erōs)에 의해 가능한 것이다. 플라톤은 인간 영혼의 불멸을 믿었기에 육체를 입고 사는 인간은 자신의 본래적인 고향인 이데아와 진리세계에 대한 지울 수 없는 향수를 느끼고 그곳으로 복귀하려는 욕구를 갖는다고 본다. 이런 동경의 마음이야말로 철학 및 예술 활동의 동기가 되는 것이다.

넷째로 동굴의 비유는 인간이 진리에 이르는 인식의 과정을 보여주고 있다. 물론 이러한 인식과 진리는 철두철미하게 존재와 삶 자체와도 연결되어 있다. 이 과정은 크게 두 부분으로 나누어진다. 즉, 동굴 안과 동굴 밖의 인식세계이다. 그리고 이 두 인식세계는 각각 다시 두 단계로 구분된다. 가장 저급한 단계인 동굴 안의 두 인식세계는 상상과 추측 혹은 억측에 의해 얻어지는 지극히 주관적인 세계(eikasia)와 또 바로 위의 단계로 감각적 경험을 통해 얻어지는 신념의 세계(pistis)로서, 이 두 단계는 모두 "통념의 세계(kosmos horatos)"에 속한다. 동굴 밖의 인식세계는 오성(dianoia)을 발휘하여 얻어지는 수학적이고 논리적인 인식이 있고, 그 위에 예지적 통찰에 의한 철학적 인식(noesis)의 단계가 있다. 이 두 단계를 "예지의 세계(kosmos noetos)"라고 한다.

다섯째로 위의 진리에 이르는 인식의 과정은 곧 인간의 실존적(존재론적!)이고 실천적(윤리적!)인 의미를 동시에 뜻한다. 즉, 실존과 실천이 결여된 이론적 인식론은 플라톤 철학에 대한 심대한 오해이다. 그리고 철학사는 이러한 사실을 간과해왔다. '동굴의 비유'에서 위의 단계로 나아가는 노정에는 존재와 허상 또는 존재와 무, 앎과 무지, 교육(파이데이아)과 비교육, 본래성과 비본래성, 통속과 고귀함, 비약과 안주, 로고스와 카오스, 삶과 죽음의 싸움과 사건들이 일어난다. 여기서 '싸움'의 의미는 무엇일까? 그것은 진리와 자유, 통찰의 세계로 나아가는 데에는 수고를 두려워하지 않아야 한다는 것이다.

또한 한 단계에서 다른 단계에로의 변환은 아무런 매개도 없는 '비약'에 의해 이루어진다. 따라서 동굴 탈출의 과정에서 어떤 단계에 있다는 것은 인식론적이고 존재론적이며 윤리적인 의미를 동시에 나타내는 것이다. 어떤 인식의 단계에 있다는 것은 그만한 인식을 한다는 것을 나타냄과 동시에, 그만한 '존재론적 장소에 있음(topos-sein)'을 나타내는 것이다. 그렇기에 존재와 인식은 서로 분리되어 있는 것이 아니라 통일성을 이루고 있다. 그래서 어떤 단계에 있다는 것(topos)은 하나의 "존재론적 범주(ontologische Kategorie)"(W. Rest)를 나타낸다. 한 단계를 나아간다는 것은 이미 인식론적이고 존재론적이며 실존적인 작업이 전제되고, 또 새로 획득한 단계에서도 마찬가지이며, 동굴을 벗어나고 태양을 볼 때까지 (따라서 '선의 이데아'를 통찰하기까지) 전 과정에서 새로운 인식과 통찰, 인간적 성숙, 자유와 해방이 실현된다.

이러한 인식과 윤리, 존재가 융합된 성격은 바로 '동굴의 비유'와 연결된 '태양의 비유'에서 더욱 명확히 확인할 수 있다. 그것은 빛이 보는 것과 구체적 사물들의 보이는 것의 원인임(인식론적)과 동시에 무릇 생명체들의 생성과 성장, 삶의 원인이 되는(존재론적) 까닭에서도 잘 드러난다. 참고로 우리는 여기서 우리가 흔히 오해해오던 사실을 하나 발견하게 된다. 즉, 소위 빛의 철학적 의미를 논의하는 과정에서 플라톤을 아폴론적, 이론적 내지는 형이상학적 모델로 굳히려 하나(특히 니체), 위에서 언급된 빛은 참으로 삶과 생명을 제공하는 능동적인 활동을 하고 있는 것이다. 특히 생성과 성장을 제공하는 역동적인(dynamisch!) 모습을 우리는 여기서 분명히 파악할 수 있다.

마지막으로 '동굴의 비유'는 철학자의 사명을 보여주고 있다. 곧 이데아의 세계를 통찰한 그는 다시 동굴 안으로 들어가 동료들을 배려하는 사명이다. 이러한 일은 진리를 인식한 철학자들의 의무라고 플라톤은 생각하고 있다. 그는 고대 그리스의 오르페우스(Orpheus) 교도나 신비주의자의 추종자들처럼 개인의 구원에만 매달리는 것보다는 오히려 진리를 깨닫지 못하고 무지 속에서 헤매는 인간들에 대한 무한한 연민과 배려 속에서 개인의 구원이 가능하다고 믿었던 것으로 보인다. 도시국가 전체의 정의로운 삶과 이상국가의 실현을 추구한 모습에서 플라톤의 희생과 사랑과 공동체의 정신을 읽을 수 있을 것이다.

4. '동굴의 비유'에 드러난 파이데이아(철학교육)의 의미

그렇다면 야만의 수렁에 빠진 인간을 구출하는 것, 즉 동굴을 탈출하게 하는 것은 무엇인가? 그것은 '파이데이아(paideia)'이다. '파이데이아'는 낱말 뜻대로 번역하면 '교육'이지만, 우리가 이해하고 있는 교육의 개념과는 상당히 다르다. 더욱이 현대의 실증주의적인 교육, 돈벌이와 출세와 감투를 위한 교육과는 천차만별에 가깝다고 할까. 파이데이아는 인간적 성숙교육, 교양교육, 특히 철학교육의 의미가 강력하게 들어 있다. 그것은 사물의 이치를 깨닫는 지식에서부터 시작하여 초월의 세계를 직관하며 이데아의 세계를 통찰하는 지혜의 단계에까지 이르므로 섣불리 단순한 용어로 번역하기가 적합하지 않다. 그러므로 우리는 그냥 플라톤의 용어로 '파이데이아'로 하기로 하자. 이제 무엇보다도 '동굴의 비유'를 통해서 파이데이아가 어떤 역할을 하며 또 어떤 의미를 갖고 있는지 항목별로 파악해보자.

파이데이아는 해방으로 이끈다.

파이데이아는 인간을 결박된 상태로부터 벗어나게 하는 역할을 한다. 이는 자신의 부자유와 편견과 무지의 굴레(한마디로 야만과 억압의 상태)를 벗어 던짐으로써 주어지는 해방이고 해탈인 것이다. 그러나 이런 해방과 해탈의 기적이 일어나게 하기 위해서는, 즉 파이데이아가 생동하기 위해서는 우리 자신이 열려 있어야 한다. 다시 말하면 파이데이아를 받아들여 우리 자신이 도야될 수 있도록 열린 상태로 준비되어 있어야 하는 것이다.

파이데이아는 방향 전환을 일으킨다.

파이데이아는 방향 전환을 야기한다. 만약 "아하!"라는 체험을 동반하는 방향 전환을 가져오지 못하면, 그것은 파이데이아가 아니다! 파이데이아는 무(無)방향의 혼미와 '까막눈의 상태(apaideusia)'에서 제대로 된 길로의 방향 전환을 성취하기 때문이다. 그것은 '야만의 수렁에 빠진 상태'를 밀어내고 일어나게 하며, 통념과 아집과 일상에 파묻힌 삶에 작별을 고하고 변화를 불러일으킨다. 파이데이아는 바로 이러한 변화, 즉 방향 전환을 목적으로 한다.

파이데이아에는 강요가 들어 있다.

여기서 도대체 '강요'는 무엇을 뜻하며 왜 필요한가? 그것은 인간이 (특히 동굴 주민이) 스스로 구제할 수 없기 때문이다. 즉, 그것은 파이데이아 없이 구제가 불가능함을 밝히는 것이다. 이러한 플라톤의 시각에서 우리는 (특히 근대의) 주체중심주의가, 다시 말하면 주체에 과다한 권력을 실은 주체주의가 상당히 위태로운 것을 읽을 수 있다. 하물며 성숙되지 않은, 철학교육이 안 된, 사리에 어두운 주체의 자기과시와 자기주장이 얼마나 조야한 것인지도 드러난다. 동굴에 사는 구제불능의 주체들에게 '강요'가 필연적인 경위를 좀 더 밝혀보자.

동굴 주민은 어떤 외부로부터의 자극이나 충동이 없이는 변화를 일으키지 못한다. 왜냐하면 그는 안주하는 데에 길들여져 있고, 또 안주하는 것을 목적으로 삼기 때문이다. 그렇기에 인간의 고개를 밖으로 돌리도록 하고 결박을 풀어 동굴 안에서 밖으로 나가는 데에는 어느 정도의 강요와 고통이 따른다. 더구나 파이데이아는 결코 동굴 주민이 교육을 받으면서 겪게 되는 고통을 탕감해주거나 면제해주는 일도 없으며, 공짜나 요행 및 '대박'과 같은 것을 허락하지 않는다. 물론 저러한 '강요'는 결코 무모해서도 안 되고 부당해서도 안 된다.

그렇다면 혹자는 플라톤에게 물을 수도 있을 것이다. 만약 동굴 주민이 탈출을 원하지 않는다면 왜 이토록 원하지 않는 일을 강압적으로 도와야 하는가? 물론 강압은 결코 목적이 아니며, 저 동굴 주민 또한 결코 수단으로 이용되는 것이 아니다. 그것은 오로지 동굴 주민을 위해서, 이웃 내지는 타자에 대한 배려와 사랑 및 연민의 정에 의한 것이다. 이에 대한 정당화의 문제는 해방된 동굴 주민이 스스로 자신의 무지(無知)를 인정하고서 변화된 자신의 처지를 진심으로 올바를 뿐만 아니라 행복하다고 판단한 데에서 답변을 얻을 수 있다. 즉, 말하자면 그는 동굴의 바깥에 나와 무한한 자유를 얻고 또 이데아의 세계를 통찰하게 되어, 이전의 까막눈의 신세에서 옹고집을 피우던 일을 이제 오히려 수치스럽게 여기는 것이다. 그렇기에 그에게 길 안내를 했던 사람이 가했던 강요는 (물론 피차가 고통스러웠겠지만) 결코 남의 자유를 뺏는 일방적인 억압이 아니었음을 그가 스스로 입증해 보이는 것이다.

파이데이아는 동반자적 길 인도이다.

동굴 주민을 인도하는 자는 어떤 사람인가? 그는 그러나 결코 높은 신분의 명령권자가 아니며, 오히려 대등한 입장에서의 길 안내자이다. 사슬에 묶인 동굴 주민을 해방하고, 그의 고개를 돌리게 하며 동굴을 탈출하게 하는 데에는 강요와 고통이 따랐지만, 그러나 이러한 과정이 진행됨에 따라 파이데이아는 탈출하는 동굴 주민의 자율을 존중하고서 이제 그의 곁에 서서 함께 길을 걷는 동반자가 된다. 그는 그러나 원래부터 동반자이고 안내자인 것이다.

파이데이아는 위로 인도한다.

파이데이아의 길은 결코 어떤 무의미한 진행이 아니며, 평행선적인 운동도 아니다. 그것은 위로 향하는 운동이다. 이는 일상성을 과감하게 극복하고 초월하는 것이며, 쇠사슬을 끊고 존재와 진리의 세계를 향하여 달음박질하는 싸움이며, 그곳으로 들어가는 상승이다. 파이데이아가 인도하는 길은 존재와 진리의 세계이고 신적인 것이다. 따라서 파이데이아에는 초월이 내포되어 있다.

일반적으로 플라톤 철학의 특징에는 이미 초월의 의미가 강력하게 들어 있다. 그에게서 철학은 초월에 뿌리를 둔 중매자인 것이다. 즉, 철학은 '경이(Thaumas)'의 딸 이리스(Iris)로서 신과 인간을, 하늘과 땅을, 무한과 유한을 중매하는 역할을 하고 있다.

파이데이아는 밖으로 향하게 한다.

파이데이아는 동굴 안의 근시안적 시각을 바깥세계로 돌리게 하는 역할을 한다. 그것은 어둠에서 밝음에로 향하게 하는 것이고, 비본래성에서 본래성에로 향하게 하는 것이다. 밖으로 향한 것으로부터 자신의 본래성과 실존을 획득했기에 논리를 비웃는 역설적 아이러니가 여기에 들어 있다. 이데아의 세계를 통찰하는 것에도 이런 아이러니가 내포되어 있다. 하이데거의 "탈존(ek-sistieren)"이라는 용어에도 밖으로 향하는 초월과 존재이해의 의미가 함께 들어 있다. 그것은 어떤 무의미한 외부세계로의 '탈존'이 아니고 자신의 본래성에로의 '탈존'이기 때문이다.

파이데이아의 노정에는 고통과 목숨을 건 모험이 따른다.

파이데이아의 길은 결코 순탄한 길이 아니다. "가파르고 위험한 길"인 동굴 안을 박차고 나가는 데에는 수고와 모험이 따르고, 믿어지지 않는 역설적인 현상이 뒤따르기에 끔찍한 싸움도 동반된다. 그것은 자신과의 싸움과 외부환경과의 싸움이며, 인도자와의 싸움이다. 더욱이 바깥세계로 이끌려 나와 이데아의 세계를 통찰한 자가 동료들을 위해서 다시 동굴 안으로 들어갈 때는 목숨을 건 모험이 뒤따르는 것이다. 동굴 주민의 무지와 편견, 잘못된 신념이 그를 죽음으로 내동댕이칠 위기로 변할 수 있기 때문이다.

파이데이아는 이웃과 타자를 배려하는 공동체로의 길이다.

파이데이아의 길은 결코 깨닫고 '득도'하는 데서 끝나는 길이 아니다. 그것은 원리적으로 타자를 위한 길이다. 깨달은 자는 동굴 안으로 들어가야 한다! 파이데이아는 동료들을 위한 사명감에 불타게 한다. 만약 그러한 사명감이 없다면 그것은 엉터리의 파이데이아인 것이다. 목숨을 걸고 동굴 안의 세계로 들어가는 데에는 이타주의적인 사랑(아가페)이 용해되어 있다. 플라톤의 철학에는 이데아의 통찰을 향한 길에 동반된 에로스(erōs)와 타자를 위해 봉사하고 희생하는 아가페(agapē)의 사랑이 결합되어 있다. 이는 곧 이데아의 세계를 통찰한 앎이 실천적 성격과 분리될 수 없음을 나타내는 것이기도 하다.

238

5. 동굴세계로부터의 엑소더스(Exodus)와 초월

우리가 앞에서 인용한 '동굴의 비유'를 검토해보면 동굴 주민이 동굴 벽의 그림자를 보는 것에서부터 사슬에서 풀려나고 동굴 안을 벗어나 바깥세계의 태양을 보고서 다시 동굴 안으로 들어가는 과정은 일곱 단계로 되어 있다. 이 단계들을 열거해보면 다음과 같다. (1) 동굴 벽에 나타난 물체들의 그림자, (2) 사슬에서 풀려나 동굴 안의 물체들을 보는 것, (3) 동굴 안의 불, (4) 동굴 밖에 있는 사물들의 물속에 비친 모습과 밤하늘을 보는 것, (5) 사물들 자체, (6) 태양 빛과 태양 자체, (7) 동굴 안으로 들어가기.

이러한 단계를 통하여 우리가 알 수 있는 것은 뒤로 갈수록, 즉 동굴의 위쪽에 위치한 단계일수록 더욱더 실재성에, 존재와 진리에 가깝다는 것이다. 이를 통해 우리는 중요한 사실을 알게 된다. 즉, 이전의 단계에서 다음 단계로의 변화는 곧 우리가 그토록 예의 주시하는 '초월'의 의미를 밝혀주고 있는 것이다. 다음 단계에로의 변화 혹은 상승은 곧 이전의 단계를 초월하는 것이다. 그런데 이러한 초월에는 인식의 변화만 있는 것이 아니라, 전체적인 삶과 실존적인 변화를 동반하는 것이다.

그런데 '동굴의 비유'에서 우리의 동굴 주민은 아직 초월의 의미를 전혀 모르기에 동굴 탈출을 꺼릴 뿐만 아니라, 동굴 안에, 즉 형이하학의 세계에 퍼져서 안주하기를 작정하고 있지 않은가! 그렇다. 야만의 수렁에 빠진 상태에서 동굴 주민을 건져 올리기 위해서는, 나아가 통념과 아집과 까막눈의 상태를 탈출시키기 위해서는 교육적 강요가 따른다. 그렇기에 초월에의 길에는 고통과 수고와 모험이 따르는 것이다. 강요에 의해 끌려 나가다시피 한 동굴 주민은 그러나 획기적인 변화를 체험한다. 그리하여 저 강요는 오히려 옛 동굴 주민에 의해 커다란 고마움으로 바뀌는 것이다.

그가 동굴의 바깥세계에 적응하고 해방을 성취했을 때는, 이전에 자기가 살았던 동굴생활이나 그곳의 친구들을 상기하면서, 그곳에서 지혜롭게 생각되던 모든 일이 이제 터무니없는 것으로 판명되고 만다. 그리고 자기의 몸에 일어난 이러한 변화에 대해 다행스럽게 여기는 한편, 아직도 동굴 속에 있는 동료들을 가엾게 생각하는 마음이 생기게 된다. 그리하여 그는 위험을 무릅쓰고 동굴 안으로 들어간다. 우리는 동굴 주민의 이러한 변화를 통해 플라톤 철학에서의 '초월'의 의미를 더욱 가깝게 파악할 수 있다. '초월'로 말미암아 참다운 실재와 진리의 세계로 승화되고 변화된 현상이 드러난 것이다. 그리하여 '초월'을 두고 소위 '일탈'이니 '피안주의'라고 하는 태도는 여기서 무너지고 만다.

동굴로부터의 '탈출(엑소더스)'을 우리는 다름 아닌 동굴세계로부터 바깥세계로, 암흑에서 광명에로, 비본래성으로부터 본래성에로의 초월로 이해할 수 있다. 따라서 여기에서의 '초월'은 결코 어떤 현실로부터의 '일탈'이나 피안의 세계로 도피하는 것을 말하지 않는다. 한동안 경험주의와 실증주의, 과학철학은 철학에서의 '초월'을 마치 비현실적인 것인 양 매도하고 공격하기 시작했다. 그러나 여기에 드러난 초월의 개념은 그러한 형이상학적인 '초월'이 아님을 주먹구구로도 파악할 수 있다. 그렇지만 일반적으로 말하여 '초월'은 적어도 그들이 쳐놓은 그물망(틀, 카테고리)에 걸려들지 않기에 그들로선 왈가왈부할 자격이 없다. 따라서 그들의 그물망에 안 걸려든다고 해서 무가치한 것으로 매도하는 것은 용서하지 못할 오만한 태도이다.

물론 칸트도 자신의 철학을 전개하는 과정에서 경험 가능한 세계가 아닌 "초월(Transzendenz)"에 대해서는 철학적 논의의 지평 밖으로 밀쳐내고, 그 대신 경험 가능하고 선천적 종합판단을 가능하게 하는 "선험(Transzendental)"만을 받아들였는데, 이러한 태도는 저들이 '초월'을 비판하게 한 빌미를 제공했을 것이다. 물론 전통 형이상학에는 종교적인 피안의 성격을 띤, 그래서 실제성과 결부시키기 어려운 그러한 '초월'도 있을 것이다. 그러나 우리는 결코 현실을 외면한 어떤 일탈의 초월을 말하지 않는다.

참고로 우리는 전통 형이상학이 플라톤의 철학을 오해하여 '피안'과 '일탈'을 그려낸 사건을 지적하지 않을 수 없다. 플라톤은 그의 '태양의 비유'에서 "존재의 저편(heneka ousias)"이란 용어를 쓴 적이 있다. 이것은 마치 태양이 곧 태양에서 발산하는 빛과 위상을 달리하는 것처럼, '선의 이데아'가 이데아들과 위상을 달리하는 것을 설명한 것이다. 그런데 이러한 '선의 이데아'가 위치해 있는 것을 교부들이 오해하여 "존재의 피안"이라 생각하고는 우리가 사는 세상과 무관한 피안의 천국으로 여겼던 것이다. 그러나 우리는 다시 언급하거니와 '초월'은 결코 우리의 현실과 삶을 등진 어떤 '일탈'이나 '피안에로의 도피'가 아니라, 오히려 이와 대조적으로 더욱더 인간다우며 더욱더 의미 있는, 더욱더 깊고 높으며 숭고하고 고매한 세계에로의 안내인 것이다.

그뿐만 아니라 우리는 '초월'에서 진정한 사회학적인 의미조차 찾아낼 수 있다. 즉, 말하자면 '초월'은 존재론적이고 인식론적인 차원에만 국한되는 것이 아니라, 사회학적으로도 중요한 의미를 갖는 것이다. 그것은 이를테면 아름다운 공동체적 삶이란 적어도 개인주의와 이기주의(또한 자기중심주의)의 한계를 초월하지 않으면 안 되기 때문이다. 또한 공산주의나 사회주의가 멸망한 주된 이유는 타자와 공동체를 위한 (공동체의 안녕과 행복을 위한) 도덕적인 성숙된 태도인 초월을 전제로 하지 않고, 정치적인 수단 방법으로 또한 강제로 도그마를 수행했기 때문이다.

'동굴의 비유'가 밝혀주는 '초월'은 그야말로 어둠에서 광명으로, 허위에서 진실로, 동굴 안에서 동굴 밖으로, 억압과 부자유에서 해방과 자유로, 무실존에서 실존으로, 허상에서 존재로, 까막눈의 처지에서 사실을 꿰뚫어 보는 시각으로, 불구에서 정상으로, 아집과 편견에서 이치와 보편으로, 멸망에서 구원으로의 초월인 것이다. 이렇게 나열된 초월의 형태에서 우리는 존재론과 인식론이, 실존철학과 인간학과 생의 철학이, 윤리학과 교육학이, 심리학과 종교철학이 각각 갈기갈기 찢기지 않은 채 조화롭게 융합되어 있는 것을 목격한다. 더구나 우리를 감탄하게 하는 것은, 우리가 초월을 감행하는 것(넘어서는 것!)이 어디론가 미혹한 곳으로 나아가 버린 것이 아니라, 결국 우리 자신에게로 되돌아오는 것이다. 즉, 초월에서 얻은 것은 결국 자신을 위한 것(이를테면 자신의 성숙, 존재와 진리에 더욱더 가까운 삶 기타 등등)이지, 데몬(Demon: 악마적인 것)에 봉사한 것은 아니다.

'초월'은 철학의 커다란 테마이고 과제이다. 이러한 테마는 또한 철학으로 하여금 다른 학문 분야들과 뚜렷하게 구별되게 한다. 모든 새로운 창조(모든 가치창조나 의미창조 및 모든 학문적인 창조)

에는 철두철미하게 초월적인 사유의 활동이 전제된다. 또한 '초월' 이야말로 인간으로 하여금 끊임없는 의미추구를 할 수 있도록 바닥이 보이지 않는 심오한 심연을 마련한다. 인간이 만약 더 이상 의미추구를 할 것이 없다면 니힐리즘에 빠질 위험에 노출된다.

인간은 본래적으로 자기 자신을 부단히 넘어서서 어떤 '그 이상의 것'과 '그 밖의 것'을 지향하여 초월에의 의지를 드러낸다. 인간은 결코 자기 자신만의 세계에 갇혀 살 수 없으며, 자기의 요람에만 안주할 수 없다. 마치 정체된 물이 썩듯이 인간이 자신의 현재적 삶에 안주하여 퍼져 있으면 그는 저 정체된 물과도 비슷한 처지에 놓이게 될 것이다. '미완성으로서의 인간'은 자기 자신의 현재적 경계를 뛰어넘는 행위 안에서 더 나은 자아실현을 이루는 "되어가는 존재"인 것이다. 즉, 인간은 초월을 통하여 끊임없이 자기 자신으로 되어가는 존재이다.

인생을 동식물처럼 주어진 환경에서 살다가 죽는 것으로 끝난다고 생각하거나 혹은 아무런 의미창조나 가치창조 없이 그냥 현상의 세계에서 살다 죽는 것이라고 여기는 자는 저러한 초월의 의미를 헤아리지 못할 것이다. 따라서 생리적인 수준에서 머물지 않고 정신적인, 의미를 창조하는 지평으로 나아가는 것이야말로 지극히 정상적인 인간이고 또 이를 통해 인간이 본래 초월적인 존재라는 것을 밝혀준다. 인간은 식물이나 동물처럼 피동적으로 또는 본능적으로만 살 수는 없다. 그는 스스로 능동성을 갖고 있고 자유의지를 갖고 있으며 자연과 대조적인 정신세계를 갖고 있다. 이러한 바탕은 그가 스스로 초월하고 창조하면서 살아가야 하는 것을 시사하는 것이다. 초월성은 따라서 인간의 정신적 삶의 근본조건인 것이다.

참으로 생성 소멸과 현상의 세계는 인간에게 주어진 현사실적 (faktisch) 현상일 따름이지, 인간이 추구하는 목적이 될 수 없다. 그것은 인간에게 궁극적 의미를 제공하지 못하기 때문이다. 생성 소멸의 세계에서 유한한 인간은 따라서 자기실현을 자연스레 무한한 지평으로 확장한다. 그렇기에 삶의 의미를 성찰하는 인간이라면 적어도 초월만이 인간의 근본적인 문제에 접근하고 또 나름대로 해결의 실마리를 제공하는 것을 인지할 것이다.

철학은 여타의 학문들이나 인간의 일상적 행위와는 달리 인간으로 하여금 결코 현재의 일상적 삶에 안주하지 못하게 한다. 철학은 인간이 현실에 퍼져 안주하는 것을 채찍질하여 일으켜 세우고, 여기서 탈출하도록 끊임없이 흔들어 깨운다. 철학은 인간으로 하여금 끊임없이 자신의 존재에 대해 경악하도록 몰아세우고서 깊고 높고 먼 데로 나아갈 것을 재촉한다. 만약 이러한 약동이 일어나지 않는다면, 우리가 철학의 부재에 시달리고 있다는 증거이고, 또한 우리가 철학이 아닌 통속에 여전히 사로잡혀 있다는 뜻이다. "통속의 세계를 벗어나라"는 철학의 끊임없는 강요는 철학사의 태동기부터 지금까지 계속 이어져왔고 앞으로도 그럴 것이다. 철학은 끊임없이 삶의 변화를 충동질하고 재촉하는 것이다.

모든 삶에는 어떤 형태로든지 생동력이 전제되어 있다. 우리의 사유의 세계는 더더욱 그렇다. 사유는 날개가 없이도 날아간다. 어쩌면 빛보다 더 빨리 창공을 꿰뚫고 날아간다. 그래서 사유의 본질은 초월에 있는 것이다. 그렇기에 만약 이 사유가 생동을 하지 못하고 형이하학의 세계에 — 이를테면 안목의 세계에, 굵직한 물질의 세계에, 아집과 통념의 세계에, 이데올로기의 세계나 당파의 세계에, 탐욕과 이기주의의 세계에, 폐쇄된 자기중심주의의 세계에, 기타 등등 — 처박혀 있으면 결코 초월할 수 없을 것이다. "정체된 물은 썩는다"라는 경구처럼 사유의 생동력이 없는 삶은 형이하학의 세계로 추락하고 안목에 집착된 세계로 떨어질 수밖에 없다.

이처럼 초월이 인간에게 본질적임이 드러났지만, 우리에겐 뭔가 생소하게 들릴 것이다. 그것은 오늘날 사회의 전반적인 시스템이, 산업경제와 물질주의, 또 이들에 전 에너지를 쏟는 정치, 경제, 사회, 문화, 교육의 흐름이 인간을 철저하게 현상적 존재로 가두어놓고 그러한 카테고리에 묶어버렸기 때문이다. 그리하여 인간은 철저하게 이 굴레의 질서에 지배를 받게 된 것이다. 이제 우리 스스로가 이 굴레의 포로가 되어온 세상을 반형이상학적인 시선으로 바라보고 있다. 이러한 형이하학적인 세계는 우리의 본래적인 초월적 존재의미를 퇴색케 하고 낯설게 해버렸다. 이제 우리는 '초월'이 무엇인지조차 모른 나머지 마치 뜬구름 같은 얘기로 착각하고서 무한한 가치와 심오한 사유의 세계로, 의미의 세계로, 초자연적이고 비일상적인, 신적인 세계로 비상하는 날갯짓을 못하고 있는 실정이다.

그래서 현대인은 점점 현실적 삶 속으로, 현재적 순간 속으로, 하늘보다는 땅 속으로 돌진하며, 오직 현상세계 속에서 이득을 위한 경쟁원리만 앞세워 타자들과 대결하고, 자연과 대립하여 정복해가는 방식으로만 살고 있다. 돈 안 되고 상품가치가 없는 것, 경쟁에 직접적인 요인이 안 되는 것, 눈앞에 굵직하게 나타나지 않는 모든 정신적인 가치는 심지어 정치, 경제, 사회, 문화, 교육의 지평에서 타도되고 색출되는 처참한 상황으로 몰리고 있다.

6. 어떻게 동굴 탈출을?

그러면 우리는 어떻게 동굴세계를 뛰쳐나오며 우물 안의 신세를 면할 수가 있는가? 도대체 통념과 일상의 세계를 벗어나는 길은 무엇인가? 하기야 '특효약'이나 '만병통치약' 같은 것은 없다. 그러한 처방을 내리는 것도 있을 수 없을 것이고 유별난 요령을 터득하는 것도 요원할 것이다. 일단 우리는 우리 자신의 모습을 상대적으로 바라볼 수 있는 시선을 획득해야 한다. 그런데 이러한 시선을 얻게 되는 과정이 다름 아닌 철학하는 것이다. 내 자신이 못났다는 것을 자각할 때 까불지 않는 것처럼 제삼자의 입장에서 자신을 바라보는 시선을 획득해야 한다. 나의 인식이나 의견(opinion)이 항상 최상의 것이 아닐 수 있다는 것을 자각하고, 또 나의 현재적 존재가 곧 내 인생이 추구하는 목표점에 도달해 있다는 착각을 물리칠 때 초월에로의 의지가 발생할 수 있는 것이다.

그런데 보통 인간은— 마치 그가 지구 표면에 붙어살면서, 즉 지구와 함께 돌면서 지구가 회전하고 있는 것을 인식하지 못하는 것처럼 — 자신을 자신이 아닌 제삼자의 입장에서 바라보기란 그리 쉽지 않다. 그것은 그러나 지구의 바깥에서 지구를 조명함으로 말미암아 회전하는 지구를 관찰하듯이 자신을 상대화한 초월적 견지에서 자신의 상태를 인지하는 것과 같은 이치이다. "자신이 아닌 제삼자의 입장에서"라는 표현과 "자신을 상대화한 초월적 견지에서"라는 표현이 어색하고 모순되는 것처럼 보이지만, 이러한 것은 보편적 시각에서 바라보면 개별적이고 특수한 카테고리에 묶인 자기 자신이 드러난다는 것이다.

246

그렇기에 자기 자신을 개별적이고 상대적이며 유한한 존재로 (혹은 자기가 절대적 척도가 아니라는 것을!) 자각한다면, 자각하는 주체는 이미 이 자각 속에서 저 개별적이고 상대적이며 유한한 굴레에 묶여 있는 (현상적) 규정을 초월하고 있는 것이다. 따라서 무엇보다도 개체적이고 개별적인 한계를 넘어서서 전체를 꿰뚫어 보는 보편시각, 보편의식, 보편성을 획득하는 것이 시급한 과제인 것이다.

동굴을 탈출하는 과정이나 우물 안을 박차고 나가는 것은 바로 저러한 과정과 궤를 같이한다. 그런데 우리가 여기서 조심해야 할 것은 '보편'이라는 것을 '개별자'나 '특수자'와 반대되는 것으로 착각해서는 안 되는 것이다. 이러한 사실을 철학사는 오랫동안 오해해왔고 특히 플라톤의 철학을 그렇게 오해했다. 보편은 그러나 결코 엄밀한 의미에서 그런 반대의 입장에 놓이는 것은 결코 아니다. 그것은 모든 개별자와 특수자를 포괄하고 아우르면서 초월해 있는 보편인 것이다.

그렇지만 우리가 위에서 언급해온 것들만 동굴을 탈출하고 형이하학의 세계를 벗어나게 하는 것은 아니다. 어쩌면 위에서 언급해온 것들이 동굴의 입구를 발견하게 하는 데에 그리 용이하지 않을 수도 있을 것이다. 즉, 자신을 상대적으로 본다거나 초탈한 입장에서 철학에 어두운 자신의 처지를 발견하는 것과 자신의 의견으로 구축한 세계가 대수롭지 않은 것을 터득하는 것은, 나아가 지구 바깥에 나가서 지구를 관찰하는 것처럼 자기가 자신의 밖으로 나가 자신을 관찰하는 것은, 더더욱 보편적인 시각에서 개별적인 자신의 처지를 읽는 것들은 결코 용이하지 않을 수도 있을 것이다.

그러나 우리는 일상적인 삶 속에서도 철학에 눈을 뜰 기회를 가질 수도 있을 것이다. 철학을 마치 하늘의 별을 따서 오는 것처럼 생각할 필요는 없는 것이다. 삶 가운데서 우리는 여러 가지 정신적인 체험을 하고, 특히 철학적 사색이 요하는 그러한 충동이나 자극을 체험할 것이다. 형이하학을 탈출하도록 하는 단초는, 즉 동굴 탈출의 동기를 부여하는 것은 우리 주위에 얼마든지 있다. 철학을 할 수 있도록 하는 충동은 우리의 삶 가운데에서 발견되는(체험되는) 경이(놀람)라든가 의심, 의미에 대한 질문이나 계몽의지, 한계 상황에 대한 체험(특히 죽음의식)과 같은 것들이다. 이들과 함께 사유하기를 게을리하지 않고 계속 동굴 벽을 오르면 입구가 보일 것이다.

이러한 생생한 근본적인 체험들에 주의를 집중하고, 이러한 체험을 곱씹고서 되새김질을 계속해간다면 우리는 새로운 차원의 자신과 세계를 발견하게 될 것이다. 따라서 눈을 뜨고 자기 인생의 성숙을 위해 마음 문을 연다면 철학은 마치 파르메니데스를 영접하는 여신 디케(Dike)처럼 우리를 안내할 것이다.

그렇지만 성숙을 향한 새로운 세계에로의 날갯짓에는 아픔이 따른다는 것을 염두에 두어야 한다. "알을 깨는 아픔"(헤르만 헤세의 『데미안』)인 것이다. 알의 껍데기는 보호막이다. 그러나 마냥 알의 밖을 나오지 않고 안에 머물 수만은 없다. 그렇다면 그 알 안의 생명체는 썩고 만다. 그 안에 들어 있는 생명체는 알을 깨고 밖으로 나와야 한다. 밖으로 나와야 빛을 보고 새로운 시작을 하는 것이다. 아기가 어머니의 자궁 속에서 생명현상을 일으킬 때에는 위의 알에서보다 더더욱 보호되어 있다. 어머니의 온몸을 통해 보호되어 있고 자동적으로 영양공급을 받는다. 그래서 아마도 어머니의 자궁 안만큼 잘 보호되어 있고 편안한 곳은 세상에 더 없을 것이다. 그러나 인간은 거기에만 머물러 있을 수 없다. 그는 울면서 밖으로 나와야 한다. 자신도 그리고 그를 품은 어머니도 수많은 고통과 불편을 겪으면서 새로운 역사를 만들어가는 것이다.

인간은 어머니의 자궁 속에 항구적으로 머물지 못하고 세상 밖으로 나와야 하는 것처럼, "알을 깨는 아픔"을 감수하면서 자꾸만 새로운 단계로, 새로운 성숙으로, 새로운 사유의 세계로 나아가야 하는 것이다. 인간은 정체된 물처럼 머물 수 없다. 그는 아픔을 감수하면서 날갯짓을 하고 비상해야 한다. 그렇게 그는 지음을 받았다. 새로운 세상은 늘 그렇듯이 결코 "알을 깨는 아픔" 없이 주어지지 않고 혹은 저절로 열리지도 않는다. 어쩌면 이것은 만물의 성숙원리인지도 모른다. 저절로 되고 스스로 되는 것은 자연밖에 없다. 문제는 이러한 원리를 인간이 자각하지 못하고 무시한 채 현실 속에 안주하는 것이다. 육체적 안락을 갈구하고, 이러한 삶에 퍼져 앉는 것은 곧 영혼의 정체 현상을 일컫는 것이나 다름없다.

"우물 안 개구리 세상 넓은 줄 모른다"라는 속담을 우리는 잘 알고 있다. 문제의 심각성은 세상 넓은 줄 모르는 것을 넘어 우물 안에 안주하겠다는 것이다. 거기서 아예 생명을 다할 때까지 안주하여 세상이 넓든 좁든, 세상에서 무엇이 일어나든 상관없이 우물 안의 돌 틈에 집을 짓고 평안히 살겠다는 것이다. 그래서 우물 밖으로 나갈 아무런 충동을 못 느끼는 데에 안타까움과 비극이 놓여 있는 것이다. 이는 마치 "알을 깨는 아픔"을 감수하지 않겠다는 의도로 적당한 온도에 안주하여 알 속에 머물겠다는 의미와 유사한 것이다. 이러한 인간의 퍼져 앉아 안주하겠다는 무지하고 나태한 속성을 플라톤은 '동굴의 비유'를 통해 밝힌 것이다. 인간은 아예 동굴 안에 안주하기를 원한다. 바깥세상을 보고 되돌아온 철인이 밖으로 나가자고 할 때 온갖 비난과 조롱이 쏟아지고 생명의 위험까지 오는 싸움이 펼쳐지는 것이다.

그런데 실제로 "우물 안 개구리"라는 속담은 참으로 촌철살인같이 정곡을 찌르는 뜻을 내포하고 있다. 우물 안을 벗어나기는 쉽지 않다. 우물 밖을 나오는 노정이 험난해서라고 하기보다는 우물 안에 안주하기 때문이다. 안주하고 있는 그 세계가 가장 정상적인 세계이고 또 제일의 세계로 보이기 때문이다. 그들에겐 우물 밖으로 나가야 할 아무런 동기부여가 주어지지 않았으며, 혹시 주어지더라도 안주하겠다는 의지를 포기하지 않을 뿐만 아니라 용기나 모험도 구비되어 있지 않은 것이다. 우물 안에서 개굴개굴하면서 우물 밖의 세계를 이렇다는 둥 저렇다는 둥 점쳐왔겠지만, 사실인즉 개굴거리는 소리만 요란하게 반복되었지, 기실은 우물 밖의 세계를 알 수 없는 것이다. 밖이 어떤 세상인지는 최소한 그 바깥세상에 나가봐야 할 것이다. 그런데 역설적인 것은, 밖에 나가면 안이 보인다는 기적 같은 사실이다.

어떻게 동굴 밖으로 나갈 수 있을까? 혹은 어떻게 형이하학의 세계를 탈출할 수 있을까? 그러나 특별한 기술이나 방법은 없는 것이다. 오로지 첫 발자국을 옮기겠다는 의지와 결단이 따를 때 가능할 것이다. 그런데 도대체 이런 의지와 결단은 어디에서 오는 것인가? 플라톤은 이런 의지와 결단이 내부에서 왔든 외부에서 왔든 신적인 역사(theia moira)라고 했다. 그것은 한마디로 기적인 것이다. 그만큼 동굴을 박차고 나간다거나 한 단계를 오른다는 것이 얼마나 어려운 것인지를 보여주는 것이다. 형이하학을 탈출하기 위해서는 '알을 깨는 아픔'을 감수해야 하고, 안주하던 '아지트'를 버리고 새로운 둥지를 찾아 비상하겠다는 각오가 전제되어야 한다.

7. 파르메니데스와 헤라클레이토스 및 노자에게서 드러난 철학의 근본적인 과제로서의 초월

철학의 근본적인 과제는 그 무엇보다도 초월이다. 이런 철학의 과제는 철학사의 태동기에 이미 정초되어 있고, 근대와 현대의 형이상학과 인간학에도 잘 각인되어 있다. 사실 철학의 탄생을 "신화(Mythos)에서 로고스(Logos)에로의 변환"으로 규명하는데, 이러한 '변환'에는 이미 초월의 의미가 뒷받침하고 있다. 신화적 패턴에서 로고스에로의 변환은 초월의 행위에 의해 주어지기 때문이다.

그러나 우리가 더욱 주목하는 것은 탈레스 이후 서양 형이상학과 존재론에 막대한 영향을 미친 파르메니데스와 헤라클레이토스에게서 이미 초월이 철학의 기본전제이고 또 과제인 사실을 목격한다. 이들에게서는 초월을 통해 철학이 시작되는 것이다. 이들은 우선 통속의 세계를 벗어날 것을 강조하는데, 이와 유사한 악센트는 철학사에 수없이 등장하고 있으며 현대의 후설 현상학과 하이데거의 존재론에도 나타난다. 이를테면 후설은 — 잘 알려져 있듯이 — 일상적인 "자연적 태도(natürliche Einstellung)"를 벗어날 것을 역설하고, 하이데거의 경우도 비본래적인 "세인(das Man)"의 상태에서 벗어날 것과 "존재망각"의 상태에서 벗어날 것을 강조한다. 하이데거의 "현존재 해석학(Hermeneutik des Daseins)"에는 '초월'의 의미가 강력하게 부각되어 있다. '현존재'가 타자와 다른 존재자, 특히 자기 자신과 관계를 맺는 것 자체가 이미 초월적 성격을 갖고 있는 것이다. 인간 현존재는 미래를 향해 스스로 기투하고(Entwurf) 자기의 실존을 향해 초월하는 것이다(ek-sistieren).

우리는 앞의 장(章)에서 칸트가 『순수이성비판』을 중심으로 인식론을 펼칠 때 '초월'에 대해 회의적이었음을 언급했으나, 『실천이성비판』에서는 그러나 '초월'의 의미가 전혀 다른 톤으로 들리는 것을 알 수 있다. 『실천이성비판』에서의 인간은 —『순수이성비판』에서 감성계와 자연법칙에 얽매여 있는 것과는 달리 — 자연의 메커니즘에 의존하지 않고 또 감성적인 존재로서의 자기 자신을 넘어선다는 것이다. 왜냐하면 인간은 감성계에 있지만(『순수이성비판』에서), 동시에 예지계에도 속해 있기 때문이다(『실천이성비판』에서). '실천이성'이 '이론이성'보다 우위에 있는 것에서도 드러나듯 칸트에게서의 '인간'은 감성계 이상의 존재에 속한다. 말하자면 인간은 감성계보다 더 높은 세계에 속하는 것이다. 칸트가 『실천이성비판』을 끝맺는 말을 한번 상기해보자. "그것을 곰곰이 생각하면 할수록 더욱더 높아만 가는 경이와 외경으로 내 마음을 채우는 것이 두 가지 있으니, 그것은 바로 내 머리 위에서 빛나는 하늘의 별들과 내 마음속에 있는 도덕법칙이다."

칸트에 의하면 자연의 현상 속에 자연법칙이 있듯이 인간의 마음속에는 도덕법칙이 있다는 것이다. 별이 반짝이는 하늘을 바라보는 것은, 인간이 스스로 이 감각계의 한 부분이며 더욱이 거대한 현상계의 세계에 비해 매우 작고 보잘것없는 존재에 지나지 않는다는 것을 일깨워준다. 그러나 이에 비해 우리 안에 있는 도덕법칙은 우리에게서 발원되어 도덕을 실현하는 기틀을 마련하고, 또 자연법칙에 얽매이지 않는 삶을 제시해줌으로써 지성적인 존재로서의 우리의 가치를 무한히 높여준다. 여기에서 인간으로 하여금 예지의 세계로 나아가게 하는 통로를 마련한 칸트 철학의 특징을 엿볼 수 있다.

"생의 철학(Lebensphilosophie)"을 전개한 니체에게도 '초월'의 의미는 강렬하다. 그의 초인의 사상은 끊임없이 인간이 초극되어야 할 것을 강조한다. 니체의 차라투스트라가 선포하는 것도 바로 이 초월이다. "삶 자체가 나에게 이 비밀을 알려주었노라. 보라. 나는 나 자신을 끊임없이 그리고 필연적으로 초월하는 자이니라. 삶은 상승하기를 원하고, 또 이토록 상승함으로써 그 자신을 초월해나가기를 원하느니라." 그러면 이토록 후설과 하이데거, 칸트와 니체에게서도 강력하게 부각된 '초월'의 의미가 초기 고대 그리스의 헤라클레이토스와 파르메니데스에게서 어떻게 각인되었는지 파악해보자.

이미 헤라클레이토스는 철학적 사고의 태도가 통속적인 태도와 구별됨을 지적한다. 그는 그의 단편의 서두(1편과 2편)에서 "다수인들", 즉 삶을 통속적 태도에서 영위하고 온갖 개별적인 의견들만 내세워 싸움만 일으키는 인간 대중을 꾸짖는다. 이들의 태도를 헤라클레이토스는 꿈꾸는 사람들의 태도와 유사하다고 비난한다. 꿈꾸는 사람은 말하자면 자기 꿈의 개별적 세계만을 알고 있기에,

다른 사람들 및 이들의 세계와 연결되어 있지 않다. 즉, 그는 개별적인 모든 세계들이 공속하는 하나의 보편세계에서 분리되어 있는 것이다.

그렇기에 철학이란 헤라클레이토스에 의하면 우리의 개별적인 꿈의 세계에서, 우리의 제한된 지평으로서의 사적인 생각과 행위, 나아가 이미 습관적으로 굳어져 있는 것들에서 벗어나는 것이다. 저 보편세계 내지는 보편지평은 개별적인 지평을 포괄하면서도 초월해 있는 지평인 것이다. 이토록 보편이 중요한 것은 이를테면 진리가 어떤 터무니없는 사적인 통속성이나 통념에 뿌리박힌 것이 아니라, 오히려 이러한 것의 저편에 존재하기 때문이다. 진리란 헤라클레이토스에 의하면 우리가 "보편적이고 신적인" 로고스에 참여함으로 말미암아 인식할 수 있는 것이다. 따라서 진리에 이르기 위해서는 무엇보다 보편을 따라야 한다고 헤라클레이토스는 강조한다(단편, 2, 113, 114).

참고로 로고스는 헤라클레이토스에 의하면 "신적인 법칙(theios nomos)"이고 "보편적인 법칙"이며, 우주를 섭리하는 "신적인 존재 자체"(단편, 21)이고 "은폐된 질서"이면서 "이 질서 가운데서 섭리하는 법칙"(K. Held)이며, "초월적 실재"(F. Ricken)인 것이다. 로고스는 항상 존재하며(단편, 1), 모든 생성을 규명하고 우주를 통치한다.

파르메니데스도 헤라클레이토스 못지않게 '초월'의 의미를 강력하게 부각시킨다. 그는 초월의 구체적인 모델을 그의 『교훈시(Lehrgedicht)』를 통하여 제시한다. (플라톤의 '동굴의 비유'는 파르메니데스의 모델을 따른 흔적이 보인다.) 그는 헤라클레이토스

이상으로 통속의 세계를 격렬하게 몰아붙이고서, 철학함을 곧 저런 통속의 세계를 나타내는 "어둠의 집(domata nyktos)"에서 벗어나 "빛의 왕국"으로 나아가는 것으로 묘사하고 있다. 어둠의 영역에 머무는 것을 파르메니데스는 통념에 갇혀 있는 것으로 파악하는데, 이런 통념은 그러나 마치 눈이나 귀나 혓바닥이 인간의 몸에 붙어 있는 것처럼 우리에게 필연적으로 속해 있다고 한다. 위에서 헤라클레이토스가 "다수인들"로 칭한 것을 파르메니데스는 "쌍머리를 가진 자", "몽매한 사자(死者)", "벙어리와 까막눈의 우둔한 자"와 같은 욕설기가 있는 용어로 나타낸다.

파르메니데스의 『교훈시』는 용기와 의지를 가진 한 사람이 "어둠의 집"을 떠나 존재와 진리를 통찰하는 "빛의 왕국"으로 나아가는 여행을 내용으로 하고 있다. 물론 이러한 여행은 정신적 여행으로서 철학을 갈구하는 의지를 가진 사람만 감행하는 여행이다. 이 여행길은 마치 플라톤의 '동굴의 비유'에서의 노정처럼 심히 어려운 것이지만, 그러나 여행자로 하여금 '순수한 존재'를 체험하게 하고 절대적인 진리를 맞이하게 한다.

이러한 여행은 곧 고대적 의미에서 '철학함(philosophieren)'인 바, 파르메니데스는 "어둠의 집"을 떠날 것을, 그리고 "빛의 왕국"으로 나아가 진리를 접할 것을 종용한다. 가상의 세계에서 존재에로, 어둠에서 빛의 왕국으로, 몽매한 비진리의 세계에서 신적인 진리의 세계로 상승하기 위해서는 그러나 우선 망상과 통속의 세계와 싸워야 한다. 이런 세계를 극복한다는 것은 이미 철학적인 구제에 다가서는 것과 같은 이치이다.

『교훈시』에서 우리의 여행자는 곧 초월적 세계로의 여행을 통해 빛과 어둠이 갈리는 "태고의 문"에 이르러 여신 디케(Dike)와 상면하게 된다. 여기서 진리는 선포되고 밝혀지며, 우리의 여행자는 진리와 존재를 체험한다. 이처럼 우리는 이미 고대의 파르메니데스에게서 '초월'의 훌륭한 의미를 읽을 수 있고, 또 이 초월이 얼마나 철학의 본래적인 과제인가도 파악할 수 있다.

그런데 우리는 파르메니데스와 헤라클레이토스의 동시대 철인인 노자에게서도 '초월'의 의미를 읽을 수 있다. 상도(常道)를 통찰하는 데는 바로 이러한 도(道)를 깨달을 만한 위치에 있어야 함을 노자는 역설한다. 우선 위에서 헤라클레이토스가 "다수인들"을 언급한 것을 우리는 『도덕경』의 제20장에서도 이와 유사하게 읽을 수 있다. "… 그러하건마는 나는 세상 사람들과의 거리가 아득히 멀어서 가이없구나. 세상의 여러 사람들은 기뻐 웃으면서 소나 양의 맛있는 고기를 즐기는 듯, 봄 동산에 올라 조망을 즐기는 듯하건마는, 나만은 홀로 횡하게 빈 가슴으로 평안하고 고요하게 있네. 세속적인 욕망은 낌새조차 보이지 않는 것이, 마치 갓난아이가 아직 웃을 줄도 모르는 것과 같구나. 나른하고 고달파서 돌아갈 곳 없는 사람과도 같네. 여러 사람들은 다 세속적인 욕망에 의욕이 넘치고 있건마는, 나만은 홀로 모든 것을 잃어버린 것만 같구나. … 세상 사람들은 모두 똑똑하고 분명하기만 한데, 나는 홀로 흐리고 어둡기만 하구나. 세속 사람들은 사리에 밝고 빈틈없이 잘 살필 줄 아는데, 나만은 홀로 사리에 어둡고 어리석기만 하네. 바다처럼 안정되고 고요하며, 끝없이 흘러가는, 매지 않은 배처럼 구속됨이 없구나. 여러 사람들은 다 쓸모가 있건마는 나만은 홀로 완고하여 촌스럽기만 하네. 나는 홀로 남들과 달리, 생(生)의 근원을 소중히

여기노라."(남만성 역)

여기서 노자는 생(生)의 근원을 소중히 여기는 자신과 "세상 사람들"의 차이를 드러내고 있다. 노자는 이 장(章)에서 '나'라는 1인칭을 빌려 상도(常道)에 통한 사람(성인(聖人) 또는 철인(哲人)이라고 할까)의 모습과 일상적인 삶을 영위하는 "많은 사람들"을 구별하여 드러내고 있다. 세속적 지식과 욕망에 사로잡힌 "세상 사람들"과 "어리석은" 나는 서로 어긋날 수밖에 없지만, '나'는 생(生)의 근본을 소중히 여기고 있다.

또 『도덕경』의 여러 곳에는 노자가 이상으로 여기는 '성인'을 그렇지 않은 사람과 구별하기도 한다. 따라서 우리는 노자에게서 "많은 사람들"의 차원에 머무르고 있는 것이 무엇을 뜻하는지 파악할 수 있다. 도(道)를 깨닫는 과정에 '초월'이 전제됨을 우리는 『도덕경』 제41장의 앞부분에서 분명히 읽을 수 있다. "상등의 인사가 도를 들으면 힘써서 그것을 실행하고, 중등의 인사가 도를 들으면 반신반의하고, 하등의 인사가 도를 들으면 그것을 크게 조소한다. 하등의 인사가 조소하지 않는 도는 도라고 할 만한 것이 못된다."(남만성 역)

여기서 우리는 앞에서 "다수인들" 내지는 "많은 사람들"의 단계에 있는 사람들이 곧 "하등의 인사"에서 "중등의 인사"에 걸쳐 있는 것을 알 수 있다. 이러한 단계에선 말할 것도 없이 상도(常道)에 대한 깨달음이 없는 것이다. 그렇기에 이러한 깨달음을 위해서는 "하등의 인사"에서 탈출하여 "상등의 인사"로 나아가야(초월해야!) 하는 것이다.

11 장
존재의 경험

1. 현상학적 성찰

　현상학도 다른 현대철학의 흐름들과 유사하게 근대의 사유에 심한 알레르기 현상을 일으켰다. 말하자면 생의 철학(딜타이, 니체, 베르그송), 비합리주의적 사유(쇼펜하우어, 니체), 실존철학, 현상학 등은 근대의 이성중심주의와 주체중심주의에 대한 심한 반동에서 출발했다고 볼 수 있다. 좀 더 압축하여 말하면 현대철학의 탄생은 데카르트와 칸트 및 헤겔의 철학에 대한 강한 반동에서 찾을수 있다. 거대한 관념론의 체계는 실재세계와는 무관하고 실제적인 삶에서 동떨어졌으며, 구체적 인간의 실존과는 괴리를 갖는 것으로 비판되었다. 특히 헤겔의 철학은 "공중누각"이나 "구름 잡는 애기" 등으로 키에르케고르로부터 심하게 비판을 받았다.

칸트와 헤겔에게서 근대철학은 거대한 체계를 갖춘 구조물로 구축되었는데, 현대의 철학은 그러나 이와 반대로 절대적인 구조나 폐쇄적인 체계를 거부하고 정형화된 틀을 끊임없이 허물어가는 활동이기를 원한다. 특히 근대철학의 종말을 재촉한 전체주의적인 사유는 씻기 어려운 오명으로 남게 되었다. 헤겔의 "전체는 진리다"라는 방법적 도그마는 개별자의 자유와 독립성을 무시하고, 또 개별적인 부분들의 구체성과 다양성을 전체화의 부품으로 희생시키는 결과를 초래하였다. 이런 전체주의적 발상은 개별자의 실존을 중시하는 실존철학과 인간의 의지를 중시하는 의지의 철학 및 반형이상학의 길을 모색하는 현상학으로부터 많은 비판을 받지 않을 수 없었다.

현상학(Phänomenologie)이라는 개념은 잘 알려졌듯이 그리스적 의미에서 '파이노메논(φαινόμενον, das Sichzeigende, das Offenbare)' 혹은 '파이네스타이(φαίνεσθαι, sich zeigen)'와 '로고스(λόγος)'라는 단어의 합성어이다. '파이네스타이'란 "스스로 드러내 보임", '파이노메논'은 "드러난 그대로 자신을 보여주는 것"을 의미한다. 따라서 "있는 그대로 드러남"이라는 '현상(Phänomen)'은 어떤 것을 있는 그대로, 즉 현상하는 그대로 보여주는 것을 말한다.

또 현상학에서의 '－학'은 '로고스(λόγος)'가 그 어원이며, 동사형은 '레게인(λέγειν)'인데, 이는 '말함'과 '밝힘(δηλοῦν)', "말함에서 언급되고 있는 것을 드러냄"이란 의미를 갖고 있다. 따라서 현상학이란 "스스로를 드러내는 것"으로서의 현상을 말하고 밝히는 것, 그것을 "있는 그대로 드러내는 것"으로 이해된다. 말하자면 현상학은 어원상 어떤 주어진 것을 (이론이나 선입관 및 통념에 의해) 왜곡하지 말고 그것이 있는 그대로 드러나게 하는 학문이다.

그렇기에 현상학에서의 '현상'은 "스스로 드러나는 것"이다. 대상이 스스로 드러난다는 것은 후설의 용어로 대상의 "자기소여(Selbstgegebenheit)"이다. 그런데 대상이 있는 그대로 드러나기 위해서는 주관이 대상을 자의적으로 조작하거나 왜곡 내지는 추상하는 것을 포기해야 함을 전제로 한다. 따라서 '엄밀학'으로서의 현상학이 요구하는 준칙은 "사태 자체에로(zu den Sachen selbst)"의 전환이다. 이는 "모든 가설이나 편견으로부터 자유로워져야" 하며 통속적인 "자연적 태도"에서 벗어나야 함을 전제로 한다.

후설의 현상학적 에포케(epoche) 혹은 "판단중지"라고 칭하는 말은 바로 이러한 "자연적 태도"나 소박한 태도와는 근본적으로 다른 태도, 즉 현상학적 태도라고 부를 수 있는 태도로의 변경이 일어나야 할 것을 강력하게 요청하는 것이다. 말하자면 우리가 사물을 인식하는 데 있어서 전통의 권위나 당파적 견해, 선입견, 범주와 같은 틀을 가지고 사물을 구성하거나 그러한 방식으로 사태를 조작하는 것이 아니라, 사태 자체(die Sache selbst)가 우리에게 열어 보이는 것을 그대로 받아들이는 것이다.

이러한 현상학적 태도에서 우리는 중요한 해석학적 귀결을 목격한다. 그것은 '드러나는 것' 혹은 '드러나야 하는 것'은 사태 자체의 존재론적 시현(apophansis)이기 때문이다. 진정한 이해의 본질이야말로 사태 자체가 스스로를 드러내는 힘에 의해 주어지는 것이고, 우리의 인위적 '구성'에 의해서가 아니라는 것이다.

260

그렇기에 현상학은 은폐되어 있는 것을 드러내고 밝혀주는 탈은폐적 개시의 특징을 갖고 있다. 이런 맥락에서 현상학은 어떤 텍스트에 대한 하나의 해석이나 이해가 아니라, 사태(Sache)를 은폐로부터 탈은폐시키는 근원적인 행위를 말한다.

후설은 형식주의와 체계론 및 범주론에 치우친 독일 관념론을 비판하면서 "사태 자체(die Sachen selbst)"를 고찰하도록 요구한다. 그러기 위해서는 우선 부지중에 쌓인 통념이나 선입관에서 해방되어야 한다고 강조한다.

사태 자체를 향하도록 하는 현상학의 격률은 오늘날 우리 사회의 병폐를 잘 들여다보게 하고 많은 반성을 요구하고 있다. 그것은 권위주의나 교리주의, 교권주의, 독단주의, 형식주의, 커넥션, 체면문화, 유명론(명분주의)이나 '가라사대 철학', 나아가 각종 폐습들(이를테면 출신, 성분, 인맥, 유명도, 지위, 감투, 계급, 지방색 등등)을 허용하지 않기 때문이다.

후설을 비롯한 현상학자들은 철학의 시발단계를 위와 같은 선입관이나 통념을 극복하는 데 있다고 했는데, 어쨌든 '현상학파'에게서는 몰지각성의 극복(Überwindung der Naivität)이야말로 큰 의미를 갖고 있다. 후설은 그의 『데카르트적 성찰(*Cartesianische Meditationen*)』에서 데카르트적인 회의를 한층 더 밀고 나가 모든 철학의 시초는 통속적인 자연적 입장을 버리는 데 있다고 보았다. 이 자연적 입장이란 일체의 이론적 내지 실천적 생활과정에서 끊임없이 되풀이되는 가운데 부지중에 진리로 (혹은 당연한 것으로) 받아들이는 입장이며, 자기와 외부세계가 모두 당연지사로 연결되어 있다는 태도이다.

이에 대해 후설은 「엄밀한 학문으로서의 철학」에서 묵직한 경고장을 보인다. "미리 주어진 어떠한 것도 받아들이지 말고 전해져 내려오는 어떠한 것도 그 출발점으로 삼지 않으며, 아무리 위대한 대가라도 그 명성에 현혹되지 않고…."

이러한 후설의 메시지는 그러나 미리 주어진 것, 전해져 내려오는 것, 그리고 대가의 명성을 결코 무가치하다고 선언하거나 무시하거나 없애버리라는 것은 아니다. 단지 유보해놓고 내가 의식하고 관찰한 것을 있는 그대로 파악하라는 것이다. 그리고 그 파악한 것을 솔직하게 받아들이라는 것이다.

또한 위의 명제는 우리가 어떠한 편견에도 휩쓸려서는 안 된다는 것을 경고한다. 그것은 사태 자체를 그르치기 때문이다. 모든 편견으로부터 자유롭다는 것은 결국 주관이 가진 편견 때문에 주어져 있는 사태가 있는 그대로 드러나지 않고 추상에 의해 굴절되어서는 안 된다는 준엄한 경고이다.

위에서 인용된 후설의 말은 그의 무전제의 철학이념을 잘 밝혀주고 있다. 즉, 그는 어떠한 방법적 가설도 끌어들이지 않고 모든 가설이 가진 편견으로부터 자유로운 상황에서 새로 시작해야 할 것을 강조한다. 왜냐하면 아무런 반성 없이 끌어들여진 방법적 가설은 주어져 있는 것을 있는 그대로 드러내는 데 있어서 방해가 되기 때문이다.

근대철학은 주어져 있는 현실을 논리적 추론의 대상으로 추상화하였고(이를테면 어떤 범주나 소속 및 도식), 대상을 항상 주관의 추상이라는 채널을 통해 읽어왔다. 결코 논리적 추론에 의해 희생되어서는 안 될 구체적 현실이 추상의 대상으로 전락된 것이다. 현상학의 원리는 바로 이러한 근대철학의 스캔들을 극복하기 위한 것이다.

근대의 인식론과는 달리 후설의 현상학에서 모든 대상은 의식체험과의 상관관계 속에서 직접적으로 주어진다. 우리에게 직관적으로 통찰되는 최종적 지반은 의식에 절대적으로 주어져 있는 것, 즉 현상이다. 이는 과학의 이론적 구성 이전에 이미 주어져 있는 근원적 사태이다.

이와 같이 의식에 떠오른 세계에만 주목하는 태도를 "현상학적 환원"이라고 한다. "현상학적 환원"을 통해 보는 세계는 머릿속에 존재하는 (관념의, 추상적인) 세계가 아니다. 그것은 "의식의 상관자로서만 외부세계를 인식한다"는 태도이다.

후설은 통속적인 자연적 입장을 "현상학적 환원(die phänomeno- logische Reduktion)"에 의해 철저히 배제하고 최후로 세계사유(Weltmeinen)를 지닌 순수의식(das reine Bewußtsein)을 획득했는데, 후설에 의하면 이 순수의식이야말로 현상으로 나타나는 모든 존재자를 낳는 창조적 근원인 것이다. 이 의식작용을 통하여 어떤 의미를 부여하는 모든 것을 후설은 "현상(Phänomen)"이라고 불렀고, 이 의식에 관한 학문이 현상학인 것이다.

그런데 이러한 후설의 인식론적 현상학에는 근대에 못지않게 주체의 의식이 첨예화되어 있고, 주체 중심의 근대적 유산이 여전히 건재하고 있다. 존재론적 현상학의 길을 모색하는 하이데거는 주체 중심의 사유에서 탈피하기를 시도하고, 그러한 맥락에서 하이데거는 점차 후설의 현상학에서 벗어난다. 하이데거는 후설에게 여전히 남아 있는 근대의 인식론적 도식, 즉 주관이 객관을 규정한다는 구성주의적 도식을 허물기 위해 주관과 객관 이전의 사태, 즉 존재 자체에로 돌아가는 존재론적 전환을 수행한다. 주관존재(의식존재)든 객관존재든, 그것이 이미 존재라는 지평 위에 서 있는 존재자에 불과하다는 사실이 후설에게는 충분히 고려되지 못한 것이다.

그러나 후설의 후기 사유는 전기 사유의 관념론적 성격이 강한 선험적 현상학(혹은 고전현상학)과는 달리 『위기』와 『경험과 판단』을 중심으로 "생활세계의 현상학"을 전개하고 있다. 여기서 "생활세계(Lebenswelt)"란 낱말 그대로 우리가 일상적으로 생활하고 있는 친숙하고 자연적인 세계인 것이다. 관념론적 경향이 강한 선험적 현상학에 비해 이 새로운 현상학의 길은 실재론적 경향을 강하게 드러낸다.1)

실재론적 경향이 강한 "생활세계"는 무엇보다도 객관적 세계의 근원이 되고 바탕이 되는 직접적인 경험의 세계이다. 이러한 생활세계에 비해 수학적, 과학적, 논리적, 객관적 세계는 우리의 직관적 경험세계를 이념화하고 추상화한, "이념의 옷"에 불과한 것이라고 후설은 역설한다.2) 그가 『위기』에서 살펴본 유럽학문의 위기는, 바로 모든 학문들이 생활세계의 지반 위에 세워진 "논리적 구축물"인데도 불구하고, 이런 근원적 사실을 망각하고서 오로지 객

---

1) 후설의 제자 란트그레베(L. Landgrebe)는 그의 스승이 택한 현상학의 새로운 길("생활세계의 현상학")을 "객관에로의 전향"이라고 규명한다. L. Landgrebe, "Gedächtnisrede auf Edmund Husserl 1938", in *Phänomenologie und Metaphysik*, Hamburg, 1949, 18쪽.

2) E. Husserl, *Erfahrung und Urteil*, hrsg. von L. Landgrebe, Hamburg: Classen Verlag, 1964, 42쪽 참조.

관적 진리와 수학적, 논리적 진리, 객관적 세계의 확보와 "자연과
학주의"에만 치중하기 때문이다.

후설에 의하면 생활세계는 이념화에 앞선, 이념화와 무관한, 오
히려 그 필연적인 지반이 되는 세계를 일컫는다. "생활세계의 현
상학"에서 세계가 미리부터 우리에게 주어져 있다는 것은 바로
친숙함에서 주어져 있을 뿐만 아니라 실제로도 그렇다. 세계는 우
리가 여기에 존재하기 이전부터 존재하는 것이다. 이렇게 미리 주
어진 것이 "생활세계의 미리 주어진 존재(Vorgegebensein der
Lebenswelt)"3)인 것이다. 이 생활세계에서 찾는 '명증'은 관념론과
고전현상학에서의 인식구조인 술어적, 이론적 명증에 앞선, 그 근
원이 되는 "선(先)술어적 명증"이다. 선술어적 명증이란 모든 술어
적 명증에 앞서서 대상이 의식에 스스로 "생생하게 현존하는
(selbst da, leibhaft da)" 그런 "자기소여성(Selbstgegebenheit)"을
말한다.

"생활세계의 현상학"에서는 근대적인 인식주체가 아닌, 대상적
측면이 부각되는 질료학(Hyletik)이 지평 위로 떠오른다. 질료 측
면에 대한 후설의 역설(力說)은 모든 술어적 명증의 근거를 선술
어적, 말하자면 대상적 명증에서 찾는다는 것이다. 그는 생활세계
가 갖는 근원적 명증이 객관적이고 논리적인 명증에 우선함을 역
설한다. 그의 "생활세계의 현상학"에서는 분명히 근대적인 주체중
심주의가 극복되고 있다. "생활세계"는 선험적 주관의 인식작용인
노에시스(Noesis)에 의해서 구성된 그런 인식론적인 의미현상으로

---

3) E. Husserl, *Krisis*, Hua. VI, 151쪽.

서의 세계가 아닌 것이다.

따라서 "생활세계"는 주체에 의해 "구성된(konstituiert)" 세계라거나 관념적인 세계가 아니라, 구체적으로 "체험된(lived)" 세계이다. 더욱이 이 체험의 주체는 이론적 주관이 아니라, 신체를 지닌 구체적 주관인 것이다.4) 이 신체적 주관이 구체적으로 그리고 직접적으로 체험하는 세계가 바로 "생활세계"이며, 곧 이러한 "생활세계"에서 최후의 명증을 찾는 것이 곧 후설의 "생활세계의 현상학"인 것이다.

"생활세계의 현상학"에서는 근대의 인식론과는 달리 주관은 결코 일방적으로 구성하고 주도하는 자가 아니며, 질료의 세계인 대상 또한 주관의 구성(Konstruktion)에 수동적으로 내맡겨진 그런 대상이 아니다. 오히려 자연과 대상세계는 인간의 인식활동을 가능하게 하는 근원적 지평으로 받아들여진다. 그러니까 근원적인 지평인 질료의 세계는 미리 주어져 있는 것(Vorgegebenheit)으로서 인간의 의식활동을 자극하고 촉발하는 역할을 수행한다.

여기서 주관의 의식활동을 자극하고 촉발하는 근원적 지평인 자연과 직접적으로 만나는 지각의 확실성은 근대의 오만한 주체의 코기토(Cogito)에 의한 이론적이고 추상적인 확실성과는 차원을 달리한다. 이제 자연과의 만남에 의한 지각의 확실성은 일방적으로 구성하는 근대적 주관이 아니라 자연에 대한 인간의 "가장 원초적인 믿음(Urglaube)"이며, 이런 원초적 믿음이야말로 다른 모든 확실성의 토대가 되는 것이다. 이제 주관의 의식은 근원적 지평인

---

4) 신체에 의해 체험되는 "생활세계의 현상학"은 메를로 퐁티(M. Merleau-Ponty)에게서 잘 계승, 발전되고 있다.

세계와 자연을 자의적이고 임의적인 방식으로 표상하고(vorstellen) 구성(Konstruktion)하는 그런 근대의 자아가 아니라, 근원적 지평인 세계 및 자연과 생생하고 직접적인 관계를 맺고 있는 신체적 자아인 것이다.

이리하여 후설은 근대 이후 상실된 "생활세계"를 원초적 믿음인 지각의 확실성과 신체적 자아로 돌려줌으로써 인간과 자연의 공생적 관계를 회복하려 하였다. 인간에 의해 임의적으로 구성되거나 조작되는 대상이 아닌 자연은 있는 그대로 기술되고 해석되어야 하는 지평이다.

후설은 "자연과학주의"와 과학기술주의가 지배하는 유럽에서 인간과 자연의 공생관계가 손상된 위기의 원인을 진단하고서, 서구의 계몽주의와 실증주의의 낙관론에 의해 상실되어버린 "생활세계"를 회복함으로써 근대에 의해 초래된 위기를 극복하려 하였다.

근대부터 세계를 지배하기 시작한 과학적 지식도 결국 일상의 신념(Doxa)에 근거를 두고 있는 것이기에, 이는 결국 우리에게 가장 친숙한 "생활세계"가 곧 저 지식의 토대임을 외면할 수 없는 것이다. 이 친숙한 "생활세계"에로의 환원을 통해 모든 과학적, 수학적 이상의 근원적 토대를 밝힘으로써 후설은 근대에 의해 초래된 유럽문명의 위기를 극복하려 하였다.

2. 인간의 실존

많은 사람들은 이미 아우구스티누스에게서 실존철학의 흔적을 볼 수 있다고 한다. 실제로 그의 저서 『고백록(*Confessiones*)』 속에는 자기 자신의 참모습을 찾으려는 싸움이 처절하게 묘사되어 있다. "제 인생의 파토스에 대한 파도는 산더미 같고 내 영혼은 피를 쏟으며 어두운 바빌론의 거리를 헤매고 다녔습니다." "저의 본질적인 문제가 해결되지 않고는 왼쪽으로 누우나 오른쪽으로 누우나 여전히 불안합니다." 이와 같은 비길 데 없는 고백에는 진정한 자기를 찾으려는 처절한 싸움이 잘 드러난다. 이 "영혼의 불안함(Unruhe der menschlichen Seele)"을 하이데거는 『존재와 시간』에서 부각시킨다. 그것은 이러한 불안함이 현존재의 근본문제로서 "염려(Sorge)"나 "불안(Angst)"과 같은 근본정조와 관련을 맺고 있기 때문이다.

본격적인 실존철학은 대체로 덴마크의 철학자 키에르케고르(S. Kierkegaard)로부터 시작되었다고 본다. 우수(憂愁)의 철학자, 고독한 단독자 등으로 불리는 키에르케고르는 실존을 "신 앞에 홀로 선 적나라한 단독자(Coram Deo)"의 모습에서 찾았다. 그는 헤겔 철학에 반기를 들었는데, 그것은 헤겔의 방대한 관념론과 이 관념론에 설계된 이론들은 구체적인 삶을 살아가는 나의 삶과 죽음 및 나의 실재세계와는 거리가 많이 떨어진다는 것이다. 그의 짧았던 생애는 헤겔 철학에 경도된 덴마크의 국가교회와, 특히 이러한 흐름에 동조하고 키에르케고르에게 화살을 퍼부었던 언론과의 싸움에서 지쳐 42세의 젊은 나이로 요절하고 말았다.

그가 쓴 실존철학의 개념들 — 이를테면 고독, 우수, 부조리, 인간존재의 기본현상으로서의 그리고 현존재를 가능케 하는 근본요인으로서의 불안, 결단, 비극성, 실존하는 주체, 누구나 직면해야 하는 죽음 등 — 은 후대의 실존철학자들에게도 잘 전승되었다. 그의 실존사상은 독일의 하이데거와 야스퍼스에게도 적극 수용되었으며, 20세기의 새벽을 여는 철학사의 한 획을 긋게 되었다.

야스퍼스(K. Jaspers)도 실존 개념을 키에르케고르에서처럼 "본래적인 자기존재"5)로 규명하는데, 이는 비약을 통해서 도달될 수 있다. 말하자면 실존은 비약의 선물로 주어지는 것이다. 그는 인간존재의 근원에 있는 "비극적인 것"을 통하여 실존으로 향하는 비약을 이해하려 한다.

우리에게 불가항력적으로 들이닥치는 질병, 고뇌, 죽음, 죄책과 같은 도피할 수 없는 "한계상황" 앞에서 우리는 어찌할 수 없는 불가능의 벽에 부딪친다. 이런 불가능의 벽 앞에서 인간은 무력하고 괴로울 따름이며, 더 이상 우리의 의지도 소원도 아무런 기능을 발휘하지 못하고 오로지 어떤 불가항력적인 힘에 내맡겨지는 상태에 처할 따름이다.

말하자면 인간이 어쩔 수 없이 직면하는 죽음과 고뇌, 싸움(투쟁, 전쟁 등)과 죄책 같은 "한계상황"은 그야말로 인간이 직면하는 막다른 골목이고 부조리와 불가능의 벽이라서 우리는 배리(背理)에 봉착하고 만다. 이러한 배리 속에서 인간은 괴로울 수밖에 없다. 이러한 고통과 한계상황은 그러나 다른 한편으로 인간존재의 무력함과 유한성을 깊이 깨닫게 하며, 그 좌절 가운데에서 초월자에로의 비약을 불가피하게 한다.

인간은 이 막다른 한계상황 앞에서 더 이상 자기 자신의 의지와 능력에 기대지 못하고 절망하며, 그와 동시에 그는 불가피하게 초

---

5) K. Jaspers, *Von der Wahrheit*, München: Piper, 1958, 80쪽.

월자가 주재하는 세계로 눈을 돌린다. 한계상황은 한편으로는 섬뜩한 불가능의 장벽이지만, 다른 한편으로는 인간 자신의 실존을 각성하게 하는 근본계기이기도 하다. 말하자면 저 섬뜩한 불가능의 장벽은 신비로운 미스터리와도 같아서 우리로 하여금 실존에로 비약하도록 재촉하고 그리로 눈을 돌리게 한다. 그렇기에 우리에게 불가항력적으로 들이닥치는 한계상황과 이 한계상황으로부터 벗어날 수 없는 깊은 고뇌는 결코 우리를 어떤 무의미한 미궁으로 끌고 들어가는 수렁이 아니라, 실존을 획득하는 새로운 가능성에로의 통로 역할을 동시에 수행하고 있는 것이다.

야스퍼스는 고통과 비극 속에 내포된 초월의 의미를 탁월하게 읽어낸다. 그의 『비극론(*Über das Tragische*)』은 인간이 처하는 준엄한 비극 속에서 참다운 존재의 빛을 찾으려는 시도라고 할 수 있다. 고통과 비극과 같은 "한계상황"으로부터 주어지는 절망과 난파(難破, Scheitern) 속에서 인간은 마냥 파멸되는 것이 아니라, 오히려 그의 실존을 우러러보게 되고, 이러한 실존이해를 통해 인간은 위대한 존재로 거듭남을 야스퍼스는 극명하게 밝혀내고 있다.6) 그렇다면 피치 못할 고통과 비극은 우리를 파멸의 세계로 몰아넣는 악마가 아니라, 오히려 극단적인 순간에도 우리 자신의 실존을 들여다보게 하는 "초월자의 암호"인 것이다.

야스퍼스에 의하면 "인간존재는 난파(Scheitern) 속에서 드러난다. 난파 속에서 존재가 사라지는 것이 아니라 도리어 그대로 또렷하게 느껴진다. 초월되지 않는 비극성은 없다. … 인간 본래의 모

---

6) K. 야스퍼스, 신일철 옮김, 『비극론』, 신조문화사, 1972, 3장 5절 참조.

습인 존재에로, 몰락 속에서도, 인간이 '이것이야말로 나의 참모습이다'라고 경험하는 존재에로 향하는 초월인 것이다."[7]

비극의 본질이 실존을 밝히는 초월자의 암호로 받아들여진 야스퍼스에게서 승리라는 것은 남을 무너뜨리고 두 손을 높이 쳐든 자에게 있는 것이 아니고, 오히려 굴복하는 자의 마음속에 있음을 그의 『비극론』은 보여주고 있다.[8] 생존경쟁이 처절하게 펼쳐지고 '슈퍼 갑질'이나 승자독식이 난무하는 현대사회에서 고통에 허우적거리는 현대인에게 야스퍼스의 실존사유는 우리에게 실존을 우러러보게 하는 이정표를 제공하고 있다.

야스퍼스의 "한계상황"에서도 잘 드러났듯이 비극이나 고통 및 불안과 죽음은 실존철학자들의 공통언어이다. 물론 이들의 메시지는 우리에게 불가항력적으로 들이닥치는 비극과 고통 가운데서도 좌절하지 말고 "존재에의 용기"를 가질 것을 일러주는 것이다. 눈물이나 비명으로도 해결이 되지 않는 섬뜩한 사건들이 우리에게 언제든지 들이닥칠 수 있는 것이다. 그런 순간에서마저도 자신의 본래적 모습(실존)을 찾는 것은 우리의 마땅한 과제이기 때문이다.

인간은 불안 속에서 모든 안전망의 거점을 상실한다. 불안은 공포와는 달라서 적절하게 제어할 수 있는 대상이 아니다. 모든 합리적 지식과 희망이 부서지고 신용하던 이웃도 멀어져가고 단지 자기 자신만이 절대고독 속에 아무 위로도 못 받고 남겨진다는 것이 실존철학의 불안인 것이다. 이런 상황 속에서 인간에게는 결단을 내리는 일만 남아 있는 것이다. 이렇게 어떤 형태로든 결단을 내리

---

7) 같은 책, 2장 5절.
8) 같은 책, 3장 3절 참조.

는 데에서 "나는 응답한다. 그러므로 존재한다"라는 실존철학의 모토가 지평 위로 떠오르는 것이다.

죽음만큼 인간을 뒤흔드는 것은 아마도 없을 것이다. 인생에게 가장 큰 사건은 아마도 죽음일 것이다. 그것은 그야말로 인간으로서의 자신과 이웃과 사랑하는 사람과 세계와도 영원한 작별이기 때문이다. 과연 플라톤이 철학을 "죽음의 준비"라고 한 것은 결코 빈말이 아닐 것이다. 인간은 이 세계에 자신의 의지와 상관없이 들어왔다. 그러나 그는 세계가 잔잔한 봄 바다든 혹은 고해(苦海)든 자신의 의지로 삶을 영위해야 하며, 오직 자기 혼자만이 죽음과 대면해야 한다. 이러한 극단적 상황에서 염라대왕에게 호통을 쳐본들, 혹은 운명의 여신 클로토에게 사자처럼 으르렁거려본들 오히려 쇼크만 더 깊어질 것이다. 이런 절대절명(絶對絶命)의 순간에도 실존철학은 그러나 고삐를 놓지 말고 실존에의 용기를 가질 것을 일러준다.

실존철학의 역설은 무엇보다도 본래적인 자기 자신을, 자기 자신의 존재의미를 찾으라는 것이다. 실존철학자들은 ― 앞에서도 언급했듯이 ― 현대인이 두 가지의 질병을 앓고 있다고 경고한다. 그 첫째는 현대인이 진정한 자신의 실존을 잃어버린 질병이고, 둘째는 자신을 잃어버리고도 잃어버린 줄 모르는 질병이다. 전자는 자기상실의 증세이고 후자는 무자각의 증세인 것이다. 말하자면 현대인이 자기의 실존을 잃어버리고 허위의 자기 내지는 비본래적인 자기를 참된 자기로 착각하며 살아간다는 것이다. 삶의 의미도 묻지 않은 채, 어디서 와서 어디로 가는 인생인지도 묻지 않은 채 일상과 대중문화의 시류에 자신을 내맡기는 현대인에게 실존철학의 메시지는 묵직한 경고로 다가온다.

실존철학은 실존의 이상으로 "너는 이렇게 혹은 저렇게 실존하라"고 하지 않고, 다만 "너는 실존해야 한다!"라고만 말한다. 이렇게 혹은 저렇게 실존하는 것은 각자 자신의 고유하고 본래적인 영역이고 각자의 몫이기 때문이다. 실존철학은 인간이 낯선 도구와 능력의 도움으로 안전을 추구하다가 자기를 상실하는 비본래성으로부터 나와서 자기의 실존을 책임 있게 떠맡아서 실존하는 가운데 자신의 본래성에 도달하기를 역설한다.

3. 하이데거의 현존재 해석

하이데거에 의하면 인간은 다른 존재자들과는 달리 자기의 존재에 대한 존재이해를 갖는 유일한 존재자이다. 그래서 하이데거는 인간의 이런 독특성을 고려하여 그를 "현존재(Dasein)"라고 칭했다. 그것은 인간이 그냥 놓여 있는 전재자(前在者, Vorhandensein)나 존재를 묻지 않는 일반 존재자(Seiende)와는 달리 자신의 존재를 문제 삼을 뿐만 아니라 이를 과제로 떠안는 존재자이기 때문이다. 말하자면 인간 현존재는 다른 존재자와는 달리 자신의 존재가 문제되고, 자신의 존재를 부채로 안고 살아간다.

사물과 인간은 서로 달리 존재한다. 서로 존재자라고 할 수 있지만, 존재를 이해하는 인간은 일반 존재자들과는 차원을 달리한다. 즉, 서로의 존재방식이 다른 것이다. 인간은 사물의 옆에 있을 수도 있고 또 사물로 간주될 수도 있다. 마치 서로가 존재자인 것처럼. 그러나 그렇다고 인간이 사물로 되는 것은 결코 아니다. 인

간과 사물은 그 고유함이 각기 다르기 때문이다. 만약 우리가 "이
것은 무엇인가?" 혹은 "저것은 무엇인가?"라고 물었다면, 나아가
"인간이 존재한다는 것은 무엇인가?"라고 물었다면, 이미 이 물음
자체가 다른 사물과의 차이를 두고 있다는 것을 지적하는 것이다.

하이데거의 인간에 대한 이해는 전통철학에서 파악한 것과 아주
다르다는 사실이 『존재와 시간』에 기본적인 전제로 깔려 있다. 하
이데거에 의하면 전통철학은 인간을 사물의 존재양식과 같은 범위
에서 규명하려고 했다는 것, 말하자면 인간의 존재도 사물의 현상
이나 현전성(Vorhandenheit)에 따라 이해하려고 시도했다는 것인
데, 이것이 그의 주요 쟁점이다. 이를테면 아리스토텔레스와 칸트
의 범주론에 잘 드러난다.9)

하이데거에 의하면 어떤 사물을 기준으로 혹은 형이상학적인 범
주를 기준으로 인간이 규명될 수 없으며 실체나 존재자의 카테고
리로도 파악될 수 없다는 것이다. 인간은 확정된 사물과는 달리 지
금의 자기 자신을 이루기 위하여 그때그때마다 새로운 노력을 기
울여야 하기 때문이다. 그렇기에 인간을 사물의 범주에 적용해서
파악해서는 온당하지 않은 결론이 나온다. 그래서 하이데거는 "실
존범주(Existenzialien)"라는 새로운 개념을 사용한다. 하이데거가

---

9) 존재자에 대한 아리스토텔레스의 10범주는 실체, 양, 질, 관계, 시간, 장
   소, 위치, 상태, 능동, 수동이다. 이에 비해 칸트의 12범주는 분량(단일성,
   다수성, 총체성), 성질(실재성, 부정성, 제한성), 관계(실체와 속성, 원인
   과 결과, 상호성), 양태(가능성/불가능성, 현실적 존재/비존재, 필연성/우
   연성)으로 구성되어 있다. 물론 후설이나 셸러(M. Scheler)에게서 인간의
   본질이 어떤 대상이나 실체 또는 단순한 존재자의 차원에 머물러 있는
   것이 아니고 "지향적 행위의 수행자"라거나 "인격자"로 파악됨으로써 다
   소 진전된 인간본질 규명이 있기도 하다.

인간을 "현존재(Dasein)"라고 칭한 것, 즉 인간이 그냥 놓여 있는 전재자(前在者)나 존재를 묻지 않는 일반 존재자들과는 달리 자신의 존재를 문제 삼는 존재자로 본 것에도 전승된 인간론과의 차이를 적나라하게 드러낸다.

현존재는 다른 존재자들과는 달리 존재에 대한 그리고 존재의 의미에 대한 질문을 던질 수 있는 우월성을 갖고 있다. 말하자면 현존재는 이미 "존재자적-존재론적 우위(der ontisch-ontologische Vorrang)"[10]를 갖고 있으며, 다른 존재자들과는 달리 자기 내부에 이미 초월론적 구성의 가능성을 갖고 있다. 그의 개시성(Erschlossenheit)이나 염려구조(Sorgestruktur)는 자신을 비롯한 여타 존재자의 존재의미를 이해하고 파악하며 초월론적 구성을 하는 능력을 갖고 있음을 말한다.

하이데거에게서 현존재의 초월은 무엇보다도 어떤 존재자에로의 지향이거나 이 존재자에게로의 나아감이 아니라, 존재자 너머에 있는 존재와 관계한다. 현존재 자체가 이미 근대 사유와 후설의 주체 개념과 구분되는 것이다. 현존재는 어떤 고립된 주체(데카르트의 경우)도 아니고 또한 자기의식에 침잠해 있는 그런 주체도 아니며, 이미 세계 속에 던져져 있는(Geworfensein) "세계-내-존재(In-der-Welt-sein)"이다. 그의 본질은 초월에 의해 규명된다. 말하자면 현존재는 자신의 내면적인 의식세계를 벗어나기 이전에 — 그렇기에 그는 자신과 외부세계를 구분 짓는 장애물을 뛰어넘는 운동을 따로 할 필요가 없다 — 이미 외부세계에서 다른 존재자들

---

10) M. Heidegger, *Sein und Zeit*, Tübingen: Max Niemeyer, 1984, 13쪽 참조.

과 함께 존재하고 있는 것이다: "현존재는 … 언제나 그리고 이미 바깥에 있다."11) 현존재의 초월이 없는 존재이해는 있을 수 없으며, 실존은 초월의 선물로 주어지는 것이다.

하이데거에게서 "세계-내-존재"라는 것은 현존재의 근본구조인데, 이 개념은 물리적 공간의 의미로 해석되어서는 안 된다. 세계는 의식 앞에 놓여 있는 물리적 공간이 아니라, 인간 곁에 가까이 있는 실존적 공간으로 경험된다. 인간 곁에 가까이 있다는 것은 인간과 세계의 근원적 친숙성을 말하고 있다. 인간에게 세계는 곧 실존의 공간이다. 말하자면 "세계-내-존재"는 자신을 둘러싸고 있는 주위 세계 속에서 조바심으로 두리번거리며 세계와 교섭하면서 세계성을 경험하는 것이다. 그렇기에 세계는 주관에 의해 탐구되어야 할 물리적 공간이 아니라, 오히려 인간이 그 속에 처해 있으면서 체험하는 실존의 장이다. 이런 세계는 물리적 공간이 아니기에 대상적으로 경험되지 않는 반면, 항상 실존적 체험의 장으로 만나게 된다. 세계와 인간은 실존적으로 서로 얽혀 있는 것이다.

"세계-내-존재"로서의 인간은 어떤 것을 만들거나 사용하거나 잃어버리거나 얻거나 목격하는 것 등의 여러 가지 양식으로 세계와 관계를 맺는다. 이러한 인간의 관계 맺음을 하이데거는 세계에 대한 "배려(Besorgen)"라고 한다.12) 특히 타자는 결코 어떤 단순한 사물적 존재자가 아니기에, 하이데거에게서 타자는 하나의 실존적 이웃으로 경험된다. 인간 현존재가 이처럼 타자와 실존적으

---

11) M. Heidegger, *Metaphysische Anfangsgründe der Logik*(Ga. 26), Frankfurt a. M., 1978, 213쪽.

12) M. Heidegger, *Sein und Zeit*, §15-16, 26, 69, 79 참조.

로 얽혀 있으면서 조바심을 갖고 그와 관계 맺는 존재양식을 하이데거는 "심려(Fürsorge)"라고 나타낸다. 이때 타자는 현존재의 실존적 이웃으로 경험되는데, 현존재는 그를 위해 각별한 마음가짐과 조바심을 갖고서 관계를 맺는다.13)

인간은 세계에 "던져진 존재"로서 일상적인 삶을 꾸려나가다가 대체로 자신의 존재의미를 상실하고 살아가지만, 그러나 특별한 계기들에 의해 이 일상의 삶에서 안주하는 것으로부터 벗어나 진정한 자기 자신을 회복하려는 실존적 기획을 감행하면서("기투(Entwerfen)") 살아간다. 그렇다면 인간은 비록 거대한 지평인 세계에 던져져 때로는 일상적이고 비본래적인 삶의 형태("퇴락(Verfallensein)")로 살아가지만, 그러나 조바심을 갖고 살면서 본래적인 삶의 형태를 회복할 실존 가능성을 가진 현존재이기도 한 것이다. 이토록 인간 현존재가 자신의 존재와 관계를 맺으면서 실존을 획득하는 양태를 하이데거는 "염려(Sorge)"라고 한다.

하이데거에 의하면 인간 현존재는 자기의 의지나 선택과는 상관없이 이 세상에 던져졌다. 현존재는 처음에 자기 자신에게만 고유한 장소에 던져져 있는 것이다(geworfen in sein Da). 세계에 "던져진 존재"로서의 인간이란 아무런 규명도 내려지지 않고 미리 의도된 계획이나 어떠한 선취된 확정도 없이 일단 이 세계 속에 던져졌다는 것이다. 인간에 대한 수다한 규명들은 그 다음의 단계인 것이다. 또 인간의 본질이 무엇이냐고 하는 것도 미리 정해진 어떠한 규명이나 해답도 없는데, 그것은 인간이 자신을 어떻게 만들어

_____
13) 같은 책, §26 참조.

가느냐에 따라 달려 있다. 말하자면 현존재의 본질은 바로 자신의 실존에 놓여 있는 것이다.14)

세계에 "던져진 존재"로서의 현존재는 그렇기에 어떤 최종적 정의가 아니고 미상의 존재(Noch-nicht-sein)로 살아간다는 뜻이다. 이미 세계에 "던져진 존재"로서의 인간 현존재는 그러나 세계의 지평 속에서 자신의 유한한 삶을 영위하는 가운데 진정한(본래의) 자기 자신으로 존재하든지 혹은 그렇지 않든지의 방식을 취하고 있다. 자신의 "존재이해"를 통해서 특징지어지는 인간 현존재는 그러나 이 존재이해를 어떤 추상적이고 관념적인 인식행위를 통해서가 아니라, 세계 내에서의 현사실적이고 구체적인 삶을 통해서 획득하는 것이다.

세계에 "던져진 존재"로서의 현존재가 우선 퇴락존재의 형태로 살아간다는 것은 그가 비본래적인 삶을 영위하고 "세인의 지배 (Herrschaft des Man)"를 받고 있다는 것이다. 퇴락존재로서의 "세인(世人)"(무책임한 제삼자, 혹자)은 비본래적인 자기로서 모든 존재 가능성을 평준화해버리며 책임을 회피하는 특성을 갖고 있다. 이는 무책임한 대중생활의 소용돌이에 휩쓸릴 때 일어나는 존재망각의 증세라고 할 수 있다.

하이데거에 의해 독특하게 규명된 "세계-내-존재"는 비실존적 삶의 형태인 "퇴락존재"로서의 현존재가 비본래성의 늪을 빠져나가 자기의 본래성에 이르게 되는 도정으로서, 자신의 존재 가능을

---

14) 이런 하이데거의 인간규명을 받아들여 사르트르는 "실존은 본질에 앞선다"라고 했다. 이러한 사르트르의 규명은 이미 하이데거에게서 선취되어 있는 것이다.

실현해가는 현존재의 세계인 것이다. 인간 현존재는 이미 "세계-내-존재"이기에, 그는 세계 내에서 부단히 다른 존재자와 세계 및 자기 자신과도 교섭하면서 살아간다. 그는 이런 부단한 교류를 통해 실존할 가능성을 갖고 있지만(자기 자신으로 존재하는 것), 그러나 그렇지 못할 가능성도 갖고 있다. 전기 하이데거의 "기초존재론(Fundamentalontologie)"은 우리로 하여금 마치 정언명법처럼 "너는 실존해야 한다"고 한다.15) 어떻게 구체적으로 실존해야 하는지는 각자에게 맡겨져 있다("각자성(Jemeinigkeit)").

이와 같이 인간 현존재가 자신의 의지와는 상관없이 이 세상에 던져져 있지만, 그러나 그는 자신의 기투(Entwerfen)와 존재 가능성(Seinkönnen)을 통해 앞으로 끊임없이 되어갈 수 있는 존재이다. 말하자면 그가 어쩔 수 없이 이 세상에 던져졌다고 하더라도, 그는 세계를 변형시키고 거기에 대한 관심과 교류를 통해 자기 자신을 재규정해나갈 자유와 과제를 떠안고 살아가는 것이다. 따라서 "던져진 존재"로서의 현존재의 실재성이 과거의 지평을 형성하고 있다면, 실존성은 미래의 지평을 구축하고 있다.

그런데 이런 현존재의 과거지평과 미래지평에 비해 현재지평은 퇴락의 형태로 주어져 있다. 그리하여 실재성과 실존성 및 퇴락은 시간적 지평 속에서 인간 현존재의 세 가지 기초존재론적인 구조를 구성하고 있다. 즉, 이 세 가지 존재론적 구성의 특징은 인간 현존재의 과거와 미래 및 현재의 지평에 상응한 모습을 갖는 것이다. 이러한 시간의 지평은 각각 그에 상응하는 현존재의 존재양식

---

15) 이런 강조 포인트는 하이데거뿐만 아니라 다른 실존철학자들도 대체로 견해를 공유한다.

을 형성하고 있는데, 말하자면 실재성은 현존재가 세계 내에 이미 던져져서 과거로부터 현재로 도달된 현존을 규정하고, 실존성은 그것을 목적으로 하는, 현존재에게는 "아직 아닌(noch nicht)", 그렇기에 그 자신에 앞서서 실존하는 것으로서 규정하며, 그리고 퇴락은 현존재의 매일매일의 일상적인 삶 속에서 비본래적인 형태의 존재양식을 규명하고 있는 것이다. 이와 같이 현존재의 존재는 시간의 지평 위에서 이해 가능성이 놓여 있다. 여기서 시간이란 객관적으로 흘러가거나 물리학적인 시간이 아니라, 현존재의 체험적인 시간인데, 현존재는 과거와 미래 및 현재를 통일하고 있다.

그런데 현존재는 퇴락존재의 양식에서 일상적 삶을 영위해가며 의식적으로든 무의식적으로든 현재적 편견과 관심 속에서 진정한 자기 자신을 상실해 있는 경향을 갖고 있다. 그가 퇴락존재임은 잡담과 호기심, 그리고 애매성과 같은 태도에서 잘 드러나고 있다.16) 현존재가 우선 퇴락존재의 형태로 살아간다는 것은 비본래적인 삶을 영위하고 "세인의 지배(Herrschaft des Man)"를 받고 있다는 것이다. 말하자면 "세인의 지배"를 받고 있는 현존재는 존재망각(Seinsvergessenheit) 속에 묻혀 살다가 염려와 불안, 무의 체험이나 죽음과 같은 한계상황 같은 데에서 순수한 자기 자신과 맞설 수 있게 되는 것이다.

현존재는 일상성 속에 빠져 자신의 근원적인 본향인 존재를 망각하고, 또 그 망각한 것을 의식조차 하지 못하는 세인으로 살아간다. 하이데거가 보는 인간의 일상성의 현실은 이처럼 퇴락존재이

---

16) M. Heidegger, *Sein und Zeit*, §35-38 참조.

고, 이런 퇴락존재는 또한 인간이 아직 자신의 고유한 실존에 거주하지 못하는, 말하자면 "고향상실"의 현상에 처해 있다는 것이다. 따라서 고향상실의 극복은 무엇보다도 "퇴락존재"에서 벗어나는 길이다. 이 퇴락존재에서 벗어난다는 것은 곧 본래성에로의 귀향하는 도정이며 무실존에서 실존에로의 전향이라고 할 수 있다.

그런데 퇴락존재로 살아가는 "세계-내-존재"로서의 현존재는 삶을 영위하는 가운데 자신의 근본정조인 염려(Sorge)나 불안(Angst) 및 세계 내에서 만나는 고통이나 죽음의식을 통해서 본래성으로 가는 길이 열려 있다.

불안 가운데서 신뢰하던 대상들은 불확실해지고 무력화된다. 그리고 이러한 존재자의 무화(無化) 현상의 과정에 존재를 들여다볼 수 있게 하는 무(無, Nichts)와의 대면이 이루어진다. 어디론가 사라져버릴 막막한 불안 속에서 마침내 인간은 무와 마주치게 된다. 여기서 텅 빈 무의 상태가 목전에 드러나게 되는데, 하이데거는 이 불안이 무를 드러내 보인다고 말한다(Die Angst offenbart das Nichts). 여기서 무는 "존재의 면사포(Schleier des Seins)"로 일컬어질 정도로 존재의 가까이에 있다. 그렇기에 불안을 통해 인간 자신의 실존을 들여다볼 가능성이 주어진다면, 이러한 불안은 "존재가능(Seinkönnen)"과 "자유의 소용돌이"(키에르케고르) 및 "존재에의 용기"(P. 틸리히)를 향한 계기가 되는 것이다.

불안 외에도 현존재의 근본경험을 극단적으로 가능하게 하는 것으로 죽음이 있다. 죽음은 너무나 섬뜩하여 인간은 보통 생각조차 하기 싫어한다. 그러면서 늘 죽음이 나와는 무관한 것이라고 외면하며 살아간다. 그러나 인간은 어쩔 수 없이 죽어야 하는 존재이다. 죽음은 더 이상 어쩔 수 없는 강압적이고 영원한 작별인 것이다. 죽어야 하는 존재로서의 인간이 죽음을 회피한다고 해서 죽음이 면해지는 것은 아니다.

이 세상에 던져진 존재로서의 현존재는 탄생과 죽음이라는 압축된 시공 속에서 살아가는 존재이다. 특히 "유한성의 원리"는 하이데거의 현존재 분석에서 중심적인 주제이며, 그의 철학 전체를 꿰뚫고 있는 사유이다. 하이데거에 의하면 현존재는 불안이나 무(無)와 같은 체험을 통해 자신의 유한성을 적나라하게 체득한다. 그렇기에 불안은 현존재의 유한성을 드러내고, 또 그가 "죽음에 이르는 존재(Sein zum Tode)"임을 폭로하는 것이다.

죽음은 "한계상황"이고 불가능의 벽이다. 하이데거에 의하면 인간은 "죽음에 이르는 존재(Sein zum Tode)"이다. 죽음만큼 인간을 일상성(Alltäglichkeit)에서 벗어나게 하고 한계의식을 갖게 하며 실존적 헌신의 필요성을 깨닫게 하는 것은 없다. 죽음은 모든 "존재자로부터의 작별(Abschied vom Seienden)"이기 때문이다. 하이데거는 죽음 없이는 본래적 실존도 없다고 했다. 죽음은 현존재의 삶과 맞부딪쳐 있으며 현존재는 죽음과 떼어서 생각할 수 없다. 더 이상 도피할 수 없는, 불가능의 벽인 죽음 앞에서 인간은 자기의 "가장 큰 존재 가능(höchstes Seinkönnen)"을 얻게 되고 자신의 실존을 응시하는 것이다.

무실존에서 실존에로의 전향은 "존재의 빛 가운데 서는 것"인 탈존(Ek-sistenz)에 의해 가능하기에, 탈존이야말로 인간의 본질을 형성하는 근본요인이라고 할 수 있다. 인간 현존재는 탈존하면서 존재와 가장 가까이 있는 이웃으로("존재의 이웃(Nachbar des

Seins)")[17] 자기의 본래적 실존을 회복한다. "너는 실존해야 한다"라는 명제는 하이데거를 비롯한 실존철학자들의 정언명법이다.

하이데거는 전회(Kehre) 이후 후기 사유로 이르면서 인간실존의 해명을 존재일반의 해명으로 전개시켜나간다. 인간이 존재를 쫓는 것이 아니라, 존재가 스스로 인간에게 드러나고 인간은 이 존재의 빛 속에 들어섬으로써 비로소 인간존재의 근거를 마련할 수 있는 "존재론적 전회"인 것이다. 이제 존재는 존재자와 대립되는 성격을 가진 것이 아니라, 빛과 같은 생기사건(Ereignis)으로 다가오는 것이다. 존재는 인간에게 말을 걸어오고 인간은 여기에 응답하는 것이 과제로 주어진다.

4. 존재의 신비

존재에 관한 사유는 앞에서 다룬 인식론처럼 철학을 공부하는데 있어서 반드시 숙고해보아야 하는 분야이다. 물론 철학에 입문하는 사람들에게 존재사유라는 것이 퍽 낯설게 다가올 수도 있을 것이다. 그러나 우리가 인생을 살아가는 가운데 간혹 존재물음을 던지는 경우도 있다. 이를테면, 왜 (이런) 세계가 존재하고 자연이 존재하며, 내가 존재하고 대지와 별들이 존재하는가(존재하지 않지 않고!)? 왜 다른 세계가 아니고 이런 세계이며, 다른 자연이 아니고 이런 자연인가? 왜 인간은 살고 또 죽는가? 왜 나는 이런 모습으로 세상에 존재하고 있으며 다른 모습이 아닐까? 등등.

---

17) M. Heidegger, *Über den Humanismus*, Frankfurt a. M.: Vittorio Klostermann, 1949, 29쪽.

철학자의 존재물음도 위의 물음과 다르지 않다. "우리는 이때까지 단순한 자연과학자로서 말하였다. 그러나 우리는 형이상학에로 시선을 돌리고 물어야 한다. 왜 뭔가가 존재하지 않지 않고 존재하는가?"(라이프니츠)[18] 하이데거의 철학은 그야말로 그의 전후기에 상관없이 존재사유라고 할 수 있다. 그는 평생 존재물음과 존재사유에 천착하였다.

비트겐슈타인은 "말할 수 없는 것에 대해선 침묵해야 한다"[19]라고 그의 『논리철학 논고(*Tractatus logico-philosophicus*)』의 마지막 문장에서 밝히는데, 이는 그러나 "말할 수 없는 것"의 세계와 선논리적 세계 및 초논리적 세계의 존재를 부정하는 것이 전혀 아니다. 분석철학자들은 이런 비트겐슈타인의 명제를 이해하지 못하였다. 비트겐슈타인은 "실로 말해질 수 없는 것이 있다. 그것은 자신을 스스로 보여준다. 그것은 신비로운 것이다"[20]라고 하였다.

하이데거의 "존재"나 비트겐슈타인의 "신비로운 것(das Mystische)",[21] 나아가 노장(老莊)의 "도(道)"처럼 개념으로 포획되지

---

18) "Bis hierher haben wir nur als Physiker geredet; jetzt müssen wir uns zur Metaphysik erheben und fragen, warum eher etwas ist als nichts." 여기서는 Ulrich Steinvorth, *Warum überhaupt Etwas ist*, Reinbek bei Hamburg: Rowohlt, 1994, 10쪽 참조. 이 존재물음엔 물리학 혹은 자연과학으로 번역되는 Physik과 이 자연과학의 범위를 초월하는 초자연학(Meta-physik), 즉 형이상학이 대조를 이루고 있다.

19) "Wovon man nicht sprechen kann, darüber muß man schweigen." Ludwig Wittgenstein, *Tractatus logico-philosophicus*, Frankfurt a. M.: Suhrkamp Verlag, 1971.

20) 같은 책, 6.522.

21) 이승종 교수가 지적하듯 "하이데거가 말하는 '존재'나 비트겐슈타인이 말하는 '신비로운 것'은 언어로 표상되지 않는다." 이승종, 『크로스오버

않고 언어로 표상되지 않는 것들은 그야말로 말할 수 없는 것들이다.[22] 이러한 구조적으로 "말할 수 없는 것"은 결코 비논리적인 것만 있는 것이 아니라, 논리에 앞서는 것, 나아가 논리를 초월하는 것이 있다는 것을 잊어서는 안 된다. 비트겐슈타인도 이를 정확하게 환기시키고 있다. 말하자면 논리학에 앞서는 무엇(존재)이 있다는 것이다.

"논리학의 이해를 위해 필요한 '경험'은 무언가가 이러저러하다는 것이 아니라, 무언가가 있다는 것이다(daß etwas ist). 그러나 그것은 아무런 경험도 아니다. 논리학은 모든 경험 — 무언가 (etwas)가 어떠하다는 — 에 앞선다. 논리학은 어떻게(Wie)에 앞서지, 무엇(Was)에 앞서지는 않는다."[23]

논리학은 어떠함에 관한 일상적인 경험에 앞서지만, 이 논리학을 이해하기 위해 필요로 하는 '경험'은 무엇 그 자체(무엇임)에 관한 '경험'인 것이다. 그런데 여기서 무엇 자체에 관한 '경험'은 비트겐슈타인에 의하면 "말할 수 없는 것" 혹은 말로 표현할 수 없는 것이다. "명제는 사물들이 어떠한가만을 말할 수 있을 뿐, 그것이 무엇인가는 말할 수 없다."[24]

하이데거』, 생각의나무, 2010, 345쪽. L. Wittgenstein, *Tractatus logico-philosophicus*, 6.522 참조.

22) 노자는 그의 『도덕경』의 제1장에서 말로 표현된 도(道)는 상도(常道)가 아니라고 하고, 하이데거도 그의 『존재와 시간』 제1장에서부터 '존재'는 개념적으로 파악할 수도 또 규명할 수도 없는 것이라고 한다.

23) L. Wittgenstein, *Tractatus logico-philosophicus*, 5.552.

24) 같은 책, 3.221. 이 문장에 대한 번역은 이승종, 『크로스오버 하이데거』, 125쪽.

"말할 수 없는 것"은 따라서 결코 무가치하거나 아무것도 아닌 것만이 아니라는 사실은 그야말로 일상적 경험과는 다른 혹은 논리학적 경험과는 다른 "말할 수 없는" 존재경험이 있다는 것이다. 무엇의 있음은 존재의 다른 표현으로서 말할 수 없는 것의 영역이면서 신비의 영역인 것이다.

비트겐슈타인은 이 "신비로운 것(das Mystische)은 세계가 어떠한가가 아니라 세계가 존재한다는 것이다"25)라고 하는데, 이 신비로운 것은 말해질 수 없는 것이지만 — 비트겐슈타인이 강조하고 또 우리가 앞에서 언급했듯이 — 스스로 자신을 보여주는 것이다.

그렇다. 존재는 노장의 도(道)처럼 없는 곳이 없고 온 누리에 흘러넘친다. 더욱이 존재는 존재하는 것들에 대한 우리의 일상적 경험에 항상 전제되어 있기에, 우리가 이를 볼 수 있는 안목만 있으면 얼마든지 경험을 할 수 있다. 하이데거는 우리가 존재가 무엇인지 묻는 물음에도, 개념적으로 이해할 수 없지만, 존재는 거기에 내재해 있다고 한다. "우리는 '존재'가 무엇을 말하는지 알지 못한다. 그러나 우리가 '존재가 무엇이냐?'라고 물을 때, 우리는 이 '이다(있다)'가 무엇을 뜻하는지 개념적으로 파악하지 못해도 이미 '이다(있다)'에 대한 이해 속에 머물고 있는 것이다."26)

존재에 대한 사유는 철학사의 이른 시기에 등장한다. 고대 그리스에서 존재와 진리를 맨 처음 철학적 사유의 중심문제로 삼은 철인은 기원전 6세기경의 파르메니데스이다. 그의 단편에는 존재사유가 무엇인지에 대한 이정표가 잘 나와 있다. 파르메니데스는 만

---

25) 같은 책, 6.44.
26) M. Heidegger, *Sein und Zeit*, 5쪽.

유적 성격을 갖는 존재(ὄν, ἐόν), 가장 보편적인 존재의 속성을 그의 단편(「교훈의 시」)에 남겨놓았다. 이보다 더 이른 밀레토스의 탈레스에게서도 존재물음이 전개되었다고 볼 수 있다. "왜 별들이 (존재하지 않지 않고) 존재하는 것일까?" 별들이라는 존재자에 대한 존재물음인 것이다.

하이데거는 "소크라테스 이전의 철인들", 즉 존재의미가 생생하게 살아 있는 "시원적 사유"를 감행한 저들 철인들에서 존재사유가 살아 있음을 목격하였다. 그런데 하이데거에 의하면 안타깝게도 저들 "소크라테스 이전의 철인들"에게 생생하게 살아 있던 존재사유는 그러나 철학사가 흘러가면서 망각되어갔고("존재망각(Seinsvergessenheit)"), 그 자리에 형이상학이 자리를 잡았다고 한다. 적어도 경험과학과 논리학 및 실체철학과 본질철학을 주도한 아리스토텔레스에게서 존재 대신에 존재자가 중심이 되어 있는 것은 확실하고, 그 이래로 굵직한 사물로서의 존재자가 철학적 사유의 중심에 자리 잡아왔던 것이다. 말할 것도 없이 존재에 관한 학문적 연구를 존재론(Ontologie)이라고 하는데, 아쉽게도 전승된 존재론과 형이상학은 존재보다는 존재자 연구에만(이를테면 그 본질이 무엇인지, 어떤 범주의 유형을 갖는지 등등) 탐닉한 것이다.

그런데 여기서 우리는 형이상학의 개념에도 주목할 필요가 있다. '형이상학(meta-ta-physika)'이란 개념은 원래의 어원에 입각하면 자연학의 범위를 뛰어넘는 학문, 즉 '초자연학'이라고 할 수 있으나, 철학사가 진행되는 동안에 부정적으로 쓰이기도 한다. 특히 근대에서부터 수학적, 자연과학적 보편타당성을 확보하지 못한 진술들은 "낡은 형이상학"(칸트)으로 규명되었고, 실재세계와 거리가 먼 것으로 여겨진 형이상학은 관념론으로 치부되거나 추상적 "배후세계(Hinter-welt)"(니체)로 조롱되기도 한다. 그런가 하면 실증주의와 논리실증주의도 형이상학을 폐기처분이라도 해야 할 것처럼 비판의 칼날을 세운다. 그런데 이와는 대조적으로 근대 이후 지나치게 자연과학화된, 그래서 과학기술문명에서 꽃을 피운 존재자 중심의 사유를 하이데거는 부정적인 의미로 형이상학이라고 한다.

그러면 존재망각과 형이상학으로 전락되지 않은 고대 그리스의 존재사유에로 방향을 돌려보자.27) 하이데거가 인용한 파르메니데스의 단편 제8장의 일부분은 다음과 같다. "사유하는 것과 그것(존재자의 존재) 때문에 사유가 있는 바의 그것(존재자의 존재)은 같은 것이다. 왜냐하면 그것 안에서 말해진 존재자의 존재 없이는 결코 사유를 접할 수 없기 때문이다."28)

하이데거는 이 파르메니데스의 단편을 『강연과 논문』에서 자세하게 다루고 있으며, 특히 "사유란 무엇을 말하는가"라는 강연과 「모이라」라는 논문에서 중점적으로 파르메니데스의 존재론을 해명하고 있다. 파르메니데스의 이 단편은 존재자의 존재 없이는 사유조차 발견할 수 없다는 메시지가 담겨 있다. 사유는 자신의 본질을 존재자의 존재로부터 받고 있다는 것을 명확하게 알 수 있다.29)

---

27) 아래의 파르메니데스와 관련된 내용은 필자의 논문 「하이데거에게서 피지스 개념의 복권과 사물의 존재에 대한 탈근대적 접근」, 『철학탐구』, 제46집, 중앙철학연구소, 77-78쪽에서 인용한 글이다.

28) Parmenides, Fragmente VIII(H. Diels의 분류). M. Heidegger, *Vorträge und Aufsätze*, Pfullingen: Neske, 1990, 135쪽. 인용문에서 중요한 마지막 문장의 원문은 다음과 같다. "οὐ γὰρ ἄνευ τοῦ ἐόντος, ἐν ᾧ πεφατισμένον ἐστιίν, εὑρήσεις τὸ νοεῖν."

실로 우리는 파르메니데스의 단편을 통해 그토록 하이데거가 서구철학사의 "존재망각" 내지는 "존재상실"을 개탄한 것을 이해할 수 있게 된다. 그런데 위에서 "사유가 자신의 본질을 존재자의 존재로부터 받고 있다는 것"은 무슨 뜻일까? 이 물음에 대한 답변이야말로 우리의 철학사가 존재망각에 빠진 것, 근대에서 후설에 이르기까지 주체중심주의로 빠진 것, 자연과 사물에 대한 존재위상을 망각한 사실을 비판한 것에 대한 정당성 부여가 될 것이다. 그런데 그 답변은 결코 어렵지 않다.

사유란 항상 "무엇에 관한 사유(ti kata tinos)"라는 구조를 갖고 있으며, 후설 현상학에서의 의식 또한 항상 "무엇에 관한 의식(Bewußtsein über etwas)"이라는 구조를 갖는다. 이때 '무엇'의 존재가 없다면, 사유도 의식도 불가능한 것이다. 우리가 만약 태양에 관한 사유를 하려는데 태양이라는 존재자가 없다면(존재하지 않는다면), 태양에 관한 사유가 무의미할 뿐만 아니라 태양에 관한 사유 자체가 불가능한 것이다.

더 나아가 친구에 대한 사유나 연인에 대한 사유, 대지와 초목에 대한 사유 등도 모조리 불가능한 것이다. 우리의 철학사는 그러나 존재자의 존재에 대해서는 깡그리 무시하고, 그 대신 존재자의 사물적 측면과 사유하는 주체에 중량을 다 실었다. 주체가 마음대로(경우에 따라서는 자의적으로) 구성하는 것(칸트에게는 Kon-

---

29) 이러한 파르메니데스의 존재사유에 대한 하이데거의 파악은 소위 "시원적 사유(das anfängliche Denken)"에서 본래의 존재 개념이 살아 생동하고 있었다는 그의 주장과 또 그 이후의 철학사에서 "존재망각" 현상이 일어났다는 그의 주장을 정당화시켜준다.

struktion, 후설에게는 Konstitution)에만 중량을 쏟고, 대상화되어 버린 사물도 자연도 모든 존재자의 존재도 마냥 주체의 횡포에 끌려와 있을 따름이다. 존재자의 존재는 그러나 최소한의 사유를 위해서도 절대적으로, 필수불가결적으로, 기본 중의 기본으로 전제되어야 하는 것이다.

과연 '존재한다'는 것은 무엇을 의미하는가? 우리가 '존재' 혹은 '존재한다'라는 말을 흔히 하지만, 실제로 그러한 의미가 무엇인지 밝히기에는 머뭇거려진다. 우리는 이러한 물음 앞에서 주저하기만 한다. 우리는 이 '존재한다(있다)'라는 용어를 — 마치 이 단어가 빠지면 말이 안 될 정도로 — 흔하게 쓰고 있다. 그런데 우리가 이 '존재한다(있다)'라는 용어를 흔히 일상생활에서 사용하지만, 우리는 이러한 용어의 정확한 의미를 알고 있기보다는 일종의 언어적 습관에 의해 쓰고 있는 것이다. 그런데 '존재한다(있다)'라는 표현은 너무 광범위하게 적용된다. 이 세상은 오로지 존재하는(있는) 것들로만 가득 채워져 있다. 모든 것들이 존재하고 있고, 우리 주변에도 존재하는(있는) 것들로 가득 찼다. 이것이 존재하고, 저것이 존재한다. 도대체 존재하지 않는 것이란 없다.

그런데 여기서 우리는 보통 사물로서의 '존재하는 것(있는 것)'에만 주의를 집중하고, 이들을 존재하게 하고 이들을 '존재하는 것(있는 것)'으로 드러나도록 존재지평이 되어준 존재와 있음에는 시선이 못 미치고 있다. '존재하는 것(있는 것)'과 존재는 그 차원을 확실히 달리하는 것이다. 존재는 존재자(즉, 존재하는 것)를 존재자로서 규정하고 있는 바로 그것(das Sein, das, was Seiendes als Seiendes bestimmt), 이미 어떤 존재자가 바로 그런 존재자로 이해

되도록 한 바로 그것이다.30)

이를테면 "저것은 사과이다"라고 할 때, 존재는 사과라는 존재자를 사과라고 규정해주는 것이다. 이 문장에서 '‒이다'는 궁여지책의 힌트가 된다. (이 '‒이다'가 없으면 문장이 안 된다.) 그러니까 사과라는 존재자가 존재자로 드러난 곳에는 이미 존재가 개입해 있다. 존재는 존재자를 규정하고 드러내며 이해되게 하는 지평이다. 지평은 어떤 것(존재자)이 자신을 내보이거나 드러나게 하는 '열린 공간'이다. 지평과 이 지평 속에서 드러나고 나타난 것이 서로 같은 것이 아니듯 존재와 존재자는 서로 다르다.

그렇다면 모든 존재자의 지평이 되고 모든 존재자를 존재자로 드러내는 존재란 무엇인가? 긍정적인 관점에서 존재는 드러나 있음, 감추어져 있지 않음(비은폐성)을 의미한다. 우리는 어떤 사실에 대해 그 사실과 그 사실이 놓여 있는 관계가 우리에게 드러나고 은폐됨이 없을 때, 그것이 "있다"고, 이렇게 혹은 저렇게 "있다"고 말한다. 따라서 '존재한다(있다)'는 것은 은폐되어 있지 않고 드러나 있는 것, 밝음 속에 있는 것, 빛 속에 나타난 것을 의미한다. '존재'는 바로 이러한 "밝힘(Lichtung)"의 과정이다.

그렇기에 존재는 하나의 생기사건(Ereignis)이며 모든 존재하는 존재자들을 드러낸 "근원적인 생기사건(Grundgeschehen)"이다. 그것은 존재 안에서 존재자와 인간이 드러나게 되는 모든 것을 포괄하는 생기사건이기 때문이다. 존재는 생기하는 비은폐성이다. 존재가 생기한다는 의미는 존재가 존재자들을 다양한 방식으로 밝힌다

---

30) M. Heidegger, *Sein und Zeit*, 6쪽 참조.

는 것이다. 중요한 것은 이러한 "밝힘(Lichtung)"으로서의 존재가 역사적 인간에게 그리고 모든 존재자에게 스스로를 선사하고 있다는 것이다.

존재자의 존재는 더 이상 존재자가 아닌 것이다. 이들 사이에는 "존재론적 차이(Ontologische Differenz)"가 있기에 서로 존재양식을 달리한다. 존재는 존재자와는 달라서 감각적 세계에서 포착되지 않는, 말하자면 눈에 보이지도 귀에 들리지도 않고 손으로 만져지지도 않는, 또 개념으로 파악되지도 않는 것이다. 존재하는 것(존재자)은 존재 없이 존재할 수 없다. 그래서 존재자는, 그것이 존재자라면, 반드시 존재와 함께 존재하는 것이다.

그러면 존재는 무엇인가? 존재는 존재자를 존재자로서 드러나게 한다. 말하자면 존재는 존재자를 존재하게 하는 것이다(seinlassen). 하이데거에 의하면, 서양의 형이상학 전통은 '존재하는 것', 즉 존재자만을 고찰의 대상으로 여겨왔고, 존재 자체를 물음의 과제로 삼지 못했다고 한다. 그리하여 "서구 사유의 역사에는 '존재의 진리'는 사유되지 않은 채 남아 있고 그 경험 가능성은 거절되었다."[31] 존재는 존재자가 존재자로서 드러나게 하고(따라서 존재자가 존재자로 드러난 곳에는 이미 존재의 생기(Ereignis)가 활동하고 있는 것이다), 우리가 이 존재자를 존재자로 바라볼 수 있도록 열어주고(öffnen), 밝혀주는(lichten) 개방성이다.

존재의 '밝힘'에 의해 존재자가 존재한다는 것은 그것이 단순하게 우리 눈앞에 현전하는 것이 결코 아니어서 통속적인 태도로는

---

31) M. Heidegger, *Holzwege*, Frankfurt a. M.: Klostermann, 1980, 195쪽.

접근할 수 없을 뿐만 아니라, 근대 사유에서처럼 우리 앞에 세워서 표상해서도(vor-stellen) 안 되는, 이론적인(범주적, 계산적) 태도로 접근할 수 없는 경이로운 사건인 것이다. 즉, 존재자가 존재한다는 것은 존재의 진리가 비은폐되는 사건으로서 우리의 모든 이론적 장악 시도를 거부하는 경이로운 사건이다.

존재의 진리가 개현되는 경이로운 사건에서는 ─ 근대가 대상을 우리 앞에 세워 표상하는 것과는 정반대로 ─ 오히려 우리가 존재자의 찬연한 광휘에 의해서 그 앞에 세워지는 것이다. 그래야만 이 존재사건에 대해 경이를 체험할 수 있다. 이때 우리에게 요구되는 태도는 우리의 지적인 노력으로 저 존재자를 이런저런 이론과 실천으로 파헤치려는 자세가 아니라, 그야말로 존재의 진리가 그대로 개현되도록(비은폐되도록) 모든 공격적이고 인위조작적인 태도를 버리는 것이다. 이런 태도를 하이데거는 "초연한 내맡김(Gelassenheit)"이라고 한다.

존재자들이 자신의 개방성을 내보이면서 우리에게 다가온다면, 우리는 우리를 엄습하는 "존재의 근원적인 힘(Grundmacht des Seins)"을 받아들이면서 열린 태도로 이들 존재자들을 그 자체로서 존재하게 하고(sein-lassen), 그 어떤 인위조작적인 태도나 지배의지를 갖지 말아야 한다.32) 여기서 인간은 결코 존재자들의 지배자가 아니라, 하이데거가 『휴머니즘에 대한 편지』에서 자주 언급

---

32) 하이데거에게서 존재자들을 그 자체로서 존재하게 하고(sein-lassen) "초연한 태도로 내맡기는 것(Gelassenheit)"은 노자와 장자의 "무위자연"과도 유사한 마음가짐이다. 자연에 대한 그 어떤 인위조작이나 지배하려는 의지를 갖지 않는 것, 심지어 개념적으로 파악하려 하지 않는 것은 하이데거와 도가철학 사이의 유사한 입장이다.

하듯 "존재의 목자(Hirt des Seins)"로, "존재의 파수꾼"으로 머물러 있어야 하는 것이다.

존재자는 존재의 빛 속에서 존재자로서 비은폐되고 드러난다. 존재자가 비은폐되기 위해서는 존재에 의존하는 것이다. 아니, "존재 없는 존재자는 있을 수 없다."[33] 존재는 따라서 모든 사건과 사물, 사태와 실재, 존재자의 현존에 항상 전제되어 있다. 이런 전제 없이는 아무것도 아니며, 아무것도 있을 수 없다는 것으로 세계 소멸과도 같은 것이다. "존재의 드러남은 드디어 존재자의 개시성을 가능하게 한다."[34] 따라서 존재자가 무엇인지의 여부와 그리고 어떠한지의 여부는 존재로부터 그 가능성이 열린다.[35]

존재자와 본질적으로 다른 존재 자체를 존재자처럼 다루는 데에서(이를테면 형이상학, 학문, 이론 등) 존재는 더욱 가려지고 만다. 존재자를 존재로 오인하고 "존재자의 무엇"에만 몰입하여 "존재론적 차이(ontologische Differanz)"를 망각한 전통 형이상학은 한마디로 존재자를 규명하는 것에만 골몰하였다. 존재가 존재자와 근본적으로 다르다는 것은 이미 『존재와 시간』의 서두에서부터 시작된다.

"철학의 근본적인 주제로서의 존재는 어떤 한 존재자의 유(類, Gattung)가 아니다. 그렇지만 존재는 모든 존재자에 관계한다. 존재의 '보편성'은 더 높은 곳에서 찾아져야 한다. 존재와 존재구조

33) M. Heidegger, *Was ist Metaphysik?*, Frankfurt a. M.: Klostermann, 1949, 41쪽.

34) M. Heidegger, *Vom Wesen des Grundes*, Frankfurt a. M.: Klostermann, 1955, 13쪽.

35) M. Heidegger, *Holzwege*, 245쪽 참조.

는 모든 존재자를 넘어서 있으며 한 존재자가 갖는 모든 존재 가능한 규명을 넘어서 있다. 존재는 전적으로 초월이다."36)

여기서 "존재는 전적으로 초월이다"37)라는 것은 존재와 존재의 성격(Seinscharaktere)이 모든 존재자의 영역을 초월해 있으며, 이러한 존재자의 모든 가능한 규정성을 벗어나 있다는 것이다. 존재를 범주와 유(類)의 차원에서 규명했던, 그래서 본질적으로 존재가 아닌 존재자를 존재로 오인한 전통 형이상학과는 확연한 차이가 드러난다.

하이데거에 의하면 "궁핍한 시대"가 지배하는 오늘날의 역사적 현재는 존재자를 중심으로 하는 과학기술문명과 사물존재론(Dingontologie)만이 세계사의 무대를 장식하고 있기에, 현대인은 니힐리즘 가운데 침잠해 있으며("고향상실(Heimatlosigkeit)") 존재의 빛 안에서 삶을 경험하거나 계승하지 못하고 있다. 존재가 우리에게 걸어오는 말을 듣지 못할 뿐만 아니라 들으려 하지도 않고, 그 부름에 응답하지 못하는 처지에 놓여 있는 것이다. 존재에 응답하는 것이 철학의 과제라고 한다면, 형이상학은 그러나 이런 본질적인 과제에 응하지 못하고 오히려 이 과제를 외면해왔다. 따라서 우리는 또 다른 중요한 물음을 떠올리지 않을 수 없다. 과연 인류는 "존재의 이웃"이 되는 그런 귀향을 시도하고 고향회복을 이루어낼까.

---

36) M. Heidegger, *Sein und Zeit*, 38쪽.
37) 같은 곳. 이 외에도 같은 책의 3쪽, 14쪽, 208쪽, 389쪽 참조.

12 장
자아실현의 길

1. 자아를 실현해야만 하는 인간

인간은 동물처럼 살 수는 없다. 즉, 본능과 생리적 욕구만으로 살아갈 수 없는 것이다. 또한 인간은 빵만으로도 살 수 없다. 인간은 스스로 '동물과 다른 것' 혹은 '동물 이상의 것'을 갖고 태어났다. 이런 것은 고귀하고 경우에 따라서는 신(神)적인 것(이를테면 "신의 형상"을 갖고 창조된 인간)이지만 눈에 보이지는 않는다. 그리고 이런 신적인 것이 눈에 안 보인다는 이유로 사람들은 이를 외면한다. 그래서 수다한 사람들은 안목의 세계에 펼쳐지는 사물적인 것(물질적인 것)과 생리적이고 본능적인 것에 사로잡혀 살아간다. 물론 인간은 — 우리가 앞의 "인간의 심연"에서도 언급했지만 — '동물 이하의 것'이나 '짐승보다 못한 놈', 악마와 다름없는 괴물일 경우도 있다는 것을 시인해야 한다.

　물론 생리적인 것에는 응당 인간이 갖는 기본적인 욕구나 생활이 있다. 이를테면 먹고 마시며, 짝짓고 배설하며, 쉬고 노는 것 등. 그런데 이들과는 다른 차원의 욕구들도 있다. 이를테면 사회적 욕구, 안정의 욕구, 자존심의 욕구, 사랑의 욕구, 행복추구의 욕구 등. 그러나 인간은 이러한 욕구의 카테고리 속에서만 맴돌다가 죽을 수는 없다. 그는 인간이지만, 그에게는 '동물 이상의 것', 신적인 것이 있으므로, 이들을 실현하려는 욕구가 있다. 그렇기에 그가 만약 형이하학의 세계에 매몰되지 않았다면, 이러한 욕구는 자연적이고도 당연한 현상이다. 새로운 것을 나타내는 것(창조), 자신의 고유한 것을 드러내는 것, 자유의 펼침, 진선미의 실현, 질서와 조화와 공동체를 실현하는 것, 타자에 대한 배려, 의미실현과 같은 것들이다. 이러한 실현들은 인간을 가장 인간답게 하고 위대하게 하며 또 신적인 세계로 나아가게 하는 것이다. 이는 곧 "신의 형상"을 가진 인간이 그 감추어진 신적 형상을 드러내는 것이기도 하다.

　어찌 보면 아리스토텔레스의 "목적론적 세계관(Teleologische Weltanschauung)"에서 우리는 경탄해 마지않는 사실을 발견할 수 있다. 아리스토텔레스에 의하면 모든 유기체는 자기 자신 안에서 완전성을 향해 나아가는 목적을 근원적으로 갖고 있다는 것이다. 말하자면 모든 유기체는 자신의 가능성의 전 영역을 실현시키려고 (최상의 상태와 완전성을 위해) 추구하는 바로 거기에 자신의 본질이 깃들어 있는 것이다. 그러니까 본래적으로 그런 목적을 추구한다는 것이다.

이를테면 식물의 본질은 자신의 최상의 상태(완전성)로 되려고 모든 가능성을 실현하고 추구하는 것, 즉 그것이 배아, 개화, 태양빛을 되도록 많이 받으려는 투쟁, 결실을 통해 자신을 구현하는 바로 거기에 있다는 것이다. 이러한 사례를 통해 아리스토텔레스는 전체 자연을 설명하는데, W. 바이셰델이 아리스토텔레스의 "목적론적 세계관"을 요약한 다음과 같은 진술에는 — 비록 논리적 명증성으로 보편타당성을 확정하기는 어려워도 — 상당히 설득력이 있을 뿐만 아니라 경이롭기까지 하다.

"존재하는 모든 것은 그 자체 안에 배태되어 있는 가능성을 최대한으로 충족시켜 실현하려고 한다. 전체 세계는 자신의 가장 고유한 완전성을 위해 노력한다. 바로 거기에 자연의 생동감이 있고, 또한 자연의 아름다움이 있는 것이다. 세계는 완전성으로의 열망에 의해 철두철미하게 지배되고 있으며 자연 자체도 바로 이러한 욕망의 집합체일 뿐이다. 세계는 자기실현과 자기완성이라는 하나의 엄청난 사건이다. 이 보편적 목적론은 아리스토텔레스의 세계상에서 매우 중요한 근본사상이다."[1]

이렇게 구체화된 아리스토텔레스의 보편적 목적론은 말할 것도 없이 인간에게도 아주 탁월한 방식으로 적용된다. 말하자면 인간은 사적인 생활에서나 공적인 생활에서 전체 자연이 그런 것처럼 그의 목적은 자기실현인 것이다. 인간에게 참으로 좋은 것, 그것을 위해 그가 근원적으로 추구하게 되는 것은 무엇일까? 이 물음에 대해 아리스토텔레스는 다음과 같이 대답한다. "인간은 그가 본질

---

1) W. 바이셰델, 이기상·이말숙 옮김, 『철학의 뒤안길』, 서광사, 1990, 82쪽.

상 그것이어야 하는바, 그것을 가능한 한 최대로 실현하여 성취시키려 한다. 인간은 진실로 인간다운 인간이 되어야 한다. 그리고 바로 이것이 인간에게 주어진 본질적인 숙명이다."2)

그런데 이러한 자기실현은 이 우주 속에서 인간만이 할 수 있고 또 해야 하는 것이다. 신(神)은 — 그가 완전무결하고 지선지미(至善至美)하다면 — 그러할 필요가 없을 것이고 천사 또한 마찬가지다. 하늘의 별들이나 무수한 사물들, 온갖 동식물이며 악마도 그러할 필요가 없을 것이다. 이들은 이미 지음을 받은 대로, 조물주의 계획대로 존재할 따름이다. 인간도 물론 조물주의 계획대로 지음을 받았다고 할 수 있다. 그러나 인간에게는 이 계획 중에 특별한 '자유'라는 것이 주어져 있다. 그래서 그는 동물 쪽으로 기울 자유도 갖고 있고 심지어 신에 대항할 자유도 갖고 있다(프로메테우스와 시시포스, 아담과 이브처럼). 그렇기에 인간에겐 어떻게 이 자유를 쓰느냐가 문제인 것이다.

이처럼 인간에겐 본래적으로 타고난 자유가 있는데, 이것이 마냥 인위적으로 제한된다는 것은 참으로 비참하다. 자유가 없는 사회에서는 우리의 자아실현이 그만큼 억압당한다. 자유가 없는 곳에는 정신(Geist)이 원활하게 활동할 수 없어 창조행위가 저지될 수밖에 없다.

인간은 태어났다고 해서 저절로 인간됨이 성취되는 것은 결코 아니다. 그는 성장하며 되어가는 존재이고, 성숙을 향한 존재이다. 그는 "인간이 되어야 한다." 그렇지 않으면 그는 "짐승만도 못한

---

2) 같은 곳.

사람"일 수도 있고 "인간의 탈을 쓴 악마"일 수도 있는 것이다.

인간더러 흔히 "중간자"(파스칼)라고 한다. 그는 신과 동물 사이의, 천사와 악마 사이의 존재라는 것이다. 이 사이에서 그는 무수히 많은 가능성을 갖고 있다. 또한 세계는 근본적으로 열려 있으므로 그 가능성의 지평 또한 광활하다고 할 수 있다. 인간은 "가능성으로서의 존재"(하이데거)이고 성숙을 향한 "도상(途上)의 존재 (Unterwegssein)"(야스퍼스)인 것이다.

인간은 자아실현을 해야 한다. 그는 더욱 깊고 높은 세계로, 동물 이상의 세계로, 신의 세계로 나아가야 한다. 물론 자아실현의 목표와 종점이 정해져 있는 것은 아니다. 실현할수록 더욱 깊고 높은 세계가 나타나겠지만, 인간 자체가 "도상에 있는 존재"이기 때문이기도 하다. 그의 자아실현은 세상의 칭찬과 값 매김이며 인기의 피안에서 일어나야 할 것이다. 즉, 어떤 외부적 성취와 평가에 연연하지 말아야 한다는 것이다. 이와 같은 인간의 자아실현을 정범모는 아름다운 문장으로 표현하고 있다.

"그러나 여기에서 우리가 논의하는 자아실현은 더 낮은 자아실현도 포함한다. 여기에서는, 모차르트까지는 못 된다 하더라도 피아노를 배우고 때로 그것을 즐기는 취미인도 그 정도만큼의 자아실현이라고 본다. 그의 '인간적인' 삶의 부분을 큰 꽃이건 작은 꽃이건, 사람들이 칭송하는 화려한 장미건 또는 아무도 보지 않는 곳에서 피는 청초한 들꽃이건 스스로 '인간적인 꽃'을 피워가는 일을 말한다."3)

---

3) 정범모, 『인간의 자아실현』, 나남출판, 1997, 67쪽.

다음은 빈센트 반 고흐가 그의 동생 테오에게 보낸 편지의 내용으로, 낭만주의의 대가(大家)라고 할 수 있는 들라크루아에 대한 언급이다. 말하자면 들라크루아가 늙은 나이에 자신의 진정한 길을 발견하고 매진한 것에 대한 언급인데, 인생이 자신의 별을 찾아가는 여정(旅程)이라는 것을 적나라하게 밝히고 있다. 물론 고흐도 뒤늦게 자신의 고유한 그림 그리는 인생길을 찾고서 완전을 향해 (자기의 별을 향해) 병든 몸인데도 불구하고 자아실현에 매진하는 모습을 잘 드러내고 있다.

"사랑하는 동생아, 지금도 그림을 그리다 다시 너에게 글을 쓰고 있다. 나는 무엇인가에 홀린 사람처럼 그림을 그리고 있다. 이것이 회복을 도와줄 것이라고 믿고 있다. 들라크루아는 '난 이도 다 빠져버리고 숨도 제대로 못 쉴 때가 되어서야 그림을 발견했다'고 말했는데, 어쩌면 그 연장선상에 있는 어떤 일이 나에게도 일어났는지 모르겠다. 내 슬픈 병도 아주 느리긴 하지만 아침부터 저녁까지 쉼 없이 열의를 갖고 작업하게 해주거든. 어쩌면 천천히 오래 일한다는 게 숨은 열쇠인지도 모르겠다."[4]

인간은 정신적으로 성숙할수록 자아의식(자기 존재에 대한 의식)을 깊게 갖는다. 그래서 우주 속에서의 자신의 위치, 사회 속에서의 자신의 역할, 자신의 사명, 자신의 처지, 자신의 존재의미에 대해서, 나아가 자기정체성에 대해서 성찰하게 된다. 그런데 만약 자아의식을 하는 인간이 자아실현을 해나가려면 '성찰'만 할 것이 아니라, 자신을 세상에 투입해야 하는 것이다. 즉, 그는 결코 피동

---

4) 빈센트 반 고흐, 신성림 옮김, 『반 고흐, 영혼의 편지』, 예담, 2001, 227쪽.

적으로 머물러 있거나 퍼져 있어서는 안 되고, 용기를 갖고 실현해 나가야 하는 것이다. 그는 용기를 갖고 자아실현을 해나갈 수 있는 담력과 마음의 자유를 가져야 한다.

물론 이러한 자아실현의 도정에는 순풍에 돛단 듯 봄 바다만 펼쳐지는 것이 아니라 무수한 장애물이 나타날 것이고, 때론 좌절과 비탄, 절망도 불가피할 때가 있을 것이다. 그는 그러나 자아실현을 위해서 자신을 세상과 현장에 투입해야 한다. 관망하는 자세로는 자아실현을 할 수 없을 뿐만 아니라 그렇게 살아서도 안 된다. 누구를 대신해서 삶을 살아줄 수 없는 것이 인간이기에, 그는 자기 인생에 대해 책임을 지고 살아가야 한다.

그러나 인간에겐 이렇게 혹은 저렇게 살아야 되는 필연은 없다. 또 그렇게 살도록 정해진 궤도나 그어진 선이나 따라가야 할 길도 없다. 그뿐만 아니라 인간이 어떤 자신의 밖으로부터 주어진 것(이를테면 관습, 제도, 강령, 도그마, 이데올로기 등)에만 의존해서 살아간다면, 그는 자아실현을 할 수 없을 것이다. 그는 이 외부로부터 주어진 것을 참작할 수 있지만 이를 자기 인생의 궤도로, 자신을 묶는 카테고리로 삼아서는 안 될 것이다. 유교는 이러한 면에서 폐쇄적이다.

자아실현의 길이란 인간이 곧 그렇게 각자가 자신의 자아를 실현해야 하도록 지음을 받았고 또 그렇게 태어나 살아가도록 되어 있는 것이다. 나의 개성이 결코 다른 이의 개성과 동일화될 수 없고 또 내 개성이 일반화될 수 없는 것처럼 자아의 존재도 마찬가지다. 이러한 자기 고유의 삶과 존재를 묵살하고 산다는 것 자체가 허위이고 비정상인 것이다. 인간은 줏대정신을 가진 진정한 자기 자신이 되어야 한다. 그는 자신의 행위와 사유에 주인이 되고 능동적이며 또 책임을 끌어안고 삶을 전개해야 한다. 인생은 결코 현존하는 데에 그치지 말고 자신의 별을 찾아가는 여정(旅程)이 되어야 한다.

일상인(범부 혹은 하이데거의 "세인")도 인간관을 가지는 것임에는 틀림없다. 그러나 그가 일상인에 그치는 것은 자기의 진정한 자아로 인생관을 형성한 것이 아니라 제도나 습관, 통념, 아집, 남의 인생관으로 가득 채웠기 때문이다. 참고로만 해야 할 것을 마치 자기 고유의 것인 양 쌓다보니, 즉 비본래적인 것으로 가득 채우다보니 본래적인 자기 자신의 인생관이 들어설 공간이 빈약한 것이다.

2. 자아의 비밀

자아는 비밀스럽다. 어떤 종교에서는 유별나게도 자아를 부인하고 "자아를 죽여라"라고 한다. 그러나 자아를 부인하거나 자아를 죽이는 일도 결국 자아가 하는 일이기에, 자아는 역설적이게도 부인될 수 없고 죽을 수 없는 것이다. 그렇기에 엄밀한 의미에서 자아는 부인되거나 죽는 성질의 것이 아니다. 그것은 인간이 존재하는 한 기본적인 원리로서 내재하기 때문이다. 위에서의 표현은 따라서 자아를 무리하게 내세우거나 유별나게 드러내지 말라는 뜻으로 이해해야 하는 것이다. 자아를 내세우지 말고 "이법(理法)에 따르라"고 할 때에도 결국 그러한 시도를 해야 하는 주체는 인간 자아인 것이다.

물론 우리의 '자아실현의 길'은 결코 자아의 개념을 증폭시키거나 인간 주체에 우월성을 싣는 것은 아니며, 더욱이 근대에서처럼 인간 주체를 최고의 원리로 삼는 것은 아니다. 단지 인간이 자신의 삶을 펼치는 데에 있어 본래적으로 주어진 능동적인 삶을 포기하지 말 것과 책임을 갖고 자신의 삶을 실현할 것을 지적할 따름이다.

인간은 자신의 이론적이고 실천적인 삶을 전개하는 데에 분명한 의식과 책임을 가져야 한다. 이러한 이론적이고 실천적인 삶의 전개에서 책임을 강조하는 것을 우리는 후설의 현상학과 하이데거를 비롯한 실존철학자들, 그리고 요나스(H. Jonas)의 "책임 윤리학"(특히 그의 『책임의 원리』)에서 엿볼 수 있다. 하이데거의 "현존재"는 "현사실적(faktisch)"인 삶을 실현한다. 현사실적으로 활동하는 현존재는 자신의 삶에 분명한 시간성과 역사성을 갖고 산다.5) 인간의 자아실현은 이러한 바탕 위에서 좀 더 실천적인, 의미를 창조하고 추구하며 성취하는 삶을 이루고자 한다.

그런데 오늘날의 철학적 사조의 하나인 포스트모더니즘의 경우 저러한 '자아'나 '주체'를 마치 권력의 형태로 몰아붙이고서 매도하는 데에 급급하다. 일단 우리는 역설적이게도 이처럼 매도하고 몰아붙이는 그들의 '자아'(따라서 자아를 부인할 수 없는)를 목격한다. 결과적으로 그들의 '자아'는 괜찮고 남들의 '자아'는 문제가 있다는 식의 태도는 용서할 수 없는 오만이다. 물론 우리는 앞에서도 언급했듯이 '자아'는 그런 권력이나 우월권을 쥔 근대의 자아

---

5) 특히 하이데거 전집 제63권에서 "현사실성의 해석학"과 『존재와 시간』에서 "현존재의 현상학"을 참조.

가 아님을 분명히 했다.

그러나 후설과 하이데거의 "제일철학(Erste Philosophie)"에 잘 드러나듯이 이론적이고 실천적인 삶에 있어 철학의 시작을 여는 그런 인간의 현존재적 성격을 우리가 가소롭게 보아서는 안 된다. 우선 인간 자아는 실제로 그런 '시작'을 열기 때문이다. 이러한 시작을 여는 자아는 따라서 결코 어떤 권력의 형태도 아니고 우월권의 형태도 아니며, 오히려 추호도 부인할 수 없는 현사실적인 행위인 것이다.

일반적으로 우리는 행위와 책임의 주체로서의 인간을 부인할 수 없다. 좀 소극적이고 수동적인 성격을 갖는 표현들, 이를테면 동양 사상에서 "나를 비우라", "자아를 버려라", "무위자연을 실현하라"와 같은 진술에도 엄연히 자아는 존재한다. 즉, 나를 비우는 데에도 분명히 자아가 그 일을 맡아서 수행하며, 심지어 자아를 버리는 데에도(실제로 버리는 일이 일어난다면) 버리는 행위자로서의 자아가 또 있기 때문이다. 노자의 무위(無爲)의 실현도 엄밀하게 숙고하면 인간더러 그저 퍼져 앉아 있으라는 뜻이 아니며, 마치 강물의 흐름에 자신을 내맡기듯 아무 행위를 하지 말라는 뜻도 결코 아니다. 그것은 오히려 적극적인 자아를 투입하여 그런 무위를 실현할 것을 지적하는 것이다. 그러므로 우리는 결코 '자아'를 뿌리째 부인할 수 없는 것이다. 부인하는 행위도 결국 자아에서 나오기 때문이다.

3. '자아'로 삶의 노정을 걸어가기

인간의 자아는 세상에서 그 무엇과도 바꿀 수도 없는 것이다. 인간은 항상 자기 고유의 본래성을 갖고서 태어난다. 물론 한 인간이 성숙된 인격체로 형성되어가고 본래성을 이루는 데에는 가족, 이웃, 타인, 고향, 민족, 기타 여러 사회집단들이 가담되는 것임에는 틀림없다. 또한 역설적이게도 위와 같은 공중 속에서는 이 본래성이 쇠퇴하거나 상실되어가는 위기도 도사리고 있다. 그뿐인가? 때론 개체의 실존을 방해하는 집단이나 공동체도 있다. 때론 아무도 나를(우리를) 인정하지 않고 수용하지 않는 경우도 있으며, 때론 이웃이나 친구마저도 의지할 수 없는 상황도 벌어진다. 때론 사회적으로 따돌림을 당하는 경우도 있고, 때론 집단으로부터 추방이나 매장을 당하는 경우도 있다. 때론 '몹쓸 놈'이나 '미친놈', '이단자' 내지는 '배신자'와 같은 형태로 낙인찍히는 경우도 있다. 특히 집단적이고 전체적인 것, 제도적이고 도그마적인 것, 전통적이고 관습적인 것에 반항하고 거부할 때 흔히 일어난다. 그러나 우리의 세계사에는 이런 욕을 들으면서, 온갖 모욕과 불이익, 비난과 박해를 받으면서도 위대한 정신의 꽃을 피운 위인과 성인, 그리고 위대한 사건들이 많다. 예를 들면, 소크라테스, 예수, 르네상스, 종교개혁, 지동설, 노예해방전쟁, 민초들의 반란(동학혁명) 등이다.

인간은 다양한 공동체에, 집단에, 국가에, 민족에, 세계에 속해 있다. 그러나 그러면서도 그는 독립의 존재이고, 개체이며 외톨이다. 그와 동일한 개체는 세상에 없다! 그는 전체의 일부이고 동시에 (모순되게 들리지만) 전체의 일부가 아니다. 인간은 이 양쪽을

(혹은 양쪽 중에서 하나를) 포기할 수 없는 존재이다. 인간은 곧 논리학의 '모순율'을 비웃는 모순적 존재이기도 하다. 그러나 정신적으로 성숙하고 건강한 자아를 가진 개체는 또 그러한 아름다운 공동체를 형성함으로써 서로 조화를 이루기도 한다. 즉, 그는 개체로서, 전체의 일원으로서, '나'와 우리로서, 이들 양면성 사이에 거처하는 '사이-존재'인 것이다.

인간에겐 꼭 이렇게 혹은 저렇게 살아야 할 필연이 없다. 그에겐 이러한 테두리를 벗어날 자유가 있고 다른 가능성이 있기 때문이다. 그만큼 그는 역설적이게도 스스로 자신의 인생 궤도를 만들고 그 길을 가는 존재인 것이다. 자신의 인생길을 포기하는 것은 자신의 고유한 실존적인 삶을 포기하는 것과도 같다. 인간은 결국 혼자서 세상과 맞부딪치고 희로애락을 체험하며 그러한 과정에서 일어난 문제들을 해결해야 한다. 그는 결국엔 아무도 대신할 수 없는 죽음을 홀로 맞는다.

동물이나 다른 존재자들은 지음을 받은 대로 살면 그만이다. 또 그들은 그렇게 정해진 궤도에 따라 살아간다. 그러나 그런 궤도는 인간에게 없다. 인간은 자기의 자아를 펼치면서 살고 자신의 여로(궤도)를 창조하고 또 필요에 따라 수정하며 살아간다. 그는 신의 속성을 닮아(imago Dei) 자유를 갖고 있다. 그러나 이 자유는 자기 자신이 주체가 되어 자기의 여로를 개척해야 하는 책임이기도 하다. 그렇기에 이 자유에는 자신의 실존적 고독도 함께 내재한다.

자유에는 물론 외부로부터의 '자유'인 정치적, 사회적 의미가 있고, 죄와 질병 및 고통과 같은 걸림돌로부터의 자유가 있으며, 인간 자신으로 하여금 실존하게 하는 실존적 자유가 있다. 이 실존적 자유는 그러나 인간 자신의 미성숙에 의해, 무지와 용기의 결핍에 의해 위축되거나 은폐되어버리고 만다. 그렇기에 자유는 실증적 자유이건 실존적 자유이건 아무런 대가 없이 주어지지 않는다. 즉, 우리는 자유를 쟁취해야 하고 또 수호해야 한다. 특히 실존적 자유에는 자기 자신의 무지와 편견 및 미성숙과 결단하지 못하는 의지의 빈약 같은 것이 장애물로 된다. 즉, 타자와 외부보다는 자기 자신과 내부가 실존적 자유실현의 승패 요인이다.

실존철학자들은 한결같이 인간이 선택과 결단, 성취에 의한 자유로운 존재임과 가능적 실존임을 강조한다. 인간이 자신에게 주어진 조건들을 통해 자신을 가능적 실존으로 승화시키지 못할 경우, 오히려 자유는 짐이 될 수도 있고 또 굴레가 될 수도 있는 것이다. 그렇다면 사르트르에게서도 잘 드러나듯이 "자유에로 처단된 인간"에게 자유는 축복일 수도 있지만 저주일 수도 있는 것이다. 이러한 섬뜩하기도 하고 진지하기도 한 자유로 인해 인간은 당황하게 될 수도 있지만, 그러나 그는 이러한 자유로부터 도피하지 말고 삶을 영위해야 하는 것이다.

실존적 자유를 실현하고 자아를 실현하는 과정에서 인간은 때론 불안과 고뇌에 냅다 던져지기도 하고 또 행복해지기도 한다. 그는 어느 방향으로 가야할지, 또 어떤 선택을 해야 할지 모를 막막함 속에 떨어지기도 한다. 이정표 없는 막막한 허허벌판에서 그는 불안에 사로잡히고, 때론 무의미와 무방비, 무정위(아무런 오리엔테이션이 없는 상태)와 무궤도 앞에서 절망할 수도 있다. 그러나 이러한 고약한 장벽들은 자신이 성숙되고 자신의 실존이해를 가능하게 하는 가능의 벽이기도 하다. 그렇기에 이러한 걸림돌은 새로운 길을 찾게 해주고 또 이 새로운 길 위에서 낯설고 신비로운 것들을 발견하게 한다. 따라서 저 고독과 불안은 인간으로 하여금 성숙에 이르게 하는 조건이다. 인간은 이러한 도전으로부터 회피하지 말고 정면으로 응전하면서 극복해야 할 것이다. 그렇다면 그렇게 한 만큼 실존할 수 있다,

물론 자아를 실현하고 자신이 되는 길은 마음먹은 대로 다 되지 않을 것이다. 거기엔 여러 장애물이 있고 걸림돌이 있으며, 쓰라린 고독에 처할 때도 있다. 그렇기에 자기 자신으로 되는 데에는 가끔 많은 용기가 필요하다. 자신이 되는 용기는 따라서 외로운 용기이다. 그렇지만 이런 용기는 자아실현을 위한 실존적 조건이다. 자신에로의 길을 가는 데에도, 인간답게 살고 인간이 되려 하는 데에도 저런 용기가 요구된다. 그것은 항상 존재를 대적하는 비존재의 위협이, 인간을 무력하게 하는 불안과 고독이 자리 잡고 있기 때문이다.

존재에로의 길에는 어쩌면 필연적으로 좌절, 실패, 고독, 불안, 의혹, 고통, 비애와 같은 것들이 따라와서 장벽을 칠 수도 있다. 비존재의 여러 형태들은 인간이 감당할 수 있는 능력의 한계를 짓뭉개고는 허전한 세계로 덮어버릴 것이다. 그러나 그럼에도 불구하고 감행해야 하는, 허전한 세계를 꿰뚫고 나가는, 자기 자신의 심연에서 우러나오는 실존적 용기가 필요하다. 이러한 실존적 용기는 그러나 어떤 이해타산이나 외부로부터의 도움이나 합리적 근거가 있어서 솟아나는 것은 아니다. 그것은 오히려 수수께끼 같고 역설적이며 초합리적인 자기 고유의 심연에서 샘솟는 것이다. 존재에로 발원하는 무(無)의 심연에서 솟아난 것이라고 할까.

삶의 여로에는 행복이나 환희, 성공과 기쁨도 있겠지만, 그러나 이와 반대로 불행과 비애, 실패와 절망과 같은 것이 우리를 가로막을 때도 있다. 때론 우리를 미궁으로 몰아넣는 불확정성이, 때론 우리의 생명을 위협하고 우리의 실존을 방해하는 비존재의 위협이 우리를 무력하게 한다. 그래서 '존재에로의 용기'는 가끔 비존재를 이겨내면서 삶을 펼쳐가는 용기이며, 심지어는 죽는 용기보다 사는 용기가 더 어렵고 힘들 때도 있다.

4. 의미창조의 길

인간은 자신의 존재의미를 창조할 수 있고 실존할 수 있는 자유를 갖고 있으며, 나아가 그 가능성을 갖고 있다. 인간이 만약 이러한 것들을 포기한다면 이는 곧 인간이기를 포기하는 것과 다름이 없을 것이다. 그런데 문제는 이러한 것들이 저절로 주어지지 않는다는 데에 있다. 즉, 인간이 어떻게든 적극적으로든 소극적으로든 세계에 자신을 투입하고 세계와 관계를 맺으면서 자아실현을 해야 주어지는 것이다. 기쁨이나 행복은 외부로부터 주어질 수도 있다. 그러나 삶의 의미실현과 보람의 성취와 같은 것은 인간이 어떤 방식으로든 세계에 관여하지 않고는 불가능하다. 또 의미실현은 결코 적당한 작위나 인위로서 이루어지는 것이 아니다. 그것은 인간이 어떤 방식으로든 자신을 세계에 투입하고 정성을 쏟아서 창조적으로 일구어내어야 하는 것이다.

고도로 자아실현을 한다는 것은 일종의 창조하는 행위를 하는 것과 같다. 인간은 창조된 자(지음을 받은 자)이지만 창조할 수 있는 능력도 갖고 있다. "신의 형상"을 가졌다는 것에는 인간이 곧 인격체이면서 이러한 창조행위를 할 수 있는 능력도 갖고 있다는 것을 내포하고 있다. 인간은 피조물이면서도 역설적으로 창조할 수 있는 자이다. 창조하는 행위에서 그는 인간의 신적인 부분을 드러내며 또한 다른 존재자(이를테면 동식물이나 무생물, 하늘의 별이나 천사 등)와 차이를 나타내기도 한다. 그래서 위대한 거장의 창조자들은 인류정신사에 신선한 충격과 심대하고 아름다우며 의미 있는 영향을 주기도 한다. 그런데 이들의 창작행위는 곧 이들의 자아실현인 것이다.

이러한 창조행위 중에서 우리가 특별히 예의주시해야 할 것은 의미의 창조이다. 우선 의미창조는 다른 그 어떤 창조와는 달라서 눈에 보이지 않을 뿐만 아니라 교육하거나 전달할 수도 없는 것이다. 그러나 이 의미야말로 인간을 인간으로 살게 하는 원동력이고 에너지이다. 의미는 인간의 의식과 삶 속에 불을 지피는 역할을 하고 삶을 변화시키는 힘을 갖고 있다. 그런데 이 의미는 생동하는 정신(넋, 가이스트)의 활동에 의해 창조되는 것이지, 결코 아무렇게나 주어지는 것이 아니다. 의미의 세계는 개개인이 스스로 창조해내어야 하는 것이다. 의미의 세계는 보통 은폐되어 있고 숨겨져 있다. 그래서 결코 쉽게 보이지 않는다. 그러나 그것은 어떤 특별한 통찰이나 사건을 통해 드러날 수 있다.

그런데 우리가 의미를 실현하는 데에 있어서 그 가능성을 열어주는 지평을 너무 좁게 잡거나, 너무 가시적이며 일상적인, 너무 안목에 펼쳐진 세계와 지상적인 것에만 한정할 때에는 무의미의 세계에 봉착할 위기를 맞을 수 있는 것이다. 그 이유는 이러한 지극히 가시적이고 일상적인 세계야말로 제공해줄 수 있는 의미의 가능성에 한계가 있기 때문이다. 따라서 저 의미의 지평은 무한히 확장될 수 있는, 퍼내어도 계속 퍼내어질 수 있는 것이어야 한다. 즉, 말하자면 이 의미의 지평은 초월적인, 초인간적이고 초자연적인, 비가시적이고 신적인 세계에까지 열려 있어야 하는 것이다.

인간은 무의미의 세계를 극복해야 하고, 또 비존재의 형태를 띤 이 무의미의 세계와 끊임없이 싸워야 한다. 왜냐하면 한 번 포착되고 획득된 의미가 늘 그대로 멈춰 있지 않기 때문이다. 또 외부세계로부터 끊임없이 새로운 도전들이 일어나고, 인간은 이들 현상과 계속 대면해야 하기 때문이다. 인간은 끊임없이 의미의 세계를 창조하고 또 재창조해야 한다. 물론 인간은 의미의 세계를 더 넓게, 더 깊게 확장할 수 있다.

무의미함은 인간의 삶을 위협하고 또 빈약하게 한다. 무의미한 삶이란 그야말로 인간의 영적이고 정신적인 죽음을 뜻한다. 이는 마치 죽음이 인간의 생물적 존재의 무화(無化)인 것처럼, 무의미는 인간의 정신적 존재의 무화 내지는 무력을 의미하는 것이다. 인간이 극단적인 무의미의 나락에 떨어질 때 그 순간을 못 이겨 자살을 택하는 어처구니없는 일도 일어난다. 그렇다면 이 자살은 무의미에서 온 정신적 죽음이 육체적인 죽음을 불러일으킨 요인으로 된 것이다. 따라서 의미는 삶을 발양하게 하고, 삶에 힘과 용기와 기쁨을 제공해주는 역할도 함을 우리는 알 수 있다.

무의미의 나락에 떨어져 앓게 될 때 인간은 그 강도에 따라 각종 신경질환이나 화병 내지는 '한'에 시달리게 될 때도 있고, 또 경우에 따라서는 무기력해지며, 뜻 없는 삶으로 전락하게 되어서

312

진리와 아름다움과 선에로의 지향성을, 나아가서는 기쁨과 뜻과 보람을 상실할 때도 있다. 따라서 인간은 무의미와 대결을 펼치고, 의미의 세계를 창조하며, 또 삶이 영위되는 한 끊임없이 의미의 세계를 재창조해야 한다. 인간은 무의미를 정복하고 싸워 이길 수 있는 용기를 가져야 한다. 그것은 무의미의 위협이 항존하기 때문이다.

13 장
자유의 파노라마

1. 자유에로 처단된 존재로서의 인간

인간이 "자유에로 처단되었다"라는 표현은 뭔가 극단적이지만, 그만큼 자유가 인간에게 결정적이라는 것을 적나라하게 드러내주는 것이다. '자유'에는 책임이 따른다는 것은 이미 기본적임을 우리는 알고 있다. 따라서 '자유에로 처단된 인간'에게 자유는 경우에 따라서는 축복일 수도 있고, 또 경우에 따라서는 저주일 수도 있다는 것은 명백한 사실이다. 더욱이 인간은 자유를 축복으로 이끌 수도 있고, 또 반대로 저주로 이끌 수도 있다. 과연 자유는 칸트가 형이상학의 3대 과제(신, 자유, 불멸성)(『순수이성비판』, B 7, B 346) 중의 하나로 본 대로 인간의 삶에 결정적인 의미를 부여한다.

인간은 근원적으로 애초부터 자유롭게 지음을 받아서 '자유에로
-던져진' 존재인 것이다. 인간은 어떠한 허울도 덮어쓰지 않은 채
태어난다. 국가나 민족, 종교에 상관없이 아이는 똑같이 발가벗은
채 울면서 태어난다. 그는 어떠한 형태에도 구속되지 않은 채 태어
나는 것이다.

그는 그러나 커가면서 저러한 인위의 굴레로 들어가게 된다. 이
토록 자유가 인간에게 본래적이기에 어떠한 정치, 사회의 형태든,
어떠한 종교와 이데올로기든 상관없이(이들을 초월하여), 자유는
훼손되어서는 안 되며 인간에게 돌려져야 하는 것이다. 따라서 자
유와 평등이 잘 실현되는 국가와 사회가 곧 우수한 국가이고 사회
인 것이다. 평등이 자유와 밀접한 것은 곧 불평등이 자유를 그토록
망가뜨리기 때문이다.

자유가 그토록 인간에게 본질적이기에, 만약 이러한 자유가 인
간에게서 부재하게 된다거나 소멸된다면 이는 인간이 곧 비본래적
인 상황에 처했음을 드러내는 것이다. 이러한 근원적인 자유를, 즉
인간의 본래성을 이루는 자유를 우리는 '근본자유'라고 규명하자.
이렇게 규명하는 것은 이 '근본자유'가 다른 어떤 구체적이고 개
별적인 자유보다— 이를테면 어떤 획득된 자유나 의지를 갖고 행
해진 주관적인 자유, 객관적인 자유 등등— 앞서 자리하고 있기
때문이고 그야말로 선천적이기 때문이다. 따라서 이러한 선천적이
고 본래적인 인간의 자유가 국가와 사회며 종교와 이데올로기 등
으로 말미암아, 또한 인간 자신의 무지와 미성숙으로 말미암아 상
처받는다면 그것은 슬픈 일이다.

자유는 인간의 본질을 이루고 인간으로 하여금 인간이도록 떠받

쳐준다. 그렇기에 자유의 포기는 곧 인간으로 하여금 자기 자신이 되기를 포기하는 것과 다름 아니다. 자유가 인간에게 그 존엄성을 부여하기 때문이다. 자유가 없으면 인간은 살 수 없다. 우리는 인간의 본질을 아예 '자유로운 존재'로, 좀 더 엄밀하게는 '자유가 없으면 살 수 없는 존재'로 규명하자. "정신의 본질은 자유이다"(헤겔)라는 명제에도 정신이 자유롭지 않으면 본질에서 벗어나 있음을 밝히고 있다. 자유 없이 살아간다는 것은 물고기가 물을 떠나 사는 것과 비슷한 이치로서 불가능함을 일컫는다. 세상에 수다한 정치 형태가 등장했고 또 등장하고 있음을 우리는 잘 알고 있다. 그러나 어떠한 정치, 사회의 형태든 자유를 억압하는 형태는 인간적이지 못하고 질병과 악마의 형태를 띠고 있으며 결국에는 쇠망함을 우리는 알고 있다.

우리는 자유를 좀 더 비약적으로 그리고 형이상학적으로 표현하여 '천상의 멜로디'라고 규명해보자. 하기야 자유에 대한 의미의 심각성을 깨닫지 못한 상태에서는 이와 같은 자유의 개념이 의아스럽게 여겨질 것이다. 이론만으로는 결코 자유의 의미를 다 통찰할 수 없다. 더구나 많은 사람들이 자유의 개념을 고작 정치적, 사회적인 혹은 외부적인 것으로만 알고 있기에 자유가 천상의 멜로디임을 깨닫지 못할 것이다. 실존적 체험이 동반되지 않은 곳에서는 자유의 심오하고 숭고한 의미를 감지하지 못할 것이다.

즉, 자유가 그토록 갈망되는 부자유한 상황에 처할 때 자유는 진정 천상의 멜로디로 들려올 것이다. 그래서 "인간은 뭔가 제재를 받을 때에만 자유가 무엇인지를 이해한다"(폴 발레리)라는 말이 있고, 또 이와 비슷하게 "병원의 신세를 져봐야 건강의 중요함을 알고 감옥에 있어봐야 자유의 소중함을 알게 된다'라는 말도 있다. 삶을 뒤흔드는 부자유의 수렁과, 자유가 그토록 절박하지만 어쩔 수 없는 한계상황은 인생살이에서 피할 수 없는 일이다. 그러한 절박한 상황에서 자유는 과연 천상의 멜로디라고 하지 않을 수 없을 것이다.

2. 얽매여 있지 않은 존재로서의 인간

"자유에로 처단된" 인간의 존재방식은 다른 어떤 존재자와도 다르다. 인간 이외의 다른 존재자들은 그들의 존재방식이 대개 미리 결정되어 있다. 이를테면 동식물이나 무생물들은 그들의 존재방식이 일정하게 결정되어 있다(본능적으로 또한 필연적으로). 또한 우주 속의 모든 별들의 존재방식도 필연적 법칙에 놓여 있는 것이다. 인간은 그러나 별들처럼 궤도의 법칙이나 일정한 법칙에 따라 움직여야 하는 존재도 아니고, 또한 동식물처럼 지음을 받은 대로 필연의 법칙에 따라 살아야 하는 존재도 아니다.

인간은 저들 존재자들처럼 지음을 받은 대로의 직접성이나 사실성에 매여 있지 않고, 오히려 이러한 성질로부터 자유롭다는 것이다. 인간은 자신의 자유에로 던져진 존재이다. 막스 셸러(Max Scheler)는 그의 저서 『우주에 있어서의 인간의 위치』에서 이러한 인간의 자유를 잘 밝히고 있다. 셸러에 의하면 인간은 결코 생물학적 "환경세계에 얽매여" 있지 않을 뿐만 아니라, 동물처럼 "충동에 얽매여" 있지도 않다. 오히려 인간은 이와 대조적으로 "환경세계로부터 자유롭고", 동물적 "충동에서 자유로우며", 따라서 "세계에로 열려 있는" 존재이다.

셸러의 이 말을 좀 더 쉽게 풀이하면, 인간은 자신이 처해 있는 환경세계의 직접성 속에서만 사는 것이 아니라, 오히려 이를 넘어서서(초월하여!) 세계의 개방성, 즉 존재의 개방성 속에 산다는 것이다. 따라서 이러한 환경세계의 직접성이나 충동의 얽매임에서 자유롭지 못하면 인간은 자기의 고유성과 본래성을 상실한 채 사는 것이나 다름없다. 인간은 근본적으로 얽매여 있는 존재가 아니라 열려 있는 존재이고, 적응력과 친화력 및 창조성과 발전 가능성을 갖고 있다. 그는 독특하게 '미완결의' 내지는 '미완성의' 존재이지만, 반면에 자유를 갖고 자신의 행동관계를 스스로 결정하고 실현해야 하며 자신의 환경세계를 자발적으로 형성해야 하는 것이다.

어쩌면 인간은 (좀 극단적으로 말하면) 자신의 운명을 자신이 만들어간다고도 할 수 있으며, 최소한 그는 자신의 운명에 자신이 가담되어 있다는 것을 인정해야 할 것이다. 그는 운명으로부터 지배를 받지만 동시에 운명을 지배한다. 그는 내적이고 외적인 요인에 의해 자신의 자유를 상실하거나 제한받을 수 있지만, 이러한 내외적 요인들마저도 초월하는 자유를 가질 수도 있다.

즉, 어떠한 종류의 자유든, 내적 자유든 외적 자유든 인간과 결합된 자유(즉, 인간의 자유)는 언제나 제한되고 유한한 형태로 주어진다. 이를테면 외적 자유는 인간이 타자들과 공동체를 이루며 살아야 하기 때문에, 즉 그들의 자유를 해치지 말아야 하며 경우에 따라선 그들의 자유와 조화하고 협정해야 하는 제한이 불가피하기 때문에, 더더욱 외부 환경으로부터의 제약 때문에 유한할 수밖에 없으며, 반면에 내적 자유는 '불완전한' 인간이 자유의 이데아를 현실세계에서 완전하게 그리고 총체적으로 실현하는 데 한계를 가질 수 있기 때문에, 즉 말하자면 자유 그 자체는 무한하고 초월적 실재의 형태를 띠고 있지만 인간은 그렇지 못하기 때문에 유한하며, 또한 극단적으로 말해서 인간 자신이 유한하기 때문이다.

그런데 이러한 내외적인 자유의 제한이 분명함에도 불구하고 인간은 초연함으로써 이러한 유한과 불가능 및 제한의 굴레에서 자유로울 수 있는 것이다. 이러한 자유는 자유 중의 자유라고 할 수 있을 것이며, 이를 실현한 자는 곧 자유의 이데아를 펼쳐 보인 사람이라고 할 수 있을 것이다.

3. 다양한 빛깔을 가진 자유

'자유'라는 개념은 여러 가지 의미를 내포하고 있지만 무엇보다도 무엇에 얽매여 있지 않다는 것이고, 내부나 외부의 강압으로부터 해방되어 있다는 것이다. 자유의 이데아는 하나이지만 우리의 현사실적 자유는 여러 갈래로 이해되고 체험된다. 우리는 이 특이한 자유의 개념을 대략 여섯 가지 형태로 분류하고서 이를 파악해 보고자 한다.

첫째로 어떤 외부적인 권력과 강압으로부터의 자유이다. 이 첫번째의 자유는 '행위의 자유'로서 인간이 스스로 하고자 하는 대로 행할 수 있는 가능성(tun können, was man will)을 말한다. 그렇기에 자유는 인간다운 삶, 인간으로서의 존엄성을 지킬 수 있는 최소한의 근본적 요구이다. 그런데 이런 자유는 인간의 내부적 자유와도 직접적인 관련을 갖는다. 왜냐하면 그것은 인간이 원하는 도덕적 행위의 조건으로서 간주되기 때문이다. 또 이와 반대로 내적인 자유들이 모이고 쌓여서 외적인 자유를 일구어가는 것이다.

위와 같은 형태의 자유를 성취하기 위해 인류는 이루 말할 수 없이 싸워왔음을 우리는 역사를 통해 안다. "자유가 아니면 죽음을 달라"는 프랑스 혁명 이래 하나의 모토로 되어왔는데, 이 모토의 배후에는 그러나 수많은 피의 희생이 깔려 있다. 개인이나 소수 집단, 약자, 이념을 달리하는 사람, '눈 밖에 난 사람', 심지어 잘못된 재판으로 희생당한 사람 등 얼마나 많은 사람들이 무고하게 권력의 횡포에 시달렸는가. 또 인류사는 중세 때까지 (지역에 따라서는 근대 때까지도) 노예제도가 있었음을 지적한다. 인류사는 권력과 강압이 정당하게(위정자나 권력자는 늘 그렇게 주장하기도 하고 빙자하기도 했다) 쓰이기보다는 오히려 부당하게 쓰인 경우가 많음을 지적한다.

그런데 이 첫째 형태의 자유에는 인간의 자의성도 들어 있어 방종으로 변질될 우려도 내포되어 있다. 현대인은 자기에게 주어진 외부적 자유를 지배하지 못해, 오히려 무절제 내지는 아노미 상태로 빠져버리는 꼴을 보여주고 있다. 그리하여 심지어 모든 형태의 절제와 윤리는 암암리에 터부시된다거나 재미없는 것 내지는 달갑지 않은 것으로 처단하고, 자기중심주의적인 자의만 번지레하게 드러내고 있다.

자유에는 그렇기에 책임이 따르며, 책임이 전제되지 않은 자의와 방종은 타자의 자유를 뺏는 원인이 되기도 하며 심지어 자기 자신의 부자유를 유발시키는 원인이 되기도 한다. 따라서 책임이 전제되지 않은 자유는 진정한 자유라고 할 수 없다. 왜냐하면 이것은 결국 자신이 온당치 않고 비본래적인 것에 얽매여 있다는 것을 드러내기 때문이다. 그렇기에 방종과 자의는 오히려 자유를 포획하는 덫이라고 할 수 있을 것이다. 현대인은 대체로 자기중심주의적인 삶을 펼치므로 (자유를 온당하게 펼치지 못하거나 관리하지 못하여) 자기도 모르게 부자유의 굴레에 매여 있는 경우가 많다. 무절제, 돈과 물욕에의 중독, 섹스와 마약에의 탐닉, 알코올과 도박, 게임, 주식에의 중독 등은 — 비록 이러한 예들은 극단적인 경우이지만 — 스스로 종의 멍에를 짊어지는 현상으로서 자유를 팔아서 부자유를 사는 것과 같다.

둘째로 법과 예의범절 및 전통과 터부, 관습과 제도의 구속으로부터의 자유이다. 물론 이러한 범례들은 공동체 생활과 질서유지를 위해서 마련되었을 것이다. 인간이 해도 되는 것과 해서는 안 되는 것을 이러한 범례들은 제시하지만, 경우에 따라서는 부당하고 정도를 넘는 경우도 있다. 물론 저러한 규범과 제도는 엄밀한 의미에서 어떠한 형태로든 자유를 제한하는 것임에는 틀림없다. 그러나 온당한 경우에, 또한 자유의 이념을 해치지 않는 경우에는 필연적인 것이다.

어쨌든 저러한 범례들은 결국 인위적인 것으로서 그 인위성이 지나칠 경우에 자연과 자유를 오히려 그르치는 것이다. 비록 그것들이 인간의 자유를 위해서 존재한다고 하더라도 자유의 이념에서 너무 멀리 떨어진다면 (즉, 너무 인위적이라면) 결국 자유의 덫으로 되고 만다. 그렇기에 이 둘째의 자유는 인간이 원하는 대로 행해도 되는(tun dürfen, was man will) 그러한 자유를 말한다.

이러한 자유가 어떤 자유인지는 우리가 "법 없이도 사는 사람"을 떠올리면 이해할 수 있을 것이다. 그는 말 그대로 법적인 규범으로부터 초연한 사람이다. 그는 양심과 덕으로서 충분히 삶을 영위하기에 법이나 다른 규범들과 시비를 걸 필요가 없다. 노자의 경우에서 드러나듯 "도(道)를 따르는 사람"은 도를 그르치지 않고, "자연(physis)을 따르는 사람"(헤라클레이토스와 스토아학파의 모토) 또한 자연을 그르치지 않는 것처럼, 자유의 이념을 실현하는 사람도 이와 같이 자유 가운데에 거처하는 것이다.

그런데 법과 제도, 관습과 예의범절 등의 규범이 지나치게 온당하지 않고 인위조작적인 경우(이런 경우는 역사에 너무나 흔히 존재했고 앞으로도 그럴 가능성은 늘 있다) 인간으로 하여금 법 없이 살 수 없게 하는 현상을 빚어낸다. 즉, "법 없이도 사는 사람"의 자유를 박탈해버리는 것이다. 그렇다면 각종 규범들은 인간에게 오히려 부자유의 올무인 셈이다. 우리 인류의 역사에는 봉건주의 및 전제주의, 종교적 도그마와 정치적 이데올로기의 이름 아래 인간적 삶을 억압하고, 자유와 권리를 빼앗아간 경우도 허다했다. 이런 현상은— 비록 강약의 차이가 있겠지만— 앞으로도 나타날 가능성이 있는 것이다. 아직도 법과 제도 등 여러 명목으로 인간에게 굴레를 씌워 자유를 뺏는 경우도 흔히 일어난다. (기득권자와 위정자를 위해 기초된 법은 주로 그렇다.)

우리는 그러나 법이든 관습이든 예의범절이든 혹은 어떤 제도든 인간의 자유 영역을 안전하게 확보해주고 주관적인 자유를 위해서 긍정적인 기여를 하는 것을 전제로 한다. 그런데 우리의 문제는 이와는 반대로 우리가 자유를 위하고 수호하는 것이 아니라, 스스로 자유로부터 도피하여 부자유의 성(城)을 쌓는 것이다. 법에 초연한 것이 아니라 법을 못 지키고, 더 나아가 법을 안 지키는 것이다. 인간은 차츰차츰 저질로, 점점 정신세계의 황폐화로 곤두박질하여, 이 정신세계도 엔트로피 증가 현상을 드러내고 있다.

오늘날처럼 상업천민자본주의가 성행하고 경제적 이기주의와 부도덕적인 자기중심주의가 극성인 때에 법을 준수하기는커녕 불법과 탈법 및 편법을 교묘히 이용하는 사람들의 경우는 어떤가. 그것도 소위 지식인과 사회 지도층에 더욱 퍼져 있는 현실이 아닌가. 최소한 법이라도 지킨다면 사회가 이토록 난장판이 되지는 않을 것이다. 따라서 법마저 인간사회의 질서유지를 담당하지 못할 지경이라면, 인간사회는 결국 '동물농장'으로 추락할 것이다.

당위(Sollen)와 책임은 당연히 도덕적으로 뿐만 아니라 법적으로도 엄격하게 물어져야 한다. 물론 이러한 것은 최선의 방책은 아닐지라도 인간사회의 건전한 질서유지를 위해서, 선량한 공동체를 위해서 필수적임에는 틀림없다. 따라서 이러한 공동체를 위해서 잘못된, 자의적인 자유는 제한되어야 한다. 도대체 자기의 자유를 누린다고 타인의 자유를 침해하는 행위를 우리는 용서해서는 안 된다. 따라서 자유의 행사는 제한적이지 않을 수 없다. 타자를 배려하지 않는 제멋대로의 자의적인 행위는 결코 자유로운 행위라고 할 수 없다. 타자와 공동체를 무시하는 그러한 '자유'의 행사를 우리는 간과해서는 안 되며, '자유'의 이름으로 모든 것을 다 할 수 있다는 태도는 그 발상 자체가 이미 옳지 않음을 안다. "신이 없으면 모든 것이 허용된다"는 무신론적 발상은 겉보기와는 달리 난장판과 아수라장과 개판을, 그리고 파멸을 가져올 것이다.

그렇기에 당위와 책임은 '제한'이기 이전에 오히려 인간적인 삶의, 더 나아가서 인간의 공동체적 삶의 가능조건인 것이다. 다시 말하면 이러한 공동체를 위한 '제한'은 자유를 지양하는 것이 아니라 오히려 전제로 하는 필연성인 것이다. 동시에 이러한 제한은 공동체를 위한 것이므로 도덕을 성립시키는 요인이 되기도 한다.

칸트의 도덕철학은 인간의 당위와 책임, 의무를 강조한다. 역설적으로 들리지만 거기서 자유의 실타래도 풀린다. 칸트의 '자유인'은 도덕법칙을 잘 준수함으로써만 성립한다. 칸트에 의하면 인간은 감성계의 일원으로서 자연의 필연적 법칙에 놓여 있지만, 동시에 그는 예지계의 일원으로서 도덕법칙에 근거한 자유인이다. 즉, 현상계에서는 자연의 필연적 법칙이 적용되고, 예지계의 세계에서는 자유의 도덕적 법칙이 적용된다. 칸트의 '인간'은 이 두 세계에 속해 있다. 감성계에 속하는 한 인간은 자연법칙(타율)에 따르고, 또 예지계에 속하는 한 그는 이 자연의 필연과는 무관한, 경험적이 아닌, 이성에 근거한 법칙(자유의 법칙)에 속한 것이다.

(밤하늘의 별들을 보면서) 천체들의 질서정연함 속에 자연법칙이 내재하는 것같이 인간의 마음 깊은 곳에 자유의 법칙(도덕률)이 있음을 칸트는 확인했다. 예컨대 우리가 비양심적인 짓을 하면 아무도 나를 책망하는 사람이 없는데도 혼자 양심의 가책을 느끼고서 괴로워하는 사실을 보면 알 수 있다는 것이다. 따라서 칸트에게는 이 도덕률을 지키는 의무감, 곧 '선의지'를 통해서 인간의 자유가 확립되는 것이다. 다시 말하면 도덕률에 대한 존경으로 말미암아 행위하는 선의지를 통해서만 자유가 가능하게 된다.

셋째의 자유는 인간이 자신의 의지와 원함에 걸맞게 자기 스스로 결정할 수 있는 가능성으로서의 자유이다. 이를 흔히 '의지의 자유' 또는 '결정의 자유'라고 한다. 즉, 이렇게 혹은 저렇게 행위할 수 있는 결정권의 원인이 자기 자신에게 있는 경우이다. 그러나 잘못된 결정을 내릴 가능성도 얼마든지 있기에, 그런 결정에 대한 책임과 의무도 위의 경우처럼 당연히 수반되어야 한다.

그런데 인간은 어떤 사회적 여건이나 개인적인 형편에 따라서, 물질적이고 정신적인 혹은 주위의 환경적인 요인에 따라서 많은 제한을 받게 된다. 더구나 그가 속한 가정이나 사회공동체에 갖는 도의적 의무를 고려할 때 인간의 자유는 많은 제한을 받지 않을 수 없다. 즉, 이러한 제한들은 '결정의 자유'를 왜곡하기도 하고 또는 영향을 미치기도 한다. 그러나 엄밀하게 말하면 이러한 여러 외부적 관계망과 형편 속에서도 인간은 진정 자기 스스로 결정할 수 있는 가능성을 획득할 수 있고 또 거꾸로 이러한 것들이 인간으로 하여금 결정하게 하는 요인이 되기도 한다. 따라서 '결정의 자유'는 원만한 결정을 할 수 있는 인간의 성숙이 전제로 될 때 의미가 있다. 이를 일반화하여 말하면 자유는 인간의 생리적이고 정신적인 성숙의 전제에서 실현된다. 미성숙과 조야함, 강압과 부자연에서 자유의 이념은 자신의 모습을 드러내지 않는다. 자유가 인간에게 본질적인 것임이 여기서도 잘 드러나 있다.

넷째의 자유는 위의 셋째의 자유와도 직접적인 관계가 있지만, 이 자유보다 좀 더 심화되고 첨예화된 '실존적 자유'이다. 실존적 자유는 무엇보다 인간 자신의 결단과 책임, 선택과 가능성을 많이 부각시킨다. 자유롭게 선택하는 것은 그 순간의 행위뿐만 아니라 그 선택된 행위에 의해 초래될 결과까지도 선택하는 것이다. 이런 선택은 그 누구도 대신할 수 없고 책임 또한 마찬가지다. 그는 자유와 책임을 제일원리로 삼고 산다.

인간을 가장 인간답게 하는 것이 바로 실존적 자유이다. 실존하는 자는 자신을 세계 속에 던져 독자적으로 자신의 본질을 스스로 만들어가고 자기의 가능성을 스스로 이룩해나가야 한다는 것이다. 그렇기에 이러한 자유는 실존과 직결된다. 따라서 자유가 빠진 것은 어떤 형태로든 실존이라고 할 수 없다. 인간은 스스로 자신의 길을 열고 자신의 궤도를 만드는 존재이다. 그는 스스로 자기 인생의 주체가 되고 자신의 삶에 대해, 자신의 사유와 행위에 대해 책임을 지고 살아가는 존재이다. 실존하는 인간은 결코 평균 인간으로, 혹은 평준화된 인간으로 살지 않는다.

"인간은 자유에로 처단되었다"라고 사르트르는 말했다. 그렇다면 "자유로부터의 도피"는 비실존적 삶을 극명하게 드러내어주는 것이다. 그런데 많은 사람들은 평균화된 형태로 살아가므로 엄밀한 의미에서 자유로부터 도피하여 삶을 영위한다고 할 수 있겠다. 만약 실존적인 삶의 여로를 개척하지 않으면, 그러한 삶은 진정한 자기 고유의 삶이라고 할 수 없다. 인간은 자신의 인생행로를 개척하고 선택해야 하는데, 그는 그러나 그러한 바탕 위에서 "가능성으로서의 존재"이다. 자유는 철학자 하이데거에 있어서 "인간 현존재의 본래적이고 총체적인 존재 가능성"(『존재와 시간』)으로 받아들여진 것이다.

다섯째, 편견과 무지(無知) 및 미성숙으로부터의 자유이다. 이 자유는 철두철미하게 자기 자신과 연루된 문제이다. 만약 누군가 아직 편견과 무지 및 미성숙에 얽매여 있다면 '자유'는 그에게 마치 "돼지우리에서의 진주"와 같은 꼴이 되고 만다. 그렇기에 이 다섯째의 자유는 마치 인간 자기 자신에 대한 구원과도 맞먹는 존귀한 자유라고 할 수 있을 것이다. 이러한 자유에 대해서는 플라톤의 『국가』 제7권에 나오는 '동굴의 비유'가 잘 밝히고 있다. 그 내용에 관해서는 우리가 앞에서 논의한 "동굴세계로부터의 탈출"이라는 장(章)을 다시 한 번 참고할 필요가 있다.

도대체 편견과 무지와 미성숙의 상태에서, 동굴 안에 얽매여 있고 또 여기에 안주하는 상태에서, 한마디로 야만의 수렁에 빠진 상태에서 자유는 너무나 먼 곳에 있다. 그래서 우선 어떤 형태로든 이와 같은 상황으로부터 벗어나야 하는 것이다. 즉, 이와 같은 감금 상태에서는 어떤 형태의 자유도 이해하지 못할 뿐만 아니라 추구하지도 실현하지도 못할 것이다. 혹시 언젠가 자신의 그러한 처지와 부자유함을 깨닫는다고 해도, 그러한 상황에서 벗어나지 않으면 여전히 자유는 '그림의 떡'에 불과할 것이다.

자유의 이념이 위대하고 고귀하지만 우리의 동굴 주민과 같은 삶 때문에 자유는 전혀 구현되지 않을 것이다. 따라서 자유의 이해든 실현이든 추구든 일단 동굴세계로부터 우선 탈출하고 난 뒤에 의미가 있는 것이다. 따라서 이 다섯째의 자유는 우리가 앞에서 논의한 다양한 자유의 원만한 실현을 위한 기초적인 자유라고 할 수 있다.

여섯째, 운명과 필연과 궁극적인 것으로부터의 자유(초연)이다. 인간은 자연의 법칙을 거슬러서까지 자유를 누릴 수 없다. 또한 운명이나 죽음과 같은 필연성의 지배를 부인할 수 없다. 우리는 이러한 것들의 존재를, 이들이 코스모스와 인간의 삶 가운데에 존재함을 인정하지 않을 수 없다. 죽음은 인간에게 어떤 궁극적인 것으로서 이를 우리는 정복할 수 없다. 아니, 죽음은 인생에서 가장 큰 사건일 것이다. 물론 인간의 탄생도 이와 유사한, 끔찍한 사건임에 틀림없다. 그러나 탄생은 인간이 의식하지 못한 채, 알지도 원하지도 않은 채 주어진 것이다. (하이데거는 "인간은 내던져진 존재"라고 하였다.) 따라서 죽음이 인간에게 가장 큰 사건이라고 한다면 "철학은 죽음의 준비"라는 플라톤의 진술은 온당하게 보인다.

죽음과 운명의 필연은 인간의 자유와 맞설 뿐만 아니라 인간의 의지를 꺾을 수 있는 것임에는 틀림없지만, 그렇다고 인간이 이들에 포획되어 끌려가는 노예는 아닌 것이다. 인간의 정신은 포획되지 않는 초연의 상태에 거할 수 있기 때문이다. 그러나 무엇보다도 죽음이나 필연과 같은 것이 인간과 맞서기도 하지만, 다른 차원에서 인간에 속한(!), 인간의 소유이고 인간의 자연이며 인간을 구성하는 부분이기 때문이다. 즉, 말하자면 인간에게 어떤 객체의 형태로 다가오는 죽음과 필연이 인간의 자연과 정신 속에 용해되어버리는 경우이다. 인간은 초연할 수 있는 것이다!

인간은 오히려 죽음과 필연의 세력에 거슬러 초연하면서 승화된 자유를 발휘할 수도 있고, 경우에 따라서는 더더욱 가치가 있는 것과 창조적인 것을 실현할 수도 있다. 이웃과 타자를 위해 죽음을 두려워하지 않고 희생한 고귀한 영혼들은 우리 인류의 역사에 많이 있다. 그리하여 우리는 비탄의 숙명주의(Fatalismus)에 빠질 필요는 없는 것이다. 숙명주의는 스스로 자유를 박탈하고 부인하면서 부자유의 수렁으로 굴러 떨어지기 때문이다.

고대 신화의 세계관은 다분히 운명적이었다. 운명의 여신 클로

토가 인간의 운명을 그녀의 베틀에서 짰다. 이를테면 오이디푸스가 고약한 운명을 타고난 것은 그의 아버지가 신탁에게 물었을 때 이미 예고되어 있었다. 아버지의 권력을 찬탈하는 것과 어머니를 강간하게 된다는 것이었다. 그의 아버지는 기겁하여 이 고약한 운명을 피하려고 자신의 아들을 들판에다 버렸다. 그러나 버려진 오이디푸스는 저 운명의 그물망에서 풀려나는 것이 아니라 오히려 말려들고 있는 것이었다. 오이디푸스는 자기도 모르게 저러한 운명이 택한 길을 가게 된다. 이러한 신화적 세계관에는 자유가 들어갈 틈은 전혀 없고, 그 대신 운명과 필연의 단단한 굴레만 드러나 있다.

근대의 스피노자(Baruch de Spinoza)도 형이상학적인 결정론을 펼쳐 인간의 자유로운 행위가 들어설 여백을 두지 않았다. 그는 모든 것이 자연법칙적 인과성의 필연성에 따라 지배된다는 기계론적 세계관을 펼친 것이다. 그러나 라이프니츠와 칸트는 인간의 도덕적 자유를 지키기 위해 스피노자의 형이상학적 결정론과 싸웠다. 그런데 우리가 살고 있는 현대에도 과학과 논리 및 합리적인 방법으로 해명되지 않는 것들은 무수히 많으며, 신비롭고 운명적인 것들이나 우리의 지성과 의지를 비웃는 것들도 무수히 많다.

우리의 여섯째 자유는 따라서 철학과 종교의 영역에 걸친, 인간의 심연에 놓인 근본적인 문제들을 취급하고 있다. 과연 우리는 생성 소멸과 운명의 필연에서 자유로울 수 있을까? 우리는 이러한 자유를 인간의 궁극적인 것에 대한 형이상학적인 자유라고 칭할 수도 있을 것이다. 또한 이러한 자유는 단순한 의지의 자유와는 다른, 깊은 철학적 성숙에서 우러나오는, 일종의 달관이고 초연이라고 할 수 있을 것이다. 이러한 자유는 신(神)의 의지를, 자연의 이법(理法)과 필연을, 부조리와 운명과 죽음과 같은 한계상황을 긍정적으로 받아들이는 데에서(여기에 이미 인간의 초월과 초연이 내포되어 있다) 실현된다. 인간의 자유의지를 신의 의지와 동화시키는 데에 인생의 목표가 있다는 아우구스티누스의 주장은 이를 잘 드러내고 있으며, 실존철학과 각 고등종교에서도 이러한 자유를 펼쳐 보인다. 야스퍼스(K. Jaspers)도 적절하게 지적하듯 인간은 자신이 처한 세계를 극복하여 "포괄자(das Umgreifende)"의 초월에로 비약하는 자유를 갖고 있는 것이다.

생성 소멸의 굴레가 압박을 가해오는 것, 인간의 운명을 뒤흔드는 불가사의한 것들, 불합리하게 밀어닥치는 고통과 불확실한 미래를 엄습하는 죽음, 인간의 능력을 짓뭉개버리는 (그래서 어찌할 수 없는 불가능의 벽으로 곤두박질할 수밖에 없는) 우연적이고 필연적인 사건들로부터 우리는 과연 자유로울 수 있을까? 만일 그렇다면 이러한 자유는 천상의 멜로디와 다름이 없을 것이다. 인간은 자신의 운명과 죽음과 미래에 대하여 어찌할 수 없는 불가능의 벽에 부딪친다. 불안과 공포, 불확실성과 의혹, 죄와 죽음, 질병과 삶의 고뇌, 탐욕이나 성욕과 같은 본능의 압박, 불행과 고독 등 우리를 부자유의 계곡으로 밀어 넣는 것은 무수히 많다. 이러한 부자유의 쇠사슬을 인간은 과연 끊을 수 있을까? 그렇다면 그는 지상에 살면서 동시에 천상에서 사는 인간이라고 할 수 있을 것이다.

고등종교들은 이러한 자유의 메시지를 들려준다. 기독교적인 구원의 복음은 죄와 죽음, 부자유와 멸망으로부터의 해방, 곧 해방의 선포로 나타난다. "그리스도가 우리를 자유에로 해방하였다"(갈라

디어서, 5장 1절, 13절), "다시는 종의 멍에를 지지 말고 자유인이 되어라"(예수), "무거운 짐 진 자들아 다 내게로 오라"(예수)라고 기독교는 전한다. 무엇보다 죄와 죽음의 노예상태에서 신의 자녀로 승화되는 해방과 자유를 기독교는 강조한다. 물론 이러한 자유는 신으로부터 주어진 선물이기에 우리 인간의 내재적인 것으로 볼 수 없다. 그러나 내가 받아들이지 못하면 무의미하므로 결국 내재적인 것과 궤를 함께하고 있다. 또 불교에서의 '해탈'도 그야말로 저러한 자유의 메시지를 밝히고 있다. 온갖 번뇌로 얼룩진 이 세상과 나 자신이 부정적으로 보이나, '해탈'을 통하여 모든 것이 긍정되고 자유롭게 되는 사건이 일어난 것이다.

저러한 자유를 향해 나아가는 철학적이고 종교적인 노력('싸움'이라고 할까)은 사후의 세계에서 일어나게 되는(만약 일어난다면) 사건들(이를테면 축복과 저주, 천국과 지옥)과 관계없이 우선 우리의 지상적인 삶 가운데서 큰 의미를 갖는 것이다. 모든 부자유의 굴레를 벗어 던진다면, 그것은 바로 천상의 멜로디와도 같은 자유의 이데아가 우리 인간의 삶 가운데서 광휘를 발휘하고 생동하는 것을 보여주는 것이다.

4. 자유수호, 자유실현

우리는 앞에서 논의하기를 인간에게는 여타의 자유 형태에 앞서 '근본자유'가 주어졌다고 했다. 당연히 이러한 자유는 보전되고 수호되어야 하며, 그렇지 않을 경우 인간의 본래성이 망가진다고 우리는 밝혔다. 그러나 일반적으로 인간의 자유는 내적이고 외적인 요인에 의해 손상되거나 가려질 수 있다고 했다. 자신의 미성숙과 무지에 의해 자유는 펼쳐지지 않을 수도 있으며, 외적인 강압에 의해 상처를 입을 수도 있는 것이다. 자유는 끊임없이 수호하고 보전하며 실현하는 데서 지켜지는 것이다.

우리는 자유를 '천상의 멜로디'라고까지 파악했지만, 그러나 우리가 이를 획득하지 못하고 실현, 보전하지 못하면 자유는 우리에게 아무런 의미가 없는 것이다. 많은 사람들은 대부분 이런 고귀한 자유를 음미도 못한 채 안목과 감각의 세계에서 바둥거리다가 삶을 청산한다. 게다가 눈에 안 보이는 비가시적인 세계를 좀처럼 인정하지 않고 의미부여를 하지 않는 현대인은 자유의 고귀하고 위대함에 귀를 기울이기보다는 외면하면서 살아간다.

그렇다면 자유를 보전하고 상실하지 않기 위해 몇 가지 과제를 떠올려보자.

첫째로 우리는 근원적인 자유, 생득적이고 본래적인 자유, 즉 앞에서 논의했던 '근본자유'를 수호하고 보전해야 하는바, 우선 우리가 미성숙과 무지에서 벗어나야 하며, 이러한 자유를 위협하는 외부적 요인(이를테면 독재라든가 전제주의 및 각종 도그마와 이데올로기 등)이 발생하지 않도록 파수꾼의 역할을 수행해야 하는 것이다.

둘째로 인간의 자유는 내적, 외적 요인으로 인해 제한을 받지만, 자유의 이데아는 무한하므로 우리는 (되도록 많은) 자유를 획득해야 한다. 그것은 그 자체의 형태로 존재하는 자유의 이데아를 우리의 삶 가운데서 더더욱 구체화해야 한다는 것이다. 그렇다면 우리는 적극적인 자세를 취하여 실제로 자유를 현실화해야 하는 것이다. 자유를 획득하는 행위를 통해 우리는 부자유를 줄여나갈 수 있다. 그런데 우리는 자유가 아닌, 자의나 방종이며 무분별과 같은 것들이 자유의 존엄성을 해치지 않도록 지켜야 하며, 따라서 책임과 의무, 절제가 자유실현에 내포되어 있음을 망각해서는 안 된다.

셋째로 자유의 이데아를 실현해야 한다. 자유의 실현이란, '천상의 멜로디'이고 불멸하는 이데아인 자유가 빛을 발하면서 밖으로 드러나게 하는 것을 의미한다. 인간은 분명 자신의 힘과 능력으로 자유를 펼쳐야 하고 그 가능성을 포기해선 안 된다. 만약 자유의 이데아가 드러나지 못한 채 자신만의 세계에 있다면, 즉 우리에게 감추어져 있다면(엄밀하게는 우리가 자유의 문을 열지 못한 것이다) 우리는 의미 있는 자유를 못 가진 것이다. 창조적인 행위도 자유의 실현에 속한다. 인간의 가이스트(정신)가 자유롭지 못하면, 즉 비본래적인 것 — 이를테면 편견이나 무지, 아집과 미성숙, 이데올로기와 도그마, 감각과 본능, 안목의 세계, 내외적인 강압, 운명과 필연 등등 — 에 사로잡혀 있으면, 그는 새로운 세계를 볼 수 없는 것이다.

넷째로 초월과 초연으로 모든 제한을 극복하며 모든 굴레를 벗어나는 것이다. 이것은 궁극적인 자유를 체득하는 것과 같을 것이다. 사실 유한하고 종말론적인 삶을 살아가는 인간에게 이러한 자유가 가능한지 의심스러우나, 초연과 해탈 가운데에는 어떠한 경계와 제한도 들어설 자리가 없을 것이다. 이러한 자유의 실현은 끊임없는 초월 속에서, '옛 인간'과 '보통 인간'으로서의 자신을 뛰어넘을 때 가능할 것이다. 역설적으로 들리지만 그러한 '옛 인간'과 '보통 인간'을 초월할 때, 초인간이면서 정상인간인 자신을 발견할 것이다. 그러나 자기 자신 속에 갇혀 있으면 결국 '옛 인간' 형태의 자기 자신밖에 될 수 없다. 그래서 "밖으로 나가야 안이 보인다"라는 진술은 온당한 통찰로 여겨진다.

윤병렬

독일의 본(Bonn)대학교 철학과에서 박사학위를 취득하였다. 한국하이데거학회 회장을 지냈으며, 현재 홍익대학교 초빙교수, 연세대학교 철학연구소 전문연구원으로 활동하고 있다.

주요 저서로는 『철학의 센세이션』(2002년 문화관광부 우수도서), 『정보해석학의 전망』, 『고구려의 고분벽화에 그려진 한국의 고대철학』, 『노자에서 데리다까지』(공저), 『감동철학 우리 이야기 속에 숨다』, 『산책로에서 만난 철학』, 『한국 해학의 예술과 철학』(2014년 대한민국학술원 우수도서) 등이 있고, 주요 논문으로는 "Der Wandel des Wahrheitverständnisses im Denken Heideggers"(박사학위논문), "Interkulturalität und Anti-Interkulturalität: eine phänomenologische Betrachtung über die Möglichkeit der Interkulturalität", 「퓌지스·존재·도(道): 헤라클레이토스·하이데거·노자의 시원적 사유」, 「후설 현상학에서의 세계이해: 보편지평으로서의 세계」, 「플라톤 철학과 형이상학 논쟁」, 「존재에서 존재자로?: E. 레비나스의 존재이해와 존재오해」, 「하이데거의 존재사유에서 고향상실과 귀향의 의미」, 「하이데거와 도가철학의 근친적 사유세계」(한국학중앙연구원), 「'말하는 돌'과 '돌의 세계' 및 고인돌에 새겨진 성좌」(한국학중앙연구원) 등이 있다.

철학적 인문학의 길

1판 1쇄 인쇄	2017년 9월 5일
1판 1쇄 발행	2017년 9월 10일

지은이	윤 병 렬
발행인	전 춘 호
발행처	철학과현실사

등록번호	제1-583호
등록일자	1987년 12월 15일

서울특별시 종로구 동숭동 1-45
전화번호 579-5908
팩시밀리 572-2830

ISBN 978-89-7775-804-9   93160
값 18,000원